AF141734

Karl Friedrich Bahrdt

Geschichte seines Lebens, seiner Meinungen und Schicksale

Karl Friedrich Bahrdt

Geschichte seines Lebens, seiner Meinungen und Schicksale

ISBN/EAN: 9783742893994

Hergestellt in Europa, USA, Kanada, Australien, Japan

Cover: Foto ©ninafisch / pixelio.de

Manufactured and distributed by brebook publishing software
(www.brebook.com)

Karl Friedrich Bahrdt

Geschichte seines Lebens, seiner Meinungen und Schicksale

Erstes Kapitel.

An meine Zeitgenossen.

Mit dem Abfluß des halben Jahrhunderts von meiner Lebenszeit, beginne ich, liebe Zeitgenossen, Ihnen die Geschichte meiner Schiksale und Meinungen, meiner Freuden und Leiden, meiner Thorheiten und meiner Verdienste — zu entwerfen, und vor Ihrem und dem noch unpartheiischem Richterstuhle der Nachwelt dieselbe niederzulegen.

Ich schmeichle mir, daß ich den meisten unter Ihnen mit dieser Arbeit wilkommen seyn werde. Denn ich bin nicht nur seit vielen Jahren von allen Orten und Gegenden her zu derselben aufgemuntert, und zum Theil auch recht dringend darum

gebeten worden, sondern ich kan mir selbst schon
von dem Inhalte dieser Geschichte versprechen,
daß sie für den Leser, durch die Mannigfaltigkeit
der Auftritte, durch die Sonderbarkeit meiner
Schicksale, und durch das Neue und Unerwartete
der vielen Aufschlüsse, welche sie über manche Scenen meines Lebens erhalten werden, so wie selbst
durch die Freimüthigkeit und Offenherzigkeit der
Erzählung, — anziehend genug seyn werde.

Schon seit zehn Jahren bin ich damit um-
gegangen, meine eigne Geschichte zu beschreiben.
Aber ich habe um hundert Ursachen willen es
immer von einer Zeit zur andern aufgeschoben.
Und ich glaube meinen Lesern neun und neunzig
derselben entbehrlich zu machen, wenn ich der
einzigen gedenke, daß soviel Menschen bisher noch
am Leben waren, welche ich schlechterdings nennen
und vor dem Publikum kompromittiren mußte
(was ich äusserst ungern thue) wenn meine Geschichte nicht alles Intresse verlieren solte. Denn
ich weiß es aus Erfahrung, wie geschwind die
meisten Leser eine Schrift aus der Hand legen, zu
deren vollem und leichtem Verständniß ihnen erst

ein Schlüssel nöthig ist, ohne den soviel Thatsachen ohne Licht und soviel Anspielungen ohne Wirkung bleiben.

Schwer ists freilich auch an sich, sein eige-
ner Biograph zu werden. Und fast möchte ich
sagen, es gehöre zu einer solchen Arbeit gerade
ein Mann wie ich, der nun bald funfzig Jahre
lang durch ein ungeheuer großes Publikum gleichsam Spiesruthen gelaufen, und eben dadurch gegen Lob und Tadel des großen Haufens so abge-
härtet worden ist, daß er fast gar nichts mehr
von derjenigen Empfindlichkeit übrig hat, welche
die meisten Menschen unfähig macht, die reine
und nackende Wahrheit von sich selbst aufzustellen,
und eignes Lob und eignen Tadel, ohne die be-
schwerlichste Erröthung, wie ein Bänkelsänger unter dem Haufen abzusingen.

Wenn Ihnen also, liebe Zeitgenossen, daran
gelegen ist, meine Geschichte genau zu wissen und
in die geheimsten Falten meines Herzens, so wie
in die kleinsten Umstände und Triebfedern meiner
Handlungen und Schiksale, einzuschauen; so kön-

nen Sie sicher darauf rechnen, daß Sie mich hier
in puris naturalibus zu sehen bekommen werden.
Denn Recensenten und Priester und Theologen und
Maurer und Gott weiß, was noch sonst für Men=
schenracen, haben mich bereits dermaßen an den
Pranger der Publicität gestellt, daß mir die auf
mich gerichteten Blike der Menschen so gleichgültig
geworden sind, wie Adam und Eva ihre Blöße
gewesen seyn muß, ehe der unglükliche Apfel sie
zwang — sich zu bedecken.

Was kan ich wohl nachtheiliges von mir
sagen, das nicht die Hasser meiner Meinungen
schon von mir gesagt, und mit den kralsten Far=
ben geschildert haben? Was kan ich durch die
aufrichtigsten Geständnisse meiner Menschlichkeiten
verderben, und in Absicht auf Gut oder Ehre
verlieren, das mir jene starkklauigten Verfechter
der Priesterreligion nicht bereits entrissen hätten?
Und was ists am Ende überhaupt um aller Men=
schen Tugend und Thorheit, wenn man bedenkt,
daß die unbefiederten Zweyfüßler unter dem Mon=
de, alles, was sie sind, durch den von ihnen ganz
unabhängigen Zusammenfluß der Umstände sind,

unter denen sie leben und handeln, und daß jeder
Mensch schlechterdings so zu wollen und zu handeln genöthigt ist, wie es seine jedesmaligen,
wahren oder falschen, volständigen oder unvol-
ständigen, dunkeln oder hellen Vorstellungen mit
sich bringen, die in dem Augenblicke, wo er wil
oder handelt, in ihm eben zum Bewustseyn ge-
langten?

Zudem, liebe Zeitgenossen, bin ich ja in der
Welt nicht blos gescholten worden, sondern ich
habe von Norden nach Westen und von Süden
nach Osten unzählige Freunde, die mich schäzen
und lieben und welche mit ehrlicher Wage mein
Gutes und meine Unvolkommenheiten wägen, und
es recht gut wissen, daß wahre Verdienste um die
Menschheit, durch keine Art der vorgeworfnen
Fehler aufgehoben, und ihres Werths verlustig
gemacht werden können. Und dieser Weisen Urtheile sind es, so wie das eigne Bewustseyn meines Werths vor Gott und Menschen, was mich
gegen allen Tadel entschädigt, und mich so gelassen
macht, daß ich gar keine Schmähungen mehr
achte, mich über kein Lob unbändig freue und

über keinen Tadel härme, und daß mir alle Ur=
theile der Welt, vom Throne bis zur Hütte, so
gleichgültig sind, wie unserm lieben Gott das
Glokengeläut und alle Litaneien der Christenheit es
nur immer seyn mögen.

Und diese Betrachtungen sind mir jezt erst
ganz einleuchtend geworden, seitdem ich unter die
Bewohner der Kerker aufgenommen worden bin.
Denn Kerker sind in der That für den Philoso=
phen das, was schattigte Pfade und romantische
Aussichten für die Dichter sind. Sie bringen
beide in eine Lage, in welcher ihre Seele ganz
allein für ihren Zwek in Spannung gesezt wird.
Die Kerker zerstöhren für den Philosophen die
Täuschungen der Phantasie, und lehren die irdi=
schen Dinge aus ihrem wahren Gesichtspunkte be=
trachten, und dadurch die eigentliche Philosophie
des Lebens sich selbst verständlich machen.

Vielleicht hätte ich ohne diese Rükkehr mei=
ner Seele zur ruhigsten und reinsten Kontempla=
tion noch lange mit meiner Geschichte gezögert.
Denn wirklich hatte ich vor dieser Epoche ver=

schiedne Projekte entworfen, dieselbe der Welt
auf eine andere Art mitzutheilen, darunter dies
das unglüklichste war, sie in der Waltherschen
Buchhandlung in Leipzig maskirt herauszugeben,
wie wenn ein Dritter sie schriebe, um — sie desto
unpartheiischer schreiben zu können.

Daß in besagter Handlung wirklich der erste
Band erschienen ist, darf nicht auf meine Rech=
nung gesezt werden. Denn Herr Pott, der mit
der Waltherschen Handlung in Verbindung steht,
hat ohne mein Wissen und Willen, zur Zeit, wo
ich im Gefängnisse keinen Menschen sprechen durf=
te, meine unerfahrne Tochter, ein Kind von funf=
zehn Jahren beredet, ihm alle meine, seit vier
und zwanzig Jahren gesamleten Briefschaften und
Dokumente einzuhändigen, unter dem Verspre=
chen, daß er meine Geschichte schreiben, und den
Gewin davon meiner Familie zu ihrer und mei=
ner Unterstüzung schenken wolle. Ich habe aber
theils von denen längst eingegangenen Pränume=
rationsgeldern nicht einen Heller erhalten, theils
von glaubwürdigen Freunden gehört, daß der erste
Theil so wenig meine Geschichte sey, als die ge=

mahlten Tauben auf den Altären dem heiligen
Geiste ähnlich seyn.

Jezt also ergreife ich die Feder selbst, um
Ihnen, liebe Zeitgenossen, ein richtiges Gemählde
von meiner berühmten oder, wie einige lieber
sagen werden, berüchtigten Person vorzulegen.
Und ich habe Ihnen davon hauptsächlich vier Ursachen anzugeben, die mich zu diesem Entschlusse
bestimt haben.

Die erste ist meine Lage, in welcher ich mich
befinde. Ich habe in meinem Arrest nicht nur
mehr Muße, als ich jemals gehabt habe, und
insonderheit eine Menge ganz einsamer Stunden,
wo ich, von allem Geräusche und Zerstreuungen
entfernt, über mich selbst nachdenken, alle alten
und tief hinabgesunknen Ideen wieder zum Spiegel des Bewustseyns empor heben, und der kleinsten Umstände und Triebfedern mich erinnern kan,
welche die verschiednen Begebenheiten und Handlungen meines Lebens erzeugt haben.

Dazu kam denn, bei der Entstehung meines
Entschlusses, das verdoppelte Intresse, welches in

jeziger Epoche, meine Schiksale für das Publikum haben. . Denn wenn je in der Welt von mir gesprochen und nach mir gefragt worden ist; so ist es gewiß jezt geschehen, seitdem die tausendzüngige Fama den alten Gelehrten im Kerker durch Europa herumgetragen hat.

Und eben diese so geschäftige und redselige Dame hat mir durch die Menge der sonderbarsten Urtheile, die sie bei dieser Gelegenheit theils neu ausgestreut, theils wieder aufgewärmt hat, einen neuen und schier dringenden Bewegungsgrund gegeben, mich der Welt endlich doch lieber in natura zu zeigen, als mich in soviel herumgehenden Karrikaturen länger miskennen zu lassen.

Endlich komt zu dem allen noch eine etwas traurige Ursache. Ich fühle es jezt nur alzusehr, daß theils bei dem mühseligen Leben, das ich von jeher geführt habe, und das in den lezten zehn Jahren mit fast übermenschlichen Arbeiten verbunden gewesen ist, theils durch so nagende Sorgen, Bekümmernisse, und — häusliche sowohl als ausserhäusliche Kränkungen, meine Gesundheit zerstört und mein Nervensystem dergestalt geschwächt

ist, daß ich mir wenig Hofnung machen kan, die-
jenige Lebhaftigkeit meines Geistes noch lange zu
behaupten, welche ein Schriftsteller bedarf, der
sein Publikum erhalten und ihm intressant zu bleiben wünscht. Um also wenigstens diese Arbeit,
welche mir selbst in Absicht auf Zeitgenossen und
Nachwelt so wichtig ist, noch mit dem Reste meiner Geisteskraft zu arbeiten und ihr all' das bischen Feuer zu widmen, was meine Feinde mir,
troz aller Versuche, mich aufzuzehren, etwa noch
übrig gelassen haben; so bin ich dadurch vornehmlich bewogen worden, meine Geschichte vor allen
andern zur Hand zu nehmen, und das Andenken
meiner schriftstellerischen Laufbahn durch sie zu
verewigen.

Und du — Gottheit meines Lebens! der ich
meine Ruhe, meine Gesundheit, meine Bequemlichkeit — der ich angebotne Geldeinnahmen und
entgegenströhmende Vergötterungen meiner Talente geopfert — für die ich den Genuß so mancher Freude mit so mancher trüben Stunde ver-
tauscht — der zu Liebe ich jezt krank und ein Bettler worden bin — Du, mir ewig heilige Wahr-

heit! solst auch bei dieser vielleicht lezten Frucht meines Geistes mich leiten und jeden Schritt mir vorzeichnen, auf welchem ich streben werde, sie zur Reife zu bringen!!!

Zweites Kapitel.

Dem Andenken meines Vaters gewidmet.

Mein Vater war der Sohn eines unbegüterten Advokaten in Lübben in der Lausiz, von dem ich weiter nichts weiß, als daß er bis in sein ein und neunzigstes Jahr, bei einem freundschaftlichen Podagra, gelebt und sich wohl befunden hat. Sein Vater und Grosvater hatten diesen Gast schon bewirthet, und mein Vater hat ihn nicht minder beherberget und mir folglich die Hofnung gelassen, daß er sich in linea recta descendente erhalten und mit mir (wie wohl ich noch eben nichts davon merke) — da ich keinen Sohn habe, aussterben wird. Der alte Mann bekam es alle Früh=

jahr, 14 Tage lang, äuserst heftig, linderte seine
Qualen mit Hollunderrinden, die er von frischen
Zweigen schälte und auf den schmerzhaften Flek
legte, und war im ganzen übrigen Theile des
Jahres so gesund, daß er, was ihm schmekte,
essen und trinken, ohne Brille lesen, und seine
Motion als Fußgänger sich machen konte, bis an
sein seliges Ende.

Was für Schulen mein Vater besucht hat,
ist mir nicht mehr erinnerlich. So viel aber weiß
ich, daß er auf den Universitäten Wittenberg
und Leipzig studiret und sich da in den allerarm-
seligsten Umständen befunden hat. Oft hat er
mir erzählt, wie er die ganze Woche keinen Bissen warmes Essen zu sich genommen, und nicht
so viel Barschaft gehabt habe, um sich eine hebräische Bibel und andere zu den akademischen
Vorlesungen erforderlichen Bücher zu kaufen.
Seine gewöhnliche Mittagsmahlzeit war eine
Kanne Thee und ein Dreyerbrod. Nur des Sontags nahm ihn gewöhnlich ein Landsmann mit zu
Pohlens (so hießen die Wirthsleute, welche auf
dem Paulinum, der geräumigen Wohnung der

armen Studenten in Leipzig, speiseten) wo er mit einer Portion Fleisch für achtzehn Pfennige ihn traktirte.

Bei diesem kümmerlichen Leben war mein Vater beständig heiter und von der muntersten Laune — eine Gabe der Natur, die ich ganz von ihm geerbt habe. Ueberhaupt erzeugte seine Armuth nie eine der ihr gewöhnlichen Wirkungen. Er war zwar in seinen Sitten äußerst bescheiden und insinuant, aber nie kriechend und schüchtern. Und er behauptete beständig, auch wenn er in den größten Verlegenheiten sich befand, bei seiner Munterkeit, einen edlen Stolz und entschloßne Dreistigkeit, mit welcher er jedem Rachen ins Gesicht sah, und sich gewiß darum, weil er ärmer war, nichts vergab.

Einer seiner besten Freunde, ein Mensch von den herrlichsten Talenten und dem edelsten Karakter, der mit ihm in gleicher Dürftigkeit lebte, hatte eine minder glükliche Stimmung seiner Seele. Seine tiefste Armuth machte ihn nicht niederträchtig, aber schwermüthig. Er war zu stolz, um sich des Hungers durch Betteln oder

Schmeicheln zu erwähren: ja er ging in dieser
Art von Delikatesse so weit, daß er seine arm=
seligen Umstände nicht einmal gestehen wolte.
Gleichwohl nahm endlich Mangel und Elend der=
maßen bei ihm überhand, daß ihm seine Lage
unerträglich wurde. Kurz man fand ihn eines
Morgens über seinem Bette aufgehängt und ei=
nen Zeddel an seiner Brust, den er mit den Wor=
ten beschrieben hatte: Vater, ich komme, ehe
du mich gerufen hast. — Mochte dieser Mensch
wohl mehr Schuld haben an der unvolkomnen
Stimmung seiner Seele und an der Schwäche
seines Nervensystems, als mein Vater, an seiner
glüklichern Laune und Geistesstärke?

Daß übrigens mein Vater bei seiner Dürftig=
keit und, was noch weit mehr in Rechnung gebracht
werden muß, bei dem elenden Universitätsunter=
richte, der damals noch ungleich schlechter war,
als heut zutage, keinen Grund zu eigentlicher
Gelehrsamkeit legen konte, wird man von selbst
schon voraussetzen können. Er ward, bei seinen
wirklich ungemeinen Talenten und unermüdetem
Fleiße, ein ganz gemeiner Theolog, d. h. ein

Mann, der seine Dogmatik, Polemik und alle den unnützen Kram am Schnürchen hatte; der dabei eine gute Predigt ausarbeiten und sie mit einer ihm natürlichen äuserlichen Beredsamkeit hersagen konte. Aber zu einem großen Gelehrten, der dereinst in glänzenden Aemtern sich zeigen sollte, war auch nicht der geringste Zuschnitt gemacht. Und gleichwohl führte ihn ein kleiner unbedeutend scheinender Zufal auf einen Pfad, der ganz andere Vorbereitungen erfordert hätte, und öfnete ihm sehr bald die Aussicht zu den größten Ehrenstellen.

Er hatte nach Vollendung seiner akademischen Laufbahn, eine Hofmeisterstelle in dem Gräflich Flemmingschen Hause erhalten, wo seine Kentnisse, seine geschikte Art, die Kinder zu behandeln, sein angenehmer Wiz und seine gute Laune ihn außerordentlich beliebt gemacht hatten. Hier fügte sichs, daß in der Familie ein Hochzeitfest gefeiert wurde, welches sich durch einen merkwürdigen Kontrast zwischen Braut und Bräutigam auszeichnete. Das eine war von schönem Wuchs, reizender Bildung, und hellem Geist. Der an-

dere Theil war buklicht, von verzerrtem Gesicht
und ohne allen Geist. Bei diesem Fest erschien,
als Verwandter und Gast, der damalige Präsi=
dent des Dresdner Oberkonsistorium, der Graf
v. Hohendorf, ein Mann, der Talente, wo er
sie fand, mit Scharfblik bemerkte, und mit En=
thusiasmus schäzte und begünstigte. Da das
Hochzeitmahl bald zu Ende war, fiel es diesem
Freunde der Kunst und der Gelehrsamkeit ein,
nach dem Strohkranzredner zu fragen, welches zu
damaliger Zeit noch eine sehr modische Rolle war.
Der Herr vom Hause sahe sich genöthigt, Sr. Ex=
cellenz zu gestehen, daß ihm diese Schnurre dies=
mal ganz entfallen und folglich kein Redner be=
stellt sey. Der Präsident aber wolte sich damit
nicht abspeisen lassen. Er war von zu fröhlicher
Laune und — die sämtlichen Gäste hatten durch
die großen Pokale sich schon zu sehr von seinem
Einfalle bezaubern lassen, als daß die gewöhnliche
Strohkranzrede hätte können erlassen werden.
Man brachte zur Ehre desjenigen, der jezt gleich
diese Rolle übernehmen würde, eine lauttönende
Gesundheit aus: und da niemand sich von selbst
melden wolte, um den Dank und die Lobsprüche
der

der Gesellschaft zu verdienen, so rufte endlich
Graf Hohendorf meinem Vater zu: „nun, Herr
„Kandidat? haben Sie keine Kurage? Predigen
„ist ihr Amt.” — Mein Vater entschuldigte
sich — „Ei da hilft nichts. Machen Sie es
„so gut wie Sie können. Kurz und erbaulich!
„Wir nehmen vorlieb.” — Es half also nichts,
mein Vater mußte von der Tafel aufstehn und
die Versamlung mit einer Rede aus dem Steg=
reif amüsiren. Und siehe da, sie gelang ihm so
sehr, daß er als Genie vom ersten Range bewun=
dert wurde. Er ergriff das frappante Thema: „die
„Harmonie als die Grundlage glüklicher Ehen”
und führte dasselbe, nachdem er alle Anwesende
durch die Ankündigung desselben stuzig und fast
verlegen gemacht hatte, mit solcher Delikatesse und
so algemeiner und unerwarteter Zufriedenheit aus,
daß ihm der Präsident die glänzendsten Lobsprü=
che ertheilte, und von Stund an beschloß, diesen
zufällig entdekten Mann von den seltensten Talen=
ten in der Welt groß zu machen.

Von dieser Zeit an ward mein Vater von
einer Stelle zur andern beinahe gejagt. Der

I. B.   B

Präsident war so schwärmerisch für ihn eingenommen, daß er ihm gar keine Zeit ließ, sich zu
besinnen. Er wolte ihn mit Gewalt zu den ersten
Ehrenstellen im Lande erhoben sehen und schien
die Zeit nicht erwarten zu können, welche der
gewöhnliche Stufengang erfoderte.

Er beförderte ihn noch in demselben Jahre
zum Diakonat nach Bischofswerda in der Lausiz,
wo mein Vater eine Predigerstochter heirathete,
welche eben in ihr sechzehntes Jahr getreten war,
und für das schönste Mädchen im Umkreise gehalten wurde. Doch übertraf die Schönheit ihrer
Seele ihre körperlichen Reize unendlich. Nie habe
ich ein weibliches Geschöpf von so einer reinen,
treuen, liebevollen, sanften, und besonders in
Leiden duldsamen Seele gesehn. Und sie wird mir
als Muster der stillen Tugend unvergeßlich bleiben. In Bischofswerda ward ich im Jahr 1741
am 25sten August geboren.

Kaum war mein Vater anderthalb Jahr da
gewesen, so gab ihm der Präsident eine der schönsten Pfarreien bei Dresden, in Schönefeld.

Da war er etwa zwei Jahr, so machte er ihn zum Superintendenten in Dobrilug, und kündigte ihm damals schon an, daß er auch hier nicht lange bleiben, sondern in kurzer Zeit in einen größern und glanzvollern Wirkungskreis versezt werden sölte.

Des Grafen Absicht, die er ihm aber nie bestimt entdeckt hatte, war, meinen Vater auf eine Universität zu befördern, wo er glaubte, daß seine Talente am meisten wuchern würden. Er hatte aber nie untersucht, ob auch mit den Talenten die nöthigen Kentnisse verbunden waren. Das Genie schien ihm das einzige Requisit zum großen Manne: — ein Irthum, den in unsern Zeiten soviel junge Leute hegen, und dadurch sich selbst verleiten, die soliden Wissenschaften zu vernachläßigen, und ihr bischen Kopf mit dem Flitterstaate der Schöngeisterei zu verhunzen und — alle wahre Nuzbarkeit für den Staat zu verlieren.

Leipzig oder Wittenberg waren sein Augenmerk. Und da zuerst in Leipzig die Predigerstelle an der Petrikirche aufging, und der Graf mit dem damaligen Bürgermeister Born in vertraulis

chem Briefwechſel ſtand, ſo ward es ihm leicht,
für ſeinen Liebling eine Vokation nach Leipzig zu
erhalten.

Und ſo führte er ihn von Stufe zu Stufe
immer weiter. Denn die größte Schwierigkeit,
woher nehmen wir Brod? ſchien ihm überwunden
zu ſeyn. Der Prediger mußte nun den Magiſter,
den Bakalaur, den Profeſſor Extraordinarius,
den Doktor u. ſ. w. ernähren. Und ſo ſtieg mein
Vater in kurzer Zeit durch alle Ehrenſtellen, ward
ordentlicher Profeſſor der Theologie, bekam eine
Kollegiatur, wurde Kanonikus in Zeiz, De=
cemvir, zulezt auch Domherr in Meiſſen und
Superintendent in Leipzig.

Drittes Kapitel.

Fortſezung.

Aber dieſer ſchnelle Gang ſeines anſcheinenden
Glüks hatte viel traurige Folgen. Der Neid er=

wachte gegen ihn, sobald er nach Leipzig kam.
Es verdroß so manchen, der auf die Stelle, die
er erhielt, sich Rechnung gemacht hatte, daß ein
Fremder herbeigeholt werden mußte, wie wenn
nicht würdige Kandidaten genug in Leipzig vorhanden gewesen wären. Und nach dem herschenden Geiste der Universitäten, wars schon algemeiner Verdruß, auch für die, welche nichts dabei
verloren, daß ein Auswärtiger ihre Zahl vermehrte: besonders in Leipzig, wo man es weniger als
auf andern Universitäten gewohnt ist, daß Fremde
hinberufen werden, und wo wirklich die Menge
der jungen Magisters und Professoren, welche am
Teiche Bethesda liegen, so gros ist, daß man
ihnen einen kleinen Unwillen über den Eintrit eines
Fremden kaum verargen kan.

Die Menge der kleinen und großen Feinde,
die meinem Vater nun als einem neuen Ankömm-
linge die Federn auszurupfen strebten, verursachte
bei ihm nichts als einen ganz ausserordentlichen
Eifer, sich durch seine Talente auszuzeichnen und
sein Publikum zu dem Geständnisse zu zwingen,
daß er seines Glüks würdig sey.

Aber eben dieß kostete meinem guten Vater
seine Gesundheit und seinen Kindern die Erziehung.
Denn er war jetzt genöthiget, da er in keiner einzigen Wissenschaft sehr bewandert war, sondern
blos die moralischen Kentnisse eines Landpredigers
besaß, Tag und Nacht zu sitzen und zu studiren,
um nur mit Ehren vor seinen Feinden zu bestehen,
welche von allen Seiten her auf ihn lauerten und
sich Gelegenheit wünschten, ihn als einen armen
Sünder blos zu stellen, und den holzendorfischen
Liebling verächtlich zu machen.

Ich erinnere mich, daß er mir selbst es nach-
mahls gestanden hat, daß er in den ersten beiden
Monaten, Tag und Nacht die lateinischen Klassi-
ker gelesen hat, um in der Latinität, die er freilich als bloßer Prediger sehr füglich hatte entbehren können, sich wenigstens so weit nachzuhelfen,
daß er seine Programmen erträglich schreiben, und
bei Disputationen fehlerlos sprechen konte.

Hernach fing er an, die orientalischen Sprachen zu studiren, suchte sich über Hals und Kopf
im hebräischen vestzusezen, lernte in der Folge
noch chaldäisch, syrisch und zulezt auch noch,

(mit mir, da ich Student war) vom seeligen
Reiske das arabische. Dabei trieb er Kirchen=
geschichte und sezte noch viele Jahre lang täglich
eine halbe Stunde für die Lesung der Römer und
Griechen aus.

Und so ward er durch unsäglichen Fleiß, und
mit Hülfe eines glüklichen Genies, nach und nach
wirklich der Mann, der seinem Posten Ehre mach=
te, und den Plan seiner Feinde (der auf nichts
geringers gerichtet war, als ihn, durch die wie=
derholtesten Blosstellungen seiner Unwissenheit, so
lange zu kränken und zu quälen, bis er seine ho=
hen Gönner selbst um einen andern Posten zu bit=
ten genöthiget würde) glüklich vereiteln konte.

Aber man kan auch leicht urtheilen, was für
Angst, Bekümmernisse, schlaflose Nächte, und
drükende Sorgen mein Vater hat überstehen müs=
sen, ehe er sich durcharbeiten konte: wie er in den
ersten zehn Jahren seine Kräfte erschöpfen und
allen Genuß des Lebens, alle Ruhe, alle Erhoh=
lungen entbehren mußte. Und — wie wenig er
im Stande war, auf die Erziehung seiner Kinder

zu sehen, und einen unmittelbaren Antheil daran
zu nehmen.

Man wird aber den Grad seiner Lasten und
Leiden noch weit fürchterlicher finden, wenn man
erst noch dies erwäget, daß er bei dem allen mit
der äußersten Armuth kämpfen muste. Denn alles,
was er in den ersten acht Jahren einzunehmen
hatte, war die Besoldung, die er als Peterspre-
diger genoß. Als Professor extraordinarius hatte
er gar nichts, und von Kollegiis so wenig, daß
er froh seyn mußte, wenn er Auditoren bekam,
die umsonst bei ihm hören wolten. Auch war
sein enthusiastischer Gönner nicht im Stande, ihm
irgend eine Zulage zu verschaffen, weil die Universität sehr geringe Einkünfte hat, die nur zu
den armseligen Pensionen der ordentlichen Professoren und Kollegiaten hinreichen, und von Hofe — damals wenigstens, alle möglichen Titel, aber
kein Heller bares Geld zu erhalten war. Nun
betrug seine Predigerbesoldung (Beichtstuhl war
nicht an dieser Kirche) jährlich vierhundert Thaler. Man kan also leicht ermessen, wie kümmer-
lich der gute Vater leben, und wie er fast alles,

was dem Körper Kraft, Nahrung, Erquikung giebt, entbehren mußte, da er genöthigt war, an einem Orte wie Leipzig, mit einer Gattin und sieben Kindern (deren jezt fünfe noch am Leben sind) sich durchzubringen.

In der That wird es jeder, der Leipzig kent, und weiß, was zu einer Haushaltung gehört, schlechterdings unmöglich finden, mit einer solchen Summe auszureichen. Und das war es auch. Mein Vater mußte Schulden machen, und mit ihnen neue Lasten und Sorgen und Bekümmernisse übernehmen.

Aber hier kan ich das Gefühl der Dankbarkeit nicht unterdrücken, welche die Theilnehmung des Sohnes an den Wohlthaten erzeugt, die dem Vater wiederfuhren. Das Plazische Haus war es, welches von dem ersten Augenblicke an, meinem Vater mit der wärmsten und thätigsten Freundschaft entgegen kam, und dieselbe bis an sein Ende ununterbrochen fortgesezt hat. Er, ein gelehrter Arzt, ein großer Kenner der Römer und Griechen, ein Mann von ächtem Wiz, und der angenehmste Geselschafter: Sie, ein liebes, frommes, häus-

liches Weib, das ganz für seinen Gatten lebte und
im kleinen und stillen Zirkel einiger Hausfreunde
die Befriedigung aller ihrer Wünsche fand: beide,
vol der zärtlichsten Liebe gegen meinen Vater, tha=
ten alles, was ihnen möglich war, seine traurige
Lage ihm zu erleichtern. Sie bewirtheten ihn und
meine Mutter wöchentlich ein bis zweimal aufs
beste, und ließen sie diejenigen Erquickungen durch
Speis und Trank und geselschaftliche Aufheitrung
genießen, welche sie sich zu Hause nicht erzeugen
konten: ohne dafür Gegenbittereien zu verlangen.
Sie benachrichtigten meinen Vater von allen Ka=
balen, die gegen ihn auf dem Tapete waren, und
gaben ihm Rath, ihnen zu entgehen. Sie borgten
ihm endlich von Zeit zu Zeit kleine Kapitale, so=
viel ich weiß, ohne Intressen, welche er erst spät
und nach und nach, wie seine Einnahme sich
mehrte, wieder abzahlen durfte. Kurz, sie wa=
ren seine einzigen, treuen, und thätigen Freunde,
welche in seinen Trübsalen ihn trösteten, und in
Verlegenheiten unterstüzten.

Ich wil damit nicht sagen, daß mein Vater
in der Folge nicht noch andere Freunde gefunden

hätte. Denn es ist bekant genug, daß seine Kanzelredner-Talente, so wie sein äusserst liebreiches und einnehmendes Wesen, ihm die Herzen des Raths, der Kaufmanschaft und der Bürger gewannen, und daß die rührendsten Merkmale der Liebe und Achtung ihn für so manche Kränkungen seiner gelehrten Antagonisten in schwarzen und bunten Röken entschädigten. Und ich muß insonderheit die ausdauernde Freundschaft der würdigsten Männer im Rath, eines Borns, Schubarts, Gutschmidts u. a. rühmen, welche ihm nie, ich erinnere michs lebhaft, eine Bitte abschlugen, die sie ihm zur Erleichterung seines Amts, zur bequemern Einrichtung seiner Wohnung u. s. w. nur gewähren konten — auch in der Folge die ansehnlichsten Zulagen ihm machten, so daß er zulezt achthundert Thaler fixe Besoldung genoß.

Indeß war doch das Plazische Haus (mit dem späterhin das Kammerrath-Hoesche wetteiferte, ohne es doch je zu erreichen) das vertrauteste und wolthätigste gegen meinen Vater, welches ihm in der Noth ganz allein unterstüzte, und die wesentlichsten Dienste ihm leistete.

Und war es wohl Wunder, wenn mein Vater dieses Haus allen andern vorzog, dessen Umgang allein genoß und alle seine wenigen Erhol-
lungsstunden in den Armen solcher redlichen Freunde zubrachte? Aber leider wußte der Neid und
die Lieblosigkeit aus dieser so natürlichen und un-
vermeidlichen Vertraulichkeit vergiftete Pfeile zu
zubereiten, welche seine Ehre und Ruhe ver-
wundeten.

Freilich — hätte mein Vater vorher schon
in der großen Welt gelebt und sich da die nöthige
Menschenkentniß erworben: hätte er gewußt, daß
selbst diejenigen Herren und Damen, welche sich
den freisten Genuß ihrer Wollüste erlauben, gerade die allerstrengsten Richter fremder Tugend
sind, und daß Leipzig von solchen Herren und Damen wimmelt: wäre ihm bekant gewesen, daß es
in der heutigen Welt für eine Unmöglichkeit gilt,
auch mit einer vierzigjährigen Matrone, wenn sie
nur noch einige Annehmlichkeiten hat, einige
Stunden allein in einem Garten zu seyn, ohne die
heiligsten Pflichten der Ehe und der Freundschaft
zu verlezzen: hätte er bedacht, daß einem Geistli-

chen insonderheit Dinge zur Sünde gemacht, und als Widersprüche gegen seine Kanzelbelehrungen angerechnet werden, welche sich alle übrige Menschen ohne alles Bedenken gestatten; so würde er vielleicht den schönsten Genuß der Freundschaft, der ihm, bei seinem mühseligen Leben, für seine Gesundheit und Geisteskraft so nöthig war, dem Vorurtheile aufgeopfert, und nur die seltenen Stunden dem Plazischen Garten gewidmet haben, in denen der fast immer kränkliche Mann seiner Gattin Geselschaft leisten konte.

Da er nun das alles nicht wuste, sondern freie Luft, Bewegung, Gebrauch mineralischer Wasser und alles, was dahin gehört, in dem Plazischen Garten genoß, wo das rechtschaffenste Weib dem armen, kränklichen und kummervollen Manne alle mögliche Bequemlichkeit selbst täglich veranstaltete; so ward er einige Jahre lang der Gegenstand der giftigen Lästerungen, die sich unter vornehmen und gemeinen Pöbel verbreiteten.

Indessen behielt mein Vater seinen in der That außerordentlichen Applausus bis an sein Ende. Seine Kirche war immer (wenn auch ein-

mal eine neue Erscheinung sich zeigte, welche das
Maulgesperr des Publikums erregte) gedrängt vol.
Und er behielt bis an seinen Tod den Ruhm eines
algemein beliebten Redners, welcher durch seine
hinreissende Beredsamkeit, so wie durch das licht=
volle und herzangreifende seiner Lehren und das
hinzukommende Beispiel eines sanften, redlichen,
gefälligen und in allem Betracht unbescholten tu=
gendhaften Karakters vielen Tausenden Unterricht
und Trost gegeben, und sie auf die Wege der
Rechtschaffenheit und Glükseligkeit geleitet hat.

Mein Vater war übrigens, was er in seiner
Epoche unvermeidlich werden mußte, ein ganz
orthodoxer Theologus. Aber ich muß es ihm zum
Ruhm nachsagen, daß er noch in seinem Alter sich
bekehrt, und wenigstens die Hälfte des alten Sy=
stems aufgegeben hat. Die Veranlassung dazu
waren ihm meine Schriften. Diese las er natür=
lich mit derjenigen Prädilektion, deren sich ein
zärtliches Vaterherz gar nicht erwähren kan. Und
dadurch wirkten sie ganz natürlich stärker auf ihn,
als sie auf jeden andern Leser seines Standes und
Alters wirken konten und jemals gewirkt haben.

Es leuchtete ihm so manches ein, was ich schon in Erfurth über symbolische Bücher, Wilkührlichkeit theologischer Begriffe und Schwäche dogmatischer Beweise schrieb. Und so schrit er gleichsam mit mir fort und fing an, da ich in Giesen an den Lehrsäzen von Erbsünde, Gnadenwirkungen, Dreyeinigkeit und Versöhnungslehren hämmerte, um nach Absonderung der Schlaken reines Gold zu finden (wo freilich nichts zu finden war) in Absicht auf alle diese Lehrsäze zweifelhaft zu werden, und nach bessern Bestimmungen und Beweisen derselben sich umzusehn. — Und er hat auch kurz vor seinem Tode, durch einen Band Predigten zu Bestreitung schädlicher Vorurtheile in der Religion, wo er selbst Hn. Eberhard, dem damals durch seine Apologie des Sokrates ziemlich verkezerten Philosophen, seinen lauten Beifal gab, deutlich genug gezeigt, daß er angefangen hatte ein Selbstdenker zu werden, und daß er gewiß in seinen theologischen Einsichten zur Reife gekommen, und — vielleicht mit Aufopferung, wie ich, — seine veränderten Meinungen bekant haben würde (denn er war ein redlicher und dabei muthvoller Mann) wenn er länger gelebt hätte.

Seine ganz vorzüglich veste Natur wär freilich durch das unmäßige Studiren zerstört worden, allein ich bin versichert, daß er sein Leben höher gebracht haben würde, wenn er in die Hände eines andern Arztes gefallen wäre. Denn der, welchen er gebrauchte verdarb ihn durch unaufhörliches Mediciniren. Es verging kein Tag, wo nicht bald ein Wienertränkchen, bald Magentropfen, bald andere Arzneien verschrieben und eingenommen wurden. Ja ich wette, daß mein Vater in einer Zeit von zwanzig Jahren ein Stückfaß mineralischer Wasser und einen Oxthoft Purganzen und Magentropfen hat einschlufen müssen. Zulezt wurde seine Verdauungskraft gänzlich zerstört und alle seine Säfte verdorben. Er starb an der Wassersucht, ohngefähr im sechzigsten Jahre seines Alters.

Er liebte mich unaussprechlich und meine Fortschritte in Einsichten und Ehrenstellen waren zuverlässig die süßesten Freuden seines Lebens. Aber auch meine ganze Seele hing an der seinigen und gern, gern wolte ich noch von meinem Leben Jahr um Jahr mit ihm vertauschen, wenn ich ihn noch mit mir lebend haben könte.

Ich

Ich habe mich ganz nach ihm gebildet. Und wenn er nichts für meine Erziehung hat selbst thun können; so hat er doch dadurch viel Einfluß auf mich gehabt, daß meine Liebe zu ihm und mein lebhaftestes Wohlgefallen an allem, was an ihm sehbar und hörbar war, dies alles in meiner Seele sowohl, als in meinem Aeußerlichen gleichsam abdrükte, und jede Mine, jede Art sich auszudrükken, jede Bewegung seines Körpers, (auf der Kanzel, wie im Umgange) mit den Hauptzügen des Karakters mir mittheilte, dessen Ausdruk jenes Aeußerliche war.

Wir lebten auch, da ich in die Jahre der Reife kam, wie die vertrautesten Freunde. Er bediente sich oft und viel meines Raths, und es reichen nicht zweihundert Dispositionen zu Predigten, die ich ihm noch des Sonnabends machen muste, wenn Gicht oder andere Krankheitszufälle seinen Kopf unfähig machten, zu denken, und über die er hernach den Sontag früh, wie er mir oft sagte, weit leichter und mit mehr Ideenzuströhmung predigte, als über seine eigenen.

I. B.   C

Heilig ist mir sein Andenken! Unvergeßlich seine treuste Vaterliebe! Ueberstrbhmende Freude der Gedanke, ihn einst wieder zu sehen!

Viertes Kapitel.

Meine ersten Jugendjahre unter dem Regiment leidiger Hausinformatoren.

Von den Jahren meiner Kindheit in Bischofswerda, Schönfeld, und Dobrilugk, kan ich meinen Lesern nichts erhebliches noch interessantes erzählen. Und Dinge, die gar nichts enthalten, was die Neugierde befriedigt, wollen sie ja nicht wissen.

Kleine lustige Vorfälle und Anekdoten zwar, die mein Vater aus diesem Zeitpunkte mir erzählt hat, könte ich in Menge auftischen. Z. B. — daß ein gewisser benachbarter Prediger, Namens Schuman, der eine garstige Frau hatte und selbst ein herzlich garstiger Schaz war, ihm in Schönfeld, mit ernster und schier andächtiger Mine, den

Antrag that, unter sich; bei einer zärtlichen Freundschaft, communionem uxorum einzuführen, und
die communionem bonorum der ersten Christen
dadurch nachzuahmen: wobei er, wie leicht zu
erachten steht, einen ziemlich unappetitlichen Re-
puls erhielt — daß mein Vater, der auf der moralischen Seite äußerst empfindlich und bei der
scheinbarsten Verletzung derselben fast zu hitzig
war, die Freundschaft, mit dem einzig geniesbaren Hause, einem sächsischen Dragoner Rittmeister
in Dobrilugk, dadurch verscherzte, daß er diesen
Officier wegen seiner Vertraulichkeit mit einer dicken
Fräulein und der daraus entstandnen Vernachläsfi-
gung seiner liebenswürdigen aber bürgerlichen Gemahlin (die er wegen ihrer 20000 Thaler geheira-
thet hatte) zu streng tadelte und, (da dieser bei einer
fröhligen Mahlzeit gewisse Anspielungen meines
Vaters, den er erstaunend liebte, zu verschmer-
zen und zu verschlucken sich bemühte, und daher
die Gesundheit meinem Vater zutrank: nun Herr
Gevatter: lustig gelebt und selig gestorben, heist
dem Teufel die Rechnung verdorben —) mit Heftigkeit erwiederte: mein Herr, so muß es hier
heissen; wollüstig gelebt und hundsvoigtsch gestor-

ben, heißt mit Leib und Seele verdorben: — allein meine Leser wollen ja meine Geschichte und werden daher alle solche Kleinigkeiten, wenn sie auch für den und jenen Gaumen seyn solten, mit Recht sich verbitten. Also zur Sache!

Mein Vater war bei seinen Sorgen und Arbeiten nicht vermögend, und — aufrichtig zu reden, bei dem Mangel pädagogischer Kentnisse nicht geschikt dazu — unsere Erziehung selbst zu besorgen und wirksamen Antheil daran zu nehmen. Er mußte uns ganz den Hauslehren überlassen.

Und hier ging es ihm leider, wie es den meisten Vätern und Müttern geht, welche die Pfänder ihrer Liebe fremden Händen anvertrauen müssen. Er hatte keine Gelegenheit, selbst junge Männer kennen zu lernen, und durch Umgang ihre Kentnisse und Erziehertalente zu prüfen und — er war dabei zu arm, als daß sich junge Männer von sonderlichem Werth bei ihm hätten melden, und seine Hauslehrerstelle ambiren sollen. Alles, was er thun konte, war, daß er den oder jenen bat, ihm für seine Kinder ein brauchbares Subjekt zu empfehlen. Und der Gebetne nahm, wie

gewöhnlich, den ersten besten Studenten, der bei
ihm Zutrit hatte und durch eigne Dürftigkeit genöthigt war, eine armselige Hausinformation anzunehmen, und schikte ihn meinem Vater zu.
Oder es kam auch wohl selbst ein demüthiger Pau-
liner, der seine Hochwürden und Magnificenz um
das Patrocinium bat und sich Dero Diensten an-
bot. So ward der Mentor angenommen und
eingeführt. Die Instruktion war kurz. „Geben
„Sie den Jungens täglich so und so viel Stunden,
„halten Sie sie dann auf der Stube, daß sie keine
„Teufeleien machen, und hauen mit dem Ochsen-
„ziemer drunter, daß das Fel stiebt, wo sie nicht
„folgen wollen." Was und wie der Herr Prä-
ceptor lehren solte, blieb ihm selbst anheim gestelt. Und an physikalische und moralische Erziehung war gar nicht zu denken. Es war dem
armen Vater, der bei seinen Büchern schwizte,
und unter tausend Sorgen erlag, genug, wenn
die wilden Jungens nur stille saßen, und ihm nicht
das Haus umkehrten. Daß sie in vier bis sechs
Informationsstunden doch etwas lernen müßten,
schien sich von selbst zu verstehen.

Zu dem Uebel der schlechten Wahl meiner Jugendlehrer kam noch das Uebel, ihre Menge. Oft muſte mein Vater im Jahre dreimal wechſeln, weil er ſich immer betrogen ſahe. Bald hatte er einen Menſchen bekommen, der durch die roheſten Sitten ſich auszeichnete, und als ein ungeſtümer und ungeſchlifner Menſch meinem Vater mehr Unruhe machte, als wir. Bald war ihm einer empfohlen worden, der in der erſten Woche gleich einen Grad von Unwiſſenheit verrieth, der ſelbſt den Zöglingen und dem Geſinde merklich werden mußte. Daher kam es, daß wir alle Augenblik einen andern Informator hatten, und folglich alle Augenblicke andre Behandlungsarten, andern Unterricht, andre Bücher u. d. uns gefallen laſſen und das, was der Vorgänger geleiſtet hatte, wieder zerſtört und unnüz ſehen muſten.

Ich kan mich nur an einige wenige dieſer Hauslehrer erinnern. Der erſte derſelben iſt mir aus meiner frühſten Jugend noch im Andenken. Er hieß Banden, war ein baumlanger Menſch, hager, wie ein Windſpiel, arm, wie eine Kirchenmaus, geiſtlos, wie eine Gans. Sein einziges

Talent, das mir an ihm sichtbar wurde, war die Dichtkunst: damit beschäftigte er sich beständig. Er hatte ganze Foliobände vol Verse vorräthig, die aus seiner Fabrik waren. Seine ganze Kunst war das Reimen. Und er hatte darinnen so eine Fertigkeit, daß er Verse extemporirte und, wenns drauf ankam, 1000 Zeilen in einem Tage lieferte. Er war daher der gewöhnliche Karmenmacher der Stadt, d. h. wenn Schneider und Schuster und Leute dieser Art Hochzeit und Leichengedichte brauchten. Sein Preis war 16 Groschen für ein Karmen. Mich selbst hielt er eifrig dazu an, ein Dichter zu werden. Und ich besinne mich wohl, daß meine poetische Ader unter seiner Leitung vortreflich floß, und ein weisses Schreibbuch von zwölf Bogen in wenig Monaten füllte. Aber in seinem übrigen Unterrichte war er ein unausstehliger Mensch, der mir eben dadurch im Gedächtniß geblieben ist. Er rauchte unaufhörlich Tabak und schwizte dabei im Gesicht, daß die Tropfen immer auf der Nase standen. So saß er am Tische, klemmte mich und meine zwei Brüder in seine Seiten ein. und zwang uns, zu lesen und unaufhörlich zu exponiren: denn mehr konte er selbst

C 4

nicht. Diese ängstliche Stellung nun, die wir nehmen musten, und dieses einförmige und ekelhafte Exponiren verursachte uns an seinen Stunden, wie an seiner Person, einen Ekel, den wir in der Folge nicht mehr zu verbergen im Stande waren. Wie nun dieser Ekel zunähm, so nahm unsere Arbeit ab, d. h. wir exponirten alle Tage schlechter. Je schlechter wir aber exponirten, destomehr Kopfnüsse und Schimpfnamen regnete es. Und wie dies unsern Verdruß vermehrte, so feuerte es uns an, ihn denselben empfinden zu lassen. Und dazu schuf uns unser lebhafter Geist tausend Methoden. Wir suchten uns z. B. dadurch für unsere Informationspein zu entschädigen, daß wir beim Exponiren uns allerlei witzige Einfälle zuflüsterten, und unter andern auch mit Verkehrung der Buchstaben auf unsern Plagegeist schimpften. So murmelte denn mein Bruder! Nednab sti nie Ran: und ich erwiederte: Nednab sti nie Lese: (Banden ist ein Narr: Banden ist ein Esel.) Wenn nun endlich der Schulmonarch diese Geheimnisse unserer neuen Sprache entdekte; so karbatschte er uns rein durch und nöthigte uns zu neuen Erfindungen: bis endlich

mein Vater gelegentlich erfuhr, was unser Bans
den für ein Held war, und ihn verabschiedete.

Nach der Zeit kam ein gewisser Schulz in
unser Haus, welcher etwas mehr Fähigkeit zum
Lehrer, aber destoweniger zum moralischen Erzieher hatte. Er war ein eingebildeter Narr, welcher bei aller seiner Ziegeunerfarbe, den Stutzer
zu machen glaubte und, nach damaliger Mode,
auf jeder Seite seines Kopfes etliche dreißig ge-
klebte Loken mit einem halben Pfunde Puder trug.
Ich — war von Jugend auf begierig, alles zu lernen, und alles, was ich lernen wolte, gelang mir
auch. Ich ergrif jede Gelegenheit, in die Werk-
stadt eines Handwerkers zu kommen und ihm zu-
zusehen, und, alle seine Arbeiten beschauen und
seine Handgriffe bemerken, war eine meiner größten Vergnügungen. Als Knabe von zehn Jahren
konte ich schon frisiren, wie ein alter Geselle. Und
ich hatte die Ehre, nicht nur meiner Mutter den
schönsten Krepp zu machen, wenn sie Sonntags
in die Kirche ging, sondern ich verstand mich auch
dazu, dem Herrn Schulz des Sonnabends seine
Unschlittreichen Lökchen auszukämmen, jede der-

felben frisch aufzuwikeln, mit dem Brenneisen die
alten Fettigkeiten herauszuschmelzen, und des Son=
tags seinen lokenvollen Kopf in höchster Schönheit
wieder herzustellen. — Dieser Mensch ward mir
und meinen Brüdern in kurzer Zeit verächtlich;
wozu seine übrigen Sitten das meiste beitrugen.
Unter andern war er ein erschreklicher Esser, und
seine elastische Leibeskonstitution brachte gewisse
bäuersche Wirkungen nach jeder Mahlzeit hervor,
von welchen wir ihm einen schmutzigen Namen ga=
ben, der seinen Respekt mit jedem Tage mehr her=
untersezte.   Aber das, was ihn am meisten er=
niedrigte, und als Erzieher junger Knaben äusserst
verwerflich machte, war sein Umgang mit einem
gewissen Röschen, welche meine Mutter als Nä=
terin brauchte.   So oft er uns spaziren führte,
wählte er das Haus einer Kohlgärtnerin zu un=
serm Auffenthalte und veranstaltete jedesmal, daß
unsere Kinderfrau, welche das jüngere Geschwister
trug oder führte, sein Röschen mitnehmen mußte,
welches er vor unsern Augen auf dem Schooße
hatte, mit Kaffestölchen fütterte, und mit tausend
Küssen beehrte. — Und dieser Mensch war fünf
Vierteljahr unser Mentor.

Fünftes Kapitel.

Einfluß der Hauslehrer und Bedienten auf Moralität.

Es wird also wohl ohne mein Erinnern dem
christlichen Leser einleuchten, daß wir unter dem
Regiment solcher Hauslehrer, weder in nüzlichen
Kentnissen noch in moralischer Vervolkommung
große Fortschritte gemacht haben. In Absicht
auf Bildung des Karakters mußte das Beispiel
und die Ermahnungen des Vaters und der Mutter alles allein ausrichten. Und ich kan es be-
theuren, daß ich mich dieser Wirkung noch jezt
sehr lebhaft erinnere. Ich habe als Knabe des
Vaters erstaunenden Fleiß und Arbeitsamkeit, so
wie seine seltne Strenge und Gewissenhaftigkeit in
Absicht auf das Heilighalten dessen, was Recht und
Pflicht heist — und der Mutter sanftes, gefälli-
ges und liebevolles Wesen beständig beobachtet und
den Werth dieser Tugenden tief empfunden. Und
wenn der jugendliche Leichtsin und das Feuer des
Temperaments mir die Nachahmung derselben
nicht gelingen ließ; so lernte ich sie doch kennen,

und liebgewinnen, und — mit Vestigkeit urtheilen, daß das ganz vortrefliche und schätzenswürdige Menschen wären, die so zu handeln sich gewöhnt hätten.

Ueberhaupt kan ich von mir sagen, daß ich frühzeitig, und gewiß ohne alle Anleitung meiner Informatoren, von selbst, viel reflektirt und, nach kindischer Art, und nach meinen damaligen Begriffen, viel gebetet habe, daß mich Gott so machen möge, wie ich nach meinem eignen Gefühl des Wohlgefallens urtheilte, daß ein Mensch seyn müsse, wenn er gut, gottgefällig, und der Achtung Anderer werth seyn wolte.

Am meisten erinnere ich mich, dem Fleiße einen hohen Werth beigelegt zu haben, ob ich gleich zu meiner eignen Unzufriedenheit mich zu keiner rechten Stätigkeit bringen konte. Aber da hatten auch gewiß, außer der Flüchtigkeit und dem wilden Feuer meines Temperaments, unsre Hauslehrer die größte Schuld. Denn wie wil ein Mensch, zumal ein Knabe, Lust zur Arbeitsamkeit bekommen, wenn er zu lauter Geschäften angeführt wird, die ihm durch Materie und Form

Ekel machen müssen? Wirklich geht es überal
natürlich zu, und man darf den Kindern die we-
nigste Schuld beimessen, wenn sie theils die Arbeit
überhaupt scheuen, theils gegen das Lernen insonderheit eine gewisse Abneigung verspüren lassen.
Denn unsere Lehrer und Erzieher verhunzen warlich die Stimmung der jungen Seelen mit Gewalt
durch die Beschäftigungen, die sie Kindern zumu-
then, durch die unnützen, unverständlichen, trok-
nen und ungenießbaren Sachen, welche sie ihnen
zu lernen geben und durch die ekelhafte Methode,
deren sie sich dabei bedienen. Verstünde man, dem
kindischen Alter angemeßne und unterhaltende Beschäftigungen aufzusuchen; so würden Kinder auch
mit mehr Lust arbeiten. Und wählte man zu
ihrem Unterrichte Dinge, die sie fassen könten und
die etwas anziehendes für sie hätten, und wüßte
dabei durch Methode ihnen das Lernen derselben
leicht zu machen, sie würden auch mit Lust lernen.

Es ist mir, seitdem ich Vater bin, ein einzi-
gesmal gelungen, einen jungen Mann zu finden,
der die wahre Methode verstand, und in allen
Lehrstunden, die er meinen Töchtern gab, lauter

angenehme Sachen (Natur und Geschichte) ihnen
vortrug und dies blos gesprächsweise, ohne daß
die Kinder sitzen und lesen oder blos zuhören durf=
ten; — und da hab' ichs mit Augen gesehen, was
das wirkt: da hab ich die Freude gehabt, daß die
Kinder mit Lust lernten, daß sie es kaum erwarten
konten, wenn die Stunde schlug, wo sie zu Herrn
Müllern gehen durften, und daß sie es beklagten,
wenn die Zeit der Schule schon verflossen war,
und sie von ihm verabschiedet wurden.

Man denke sich im Gegentheil so einen ekel=
haften Schmocker wie Herr Banden war, der
uns auf die Stühle zusammenpreßte, und einige
Stunden lang mit exponiren einer Epistel des Ci=
cero und Vokabel lernen und dergleichen Dingen
quälte, wo uns das, was wir lasen, so unver=
ständlich und so uninteressant war, und die Art,
wie wir dabei geschäftig seyn mußten, so schweis=
treibend wurde: und wundre sich dann noch, wenn
ich, bei allen meinen Reflexionen über des Va=
ters herrliches Beispiel, und bei allem meinem gu=
ten Willen, mir keine Lust zu lernen schaffen
konte.

Wunderbar ist mirs übrigens noch bis jezt, daß das unglükliche Beispiel des Schulz so wenig nachtheilige Eindrücke auf mich und meine Brüder gemacht hat. Ich kan nicht sagen, daß der Anblik seiner oft ziemlich plumpen Karessen, eine bestimte Vorstellung bei mir hervorgebracht hätte. Das einzige gedenke ich noch ganz deutlich, daß, da Röschen vom Herbste bis ins Frühjahr in einer Pelzkontusche zu erscheinen pflegte, welche ihr Adonis ihr fleissig an der Brust herabzustreichen gewohnt war, sich eine sinlich angenehme Idee in mir festsezte (ich war eben neun Jahr alt) welche in der Folge beständig fort durch das Gefühl oder den Anblik des Pelzwerfs in mir erneuert, und mit der dunklen Empfindung eines gewissen instinktartigen Vergnügens begleitet wurde.

Verständige Leser werden solche Bemerkungen gewiß nicht als unbiographische Lappalien ansehen, da es ihnen ohnstreitig einleuchten wird, daß für die Kentniß der Geschichte des Menschen, d. h. der Art und Weise, wie sein fixirter Karakter, seine Tugenden und Thorheiten, sein Handlungsweisen und Fertigkeiten, seine Schiksale und Auf-

tritte entstanden sind — oft gerade die kleinsten
Umstände von Wichtigkeit sind, wenn sie die
almälige Formung seiner Sitten und Begeben=
heiten ins Licht setzen. Denn was nüzt mir Men=
schengeschichte, wo ich blos Thatsachen erblicke,
aber den Zusammenhang derselben mit ihren Ur=
sachen nicht zu sehen bekommen, und ihre innre
Entstehungsart nicht zu eignen Reflexionen benuz=
zen kan?

In der That war diese Zeit, wo der obge=
dachte Anblik die beschriebene Wirkung bei mir
that, für mich die Zeit der ersten Aufweckung des
schlafenden Instinkts, wo der unbestimte richtungs=
lose Naturtrieb den ersten schwächsten und dunkel=
sten Grad von Bestimtheit erhielt. Unbekant mit
allem, was die Natur wirkliches hat, faßte ich
jezt blos diesen von meinem Lehrer bemerkten Ge=
genstand mit meiner Phantasie auf. Und jenes
Gefühl und jener Anblik war viele Jahre lang für
mich die einzige Art sinlicher Wollust, deren ich
empfänglich war.

Wenn aber die Leser sich wundern, daß ein
solches Beispiel nichts schlimmers gewirkt hat; so
wer=

werden sie es noch mehr, wenn ich ihnen weiter
erzähle, daß wir bald nach dieser Zeit einen Be=
dienten ins Haus bekamen, der mir insonderheit,
der ich einen eigenen Hang hatte, mich durch
Erzählungen unterhalten zu laßen, die allerschänd=
lichsten Dinge vorsagte, und mir sogar eine Men=
ge der scheuslichsten Methoden schilderte, deren
er sich bei seinem Umgange mit dem andern Ge=
schlechte bedient hatte, und daß gleichwohl auch
diese Beschreibungen, womit der Elende ein un=
schuldiges Kind moralisch zu vergiften drohte, mir
gar keinen Schaden thaten. Aber die Ursache lag
darinne, daß ich noch alzu unschuldig war, um
ihn zu verstehen. Ich kante wirklich noch nicht
den Unterschied der Geschlechter (ein zufälliges
Glük, das mir unendlich genuzt hat!) und ver=
stand also durchaus keine feine Schilderungen, die
er ohnehin, weil er mich für sachkundiger hielt
als ich war, mit bloßen Winken und Anspielungen
mir vortrug. Und so blieb ich mit bestimterer Be=
kantschaft des Bösen und — was unausbleibliche
psychologische Folge ist, mit einer bestimten Be=
gierde verschont. Ich blieb glüklicherweise hier=
innen ganz Kind.

I. B. D

Eines andern Bedienten, Namens Ernst, muß ich noch gedenken, weil auch dieser den Grund zu einem gewissen Zuge meines Karakters gelegt hat. Dieser Ernst war ein guter, fleißiger und redlicher Mensch, der den größten Theil des Tages auf seiner Kammer zubrachte, wo er Schneiderarbeit that. Ich gewan diesen Menschen lieb und er bemühte sich, in der besten Meinung, da er meinen Hang merkte, mich durch Erzählungen zu amusiren, um mich vom herumlaufen und wilden Streichen abzuhalten: weil er wuste, daß meinem guten Vater daran besonders gelegen war, daß er nicht durch das Gelerm seiner muntern Jungens in seinen Arbeiten gestört würde. Täglich also ward Ernst meine Geselschaft in müßigen Stunden, und ich hörte ihn mit unermüdeter Geduld zu, wenn er meine Phantasie mit romanhaften Bildern bereicherte.

Ich war von Natur munter und zur Fröhligkeit gestimt, und hatte dabei einen unbegränzten Hang mit meiner Imagination in der Zukunft herumzuschweifen, und mir angenehme Aussichten zu bilden. Der gute Ernst sahe also bald,

daß mir keine Gespräche intereſſanter waren, als
wenn er mich mit Projekten unterhielt. Da war
denn jeden Tag ein neuer Roman auf dem Tapet,
in welchem der Held, an deſſen Plaße ich allemal
mich ſelbſt dachte, oder den auch wohl der gefällige
Schneider mir geradehin namentlich anwieß, alle=
mal und ohne alle Schwierigkeiten glüklich wurde.
Denn zu Schürzung eines Knotens, wodurch der
Held erſt in bedenkliche Umſtände gerieth, ehe er
das Ziel ſeiner Wünſche erreichte, hatte ſein Kopf
kein Talent. Da kamen Entwürfe zum Reich=
werden an den Tag, welche er mit der Mine der
Wichtigkeit mir mittheilte, verſichert, daß ich ihre
Unwahrſcheinlichkeiten nicht merken, und, im Ver=
trauen auf ſein Alter und ſeine Erfahrung, ihm
Glauben beimeſſen würde. Da hatte er berechnet,
wie wir in der Glüksbude den größten Gewin
erhalten könten, ohne ſich daran zu ſtoßen, daß
wir beide nicht ſo viel Geld hatten, um ein Loos
zu kaufen. Da ſezten wir mit einander, für eben
dieſe Schwierigkeit unbeſorgt, in die Lotterie, und
überlegten ſehr ernſthaft, was wir mit dem gro=
ßen Looße anfangen wolten. Da fanden wir einen
Schaz und machten weitläuftige Entwürfe, wie

wir die ungeheure Summe am besten anlegen kön=
ten. Da gingen wir auf Reisen und machten ein
unverhoftes Glük. Kurz, Ernst wußte jeden Tag
meiner Phantasie neue Aussichten zu geben, und
meinen Glauben an seine Versicherungen dadurch
zu beveftigen, daß er mit großer Bescheidenheit
jedesmal mich bat, ihn in meinem Glükke nicht zu
vergessen, sondern als einen armen Menschen mit
zu versorgen.

Man stelle sich vor, wenn die feurige Ima=
gination eines Knaben zwei Jahr lang durch täg=
liche Unterhaltungen dieser Art die herschende
Richtung bekomt, nichts als angenehme Gegen=
stände in der Zukunft zu denken: wenn sie dabei
gewöhnt wird, Unwahrscheinlichkeiten, Schwie=
rigkeiten, Bedenklichkeiten, mögliche nachtheilige
Folgen u. d. zu übersehen: wenn es ihr habituel
wird, alle Dinge in der wirklichen Welt nur von
ihren reizenden und vortheilhaften Seiten zu
betrachten, sich nie das Böse und Nachtheilige
neben dem Guten vorzustellen, sondern nur immer
einseitig alles im Lichte der Freude zu erblikken —
man stelle sich vor, was das einer Seele für eine
unausrottliche Stimmung geben muß!

Unser Ernst war ein Schneider und kein Philosoph, wohl zu merken: sonst hätte er freilich — hoffentlich — eingesehn, daß er mit seiner gutgemeinten Unterhaltung mir Schaden thun mußte. Denn ich bin gewiß, daß er den Grund zu meinem idiosynkratischen Leichtsinne gelegt, und mir es für mein ganzes folgendes Leben zum bleibenden Hange gemacht hat, mir stets frohe Aussichten zu bilden, und bei allen Gegenständen der Zukunft, nur die heitere, angenehme, und reizende Seite zu sehen, und für Schwierigkeiten und mögliche böse Folgen gar kein Auge zu haben.

Denn darin besteht eigentlich, was ich meine christlichen Leser wohl zu beherzigen bitte, der mir von so manchem hochweisen Richter meines Lebens so oft vorgeworfene Leichtsin, daß ich bei allem, was ich als zukünftig denke, bei allen Projekten, Entwürfen, Anschlägen, nur für die frohe Seite der Sache einen Sinn habe, und die schlimme Seite, (sogar bei dem oft mit Bewußtseyn vorhandenen besten Willen, sie zu bemerken) nicht sehe.

Diese in einer Schneiderwerkstatt erzeugte
Krankheit hat zugleich eine beständige Nahrungs-
quelle in meinem an sich sehr glüklichen Tempera-
mente gefunden. Es ist nämlich meine erstaunli-
che Jovialität, meine mir von Jugend auf eigne
und nur seit einigen Jahren erst ein klein wenig
gemilderte herschende Heiterkeit und Stimmung
der Seele zum Frohseyn, die Ursache, daß fast
alle Dinge in der Welt, und so auch Menschen,
die ich kennen lerne, mir blos von einer angenehmen und geniesbaren Seite erscheinen: daß also
in meiner Seele bei allem, was ich denke und überlege, (und ich überlege wahrlich alles, was ich von
Wichtigkeit thue, mit der ehrlichsten und gutge-
meintesten Sorgfalt) immer nur die erfreuliche
und vortheilhafte Seite sich mir darstellt: und daß
ich hingegen (bei allem meinen guten Willen, vol-
ständig in meinen Ueberlegungen zu seyn) die be-
denklichen Seiten, die üblen Folgen, gar nicht
ins Auge bekomme, oder doch erst spat, und
wenns zu spat ist, entdecke.

Sechstes Kapitel.

Beßre Lehrer und Erzieher.

Mein armer Vater konte anfangs seinen Haus-
lehrern nicht mehr, als freie Wohnung, aber mit
mir und meinen beiden Brüdern auf einer Stube,
nebst Heizung, Licht, Aufwartung und etwa 24
bis 30 Thaler Geld anbieten. Da war es wohl
nicht anders zu erwarten, als daß nur Leute von
der geringsten Klasse sich zu einer solchen Kondition
verstunden.

Da er selbst in eine glüklichere Lage kam,
und bei 800 Thalern Prediger Besoldung, auch
die Einkünfte, als ordentlicher Professor der Theologie, Beisitzer des Konsistorium u. d. bezog und
sofort auch einen ansehnlichern Gehalt für den
Erzieher seiner Kinder bestimte, auch überdem
durch sein bekantes Ansehn beim Magistrat und
bei Hofe in dem Kredit stund, daß er zur Beförderung eines jungen Mannes mitzuwirken vermögend war; da fanden sich auch ganz andere

D 4

Männer, welche unsere Bildung übernahmen: — ein deutlicher Beweis, daß vernünftige Eltern nirgends mehr sich angreifen solten, als bei Aussetzung der Belohnungen für die Führer der Jugend.

Der erste würdige Mann, in dessen Hände meine Erziehung gerieth, war der jetzige Konrektor Hofmann auf der Thomasschule zu Leipzig. Dieser verband mit sehr gründlichen und ausgebreiteten Schulkenntnissen eine gute Methode, und besaß zugleich die Gabe, durch Freundlichkeit und edle Behandlung, die Liebe seiner Zöglinge zu gewinnen. Mit mir ging er besonders liebreich um, und nahm einen Ton der Vertraulichkeit an, der mir schmeichelhaft war, und durch Ehrgeiz mich ganz an ihn fesselte.

Ich erinnere mich auch, daß seine nette Kleidung mir auffiel, welche mit dem saloppen Anzuge der vorigen Informatoren ziemlich stark kontrastirte, und daß dieses Aeußerliche ihm einen gewissen Respekt gab, der einem Erzieher bei seinen Zöglingen so unentbehrlich ist.

Die Religionsübungen gewannen unter seiner Leitung nicht minder, als der Schulunterricht,

Denn wenn die vorigen Lehrer uns durch ein frostiges und mechanisches Geleier, das oft zu halben Stunden dauerte, ermüdet, und die so genannten Betstunden zum Ekel gemacht hatten, so wuste dieser durch ein kurzes Gebet und einige gut gewählte Strophen zum Gesang, wobei er blos durch das Beispiel der eignen Andacht die meinige erwekte und erwärmte, manche gute religiöse Empfindung in mir hervorzubringen oder zu stärken.

In den Stunden des Unterrichts machte er sich, besonders im Sommer, die Bequemlichkeit, daß er mir es übertrug, meinen beiden jüngern und minder fähigen Brüdern, nebst dem kleinen Ernst (jetzigen hochberühmten Philosophieprediger, Herrn Prof. Platner in Leipzig) Lektion zu geben, indeß er auf seinem Bette lag und zuhörte. Da wußte ich mir denn außerordentlich viel, wenn ich, mit dem Bakel unterm Arm, in der Stube auf und abgehen, und meine Schüler ein Stük Nepos aufsagen lassen, und sie weidlich korrigiren konte. Dies entflamte meinen Ehrgeiz und spornte meinen Fleiß an,

Zur Zeit dieses Mannes erhielt sich die Un=
schuld meines Herzens, um so leichter, weil ich
auf der einen Seite wirklich an Pietät, (ich wil
sagen, an öfterm Bewustseyn aus Gotteskentniß
entlehnter Beweggründe zum Guthandeln,) bei
ihm zunahm, und auf der andern Seite zu eigent=
lich bösen, d. h. Gesundheit und Pietät zerstören=
den Dingen keine Gelegenheit hatte. Denn wir
waren theils fast beständig unter seinen Augen,
theils verursachte die Armuth meines Vaters oder
vielmehr die aus den Zeiten der Armuth entstan=
dene Gewohnheit, daß wir wenig oder gar keine
Geselschaft mit andern Kindern hatten, und folg=
lich vom Sehen und Lernen des Bösen frei blie=
ben. Unser Hofman führte mich meistentheils in
seine Geselschaften ein, wo ich unter Erwachsenen
mich befand, oder, wenn auch jene ihre Zöglinge
bei sich hatten, doch mit ihnen unter Männer Au=
gen handelte.

Eines Umganges mit dem andern Geschlecht
aus dieser Epoche kan ich mich gar nicht erinnern:
außer daß ich zuweilen das Mechanische Haus be=
suchte, welches an unsere Wohnung stieß, und

wo mir die mittelste Tochter, die aber doch schon einige Jahr älter, als ich und ein ganz geseztes Frauenzimmer war, so gefiel, daß ich wohl sagen möchte, ich sey, wie ein unschuldiger Knabe von etwa zwölftehalb Jahren es seyn kan, in sie verliebt gewesen. Ich urtheile dies daraus, weil ich mich noch gar wohl erinnern kan, daß ich zuweilen des Abends, wenn die Mahlzeit vorbei und jedes in seinem Schlafzimmer war, mit wahrer Lebensgefahr (im dritten Stokwerk) von dem Fenster unsers Ganges zum Fenster des Treppengehäuses hinüber geschritten bin, welches mit jenen einen rechten Winkel formirte, und doch gewiß eine Ausschreitung von anderthalb Ellen erforderte. Indessen waren diese Kinder allezeit unter den Augen ihrer Mutter, so daß das allerschlimste, was ich mich da gethan zu haben erinnere, ein ziemlich wildes Blindekuhspiel war.

Daß wir übrigens, bei aller guten Aufsicht, nicht manche dolle Jugendstreiche gemacht haben solten, verlange ich gar nicht zu behaupten. Denn es gab doch zuweilen Stunden, auch halbe Tage, wo unsere Eltern nicht zu Hause waren, und wo

auch wohl der Herr Informator sich einen guten
Tag machte: und da mußten ja wohl so muntere
Knaben, darunter ich dann sicher der wildeste
war, auf manchen Einfal gerathen, der einen
Prügelregen nach sich zog,

Um ein einziges Exempelchen zu geben, weil
es doch manchem Leser darum zu thun ist, die
Manier des Dichters, des Redners, des Schau-
spielers — kennen zu lernen — wil ich nur dies
bemerken, daß es eine unserer Hauptbelustigungen
war, biblische Historien dramatisch zu bearbeiten
und vorzustellen. Das thaten wir denn ohne allen
Aufwand von weitläuftigen Dialogen, vielfältigen Scenen, großen Dekorationen u. d. und
wir behandelten unsere Stücke ganz simpel und
kurz. So führten wir z. B. den Durchgang der
Kinder Israel durch den Jordan dergestalt auf,
daß mein Bruder einen Eimer Wasser holte, indeß ich mit dem jüngsten und einigen Nachbars-
kindern, die wir zuweilen erwischten, hinter dem
Ofen stunden und die Kinder Israel repräsentir-
ten. Wie nun der mittelste Bruder den Eimer
brachte und quer über die Stube hingoß, so trat

ich, als Moſes, mit dem Beſen hervor, ſtrich
durch den ſeichten Strom hin, und führte ſo die
Iſraeliten trofnes Fußes hindurch und — erhielt
hernach von meinem Vater mit meinen Brüdern
eine Tracht Schläge, weil das Waſſer durch die
Dielen gedrungen, und ihm in die Studierſtube
gelaufen war, und Bücher und Schriften er-
ſäuft hatte.

Auf unſern Hofman folgte ein eben ſo wür-
diger Mann, der Magiſter Reinhold, welcher
durch meines Vaters Empfehlung Katechet in Leipzig und, durch eben dieſes Mittel, bald darauf
Paſtor zu Nebra in Thüringen und zulezt Superintendent in Mühlhauſen wurde. Dieſer Mann
hatte eine ganz eigne und ich möchte ſagen, be-
zaubernde Art von Würde in ſeinem Aeußerlichen.
Seine Mine, ſeine Sprache, ſein Ausdruk, ſein
Gang, alles war vol eines edlen Ernſtes, und
flößte, ohne dem Wohlwollen und der Traulichkeit
zu ſchaden, Ehrfurcht ein.

Von ſeinem Unterrichte haben wir nicht ſon-
derlichen Gewin gehabt: denn er war kein Schulmann und liebte auch zuſehr die Bequemlichkeit.

Aber deſtomehr nahm ich unter ſeiner Führung an Pietät und geſeztem Weſen zu. Sein Aeußerliches konte nicht ohne Nachahmung bleiben. Und ich bin mir bewuſt, daß ich zu ſeiner Zeit außerordentlich gleichgültig gegen manche Spielereien und Kinderpoſſen ward, die ich ſonſt ſehr geliebt hatte, und mit einer Art von Ehrgeiz mich beſtrebte, die Würde des Mannes, die mir ſoviel Wohlgefallen erwekte, weil er mich dabei gleichwohl mit ſoviel Herzlichkeit behandelte, in meinem eignen Betragen zu erreichen.

Einen beſtändigen Einfluß hat dieſer Mann dadurch auf mich behalten, daß er mir viele Jahre lang das Muſter der Mimik und der Tonkunſt beim Deklamiren geblieben iſt, welches ich nachzuahmen ſtrebte.

Der lezte und volkommenſte meiner Jugendlehrer war ein gewiſſer Jäger, deſſen ich mich, ſo lange ich lebe, mit innigſter Rührung erinnern werde. Nie habe ich einen Mann gekant, der ſo viel Liebe und Ehrfurcht zugleich einflößen und ganz eigentlich abnöthigen konte. Seine Phyſio-

nomie war der Abdruk der Tugend, seine Rede
ihre Stimme, und sein Leben ihr Muster.

Wir waren Kinder, aber die Züge der en=
gelreinen Seele in jeder seiner Minen und Han=
dlungen waren so stark, daß auch wir sie lasen
und verstunden.

Etwas war in seinem Gesicht, wenn ihm eine
Kollision zwischen Pflicht und Nachsicht vorkam,
das ich gar nicht zu beschreiben vermag, und das
ihn gleichwohl ganz bezaubernd machte. Man er=
blikte da eine rührende Verfließung des Schmerzes
über die Nothwendigkeit etwas versagen oder an
seinen Zöglingen tadeln zu müßen und, der hei=
ligsten Entschlossenheit, nicht ein haarbreit von
dem abzuweichen, was Natur oder Konvention
ihm zur Obliegenheit gemacht hatte.

Wäre dieser Mann, der kaum drei Vier=
teljahr in unserm Hause war, bis an das Ende
unserer Erziehungszeit bei uns geblieben, ich wäre
ein Heiliger geworden. Denn Gott ist mein Zeu=
ge, daß ich ihn dafür hielt, und vor dem Bilde
der Tugend, das an ihm so sichtbar war, einen
solchen Grad von Ehrfurcht empfand, welcher der

höchsten Gebetsandacht gleich kam. Er schien mir ein Muster der bescheidensten und Prätensionloseſten Tugend zu ſeyn, das meinen ganzen Stolz befriedigen konte, wenn ich es je erreichte.

Mein Vater liebte ihn unausſprechlich, und machte mich auf manches Gute an ihm erſt aufmerkſam, was ſich vor meinen Bliken verborgen hatte, weil er wirklich auch darinnen eine Seltenheit war, daß er die Schönheiten ſeiner Seele ſelbſt im Schatten zu ſtellen ſuchte, um nicht prahleriſch zu ſcheinen. Er war äußerſt mäßig im Eſſen und Trinken und doch ſchien er bei der Mahlzeit ſichs recht herzlich ſchmecken zu laſſen. Er trug kein Bedenken ſeine äußerſte Armuth zu geſtehen, und er that, als wenn er durch den höchſten Grad von Reinlichkeit und Nettigkeit im Anzüge ſein Geſtändniß auszulöſchen ſuchte. Er war ſchüchtern und demüthig, und er ſprach doch mit den Vornehmſten und Geringſten mit einer ſo abgemeſſenen Würde, daß beide ihn reſpektiren müſten. Er war im höchſten Grade ſtreng bei alle dem, was ſeine Pflicht erheiſchte, und ſein Betragen war dennoch ſo gefällig, daß er nicht fähig

hig schien, etwas abzuschlagen. Er war from,
wie eine Heloise, und in Gesellschaft so munter
und aufgeräumt, daß kein Epikuräer vor ihm
scheu wurde.

Und dieser vortrefliche Mann, welcher die
edelsten Grundsäze meinem Verstande, und die
feurigsten Gefühle für Rechtschaffenheit und Tu=
gend meinem Herzen am tiefsten eingeprägt hat,
ward unter meinen Lehrern der erste und einzige,
an welchem ich das traurigste Räthsel der Vorse=
hung, die Tugend im Unglük, kennen lernen
mußte. Sein Schiksal war mir erschütternd,
und wird stäts mir unvergeßlich bleiben.

Mein Vater hatte ihn bei einer vakanten
Katechetenstelle an seiner Kirche empfohlen, und
einige seiner öffentlichen Kanzelvorträge waren
mit so algemeinem Beifalle aufgenommen wor=
den, daß seine Wahl gar keine Schwierigkeit
fand. Auch war bereits Rath geschaft, den bei sei=
ner Armuth ihm selbst zu schweren Aufwand zu be=
streiten, welchen die schwarze Kleidung, nebst dem
Mantel und übrigen Ornat erfoderte. Alle Men=
schen gönnten ihm sein Glük, und in unserm

Haufe war lauter Jubel. Am Freitage erhielt
er die Vokation, und den Sonnabend kam
er zu meinem Vater, und meldete ihm, daß
er sie nicht annehmen — daß er nicht in Leipzig
bleiben könne. — Man denke sich unsern Schrek!

Wir stekten die Köpfe zusammen. Wir
drangen mit dem wehmüthigsten Flehen in ihn,
uns das Räthsel zu lösen. Seine Freunde kamen herbei, und erstaunten mit uns, und baten
ihn mit uns, daß er bleibe. Aber nichts war aus
ihm herauszupressen, als Seufzer und Thränen.
In wenig Tagen verließ er Leipzig.

Man höre den Aufschluß des Räthsels. Der
unglükliche Mann hatte seine Jugendjahre in
reinster Unschuld verlebt. Armuth, schlechte Kost,
beständiges Studiren — hatten ihn vor Gelegenheit, und Versuchung geschüzt. Er kam in unser
Haus. Ein guter Tisch vermehrte seine Körper-
kraft, daß das blasse hagre Gesicht nach einigen
Monaten wie eine Rose blühte. Die Liebe, mit
der er überhäuft wurde, und seine zunehmenden
Bekantschaften hatten seinen Geist aufgeheitert,

und seiner natürlichen Stimmung zum Frohseyn
Spielraum geschaft.

. Unbekant mit allem, was man Laster nennt,
und gänzlich unerfahren in dem, was Gefahr und
Versuchung zum Bösen heißt, wandelte er in der
Unschuld seines Herzens drei Monate dahin, ohne
daß ein schlechter Gedanke seine Seele entheiligte.
Eines Tages wird er zu einem Magisterschmause
eingeladen, wo einige, bei denen die allzustrenge
Tugend, statt Ehrfurcht, Lüsternheit sie zu beflek-
ken erregt hatte, einen Anschlag auf ihn machten.
„Du, sagte der eine, laß uns heute den zimpfer-
„lichen Jäger eins auf den Pelz trinken." Sie
wurden einig, und der arme Jäger erlag.

Nicht trunken, aber doch mit einer unge-
wohnten Portion beladen, und so aufgeräumt,
daß er allenfals Muth gehabt haben würde, ohne
Zittern einen bloßen Degen zu sehen, — kam er
des Abends spat nach Hause, fand niemand mehr
auf, als unsere alte Magd, eine Person von vierzig Jahren, und häßlich, wie die Nacht. Diese
geleitet ihn nach seinem Zimmer, sieht seine außerordentliche Jovialität, erbietet sich, ihm noch eine

E 2.

Taſſe Thee zu machen, kommt darüber mit ihm
ins Geſpräch, und — der arme unglükliche
Mann — vergißt ſich.

Noch ſteht mir eine Thräne im Auge, wenn
ich an dieſen ſchrecklichen Fall gedenke. Noch
ſchwebt mir der Kummer vor Augen, der mich
damals verzehrte, und meinen Glauben an Vor-
ſehung, den ich als Knabe ſchon ſo beveſtigt zu
haben vermeinte, wankend machte.

In einem Abende, wo alles, was von ſeinen
freien Vorſtellungen unabhängig war, die Liſt der
Neider ſeiner Tugend, die Macht des Getränks
und ſeine Tugend ſelbſt, ich meine ſeine Unerfahrenheit und Unkunde der Gefahr — ſich wider ihn
vereinigt hatte — mußte ſeine Unſchuld geſtürzt, ſein
Glük zerſtört, und ein Mann, der ſo unendlich viel
Nuzen in der Welt ſtiften konte, vernichtet werden.

Der arme Jäger hatte früh ſeine Vokation
erhalten, und Freudenthränen vor Gott und ſeinem Wolthäter geweint, und am Abend meldet
ihm dies ſcheusliche Weibesbild, an die er gar
nicht mehr gedacht hatte, ihre Schwangerſchaft. —

Todesangst überfällt ihn, er sagt seine Stelle auf, verläßt Leipzig, begiebt sich nach ***. und — stirbt ein Jahr darauf vor Harm und Kummer.

Wie viel Tausende genießen die Freuden der Thorheit durch ihr ganzes Leben und — gedeihen! Und dieser Rechtschafne. — Doch lasset uns den Vorhang vorziehn, und mit dem Apostel sagen: unerforschlich sind deine Wege! —

Wie viel wahre Philosophie in diesen Worten des philosophischen Paulus liege, mögen die, so es nicht wissen, aus meiner analytischen Erklärung der Briefe der Apostel lernen, die ich nach Biographenpflicht und Fug hiermit für eine meiner besten Schriften erkläre.

Siebentes Kapitel.
Oeffentliche Schulen.

Warum mein Vater die Hauslehrer = Erziehung aufgab, weiß ich nicht. Vieleicht hatte ihn der Ueberdruß dazu bewogen, weil er sahe, daß

die sichern Leute nichts taugten, und die taugli=
chen nicht sicher waren, d. h. wenn er sie kaum im
Hause hatte, ihr Glük machten, und uns wieder
verließen. Denn wirklich hatte er den H. Reinhold
nur ein halb Jahr, und den unglüklichen Jäger
drei Vierteljahr nur genossen.

Er bekam nun den sonderbaren Einfal, mich
auf die Leipziger Nikolaischule zu schiffen, und
meine Studien da vollends zur Akademie reif
werden zu lassen. Aber das Jahr, welches ich
hier zubrachte, war verlohren. Ich lief alle Mor=
gen mit meinem großen Bücherpack, dem ein starker
Riemen Haltung gab, um sieben Uhr nach meiner
Klasse, und kam um eilf Uhr eben so zurük, wie
ich hingegangen war. Es war nichts da zu lernen.

Der große Reiske zwar, stand damals als
Rektor an dieser Schule, und zog durch seinen
Ruf manchen Lehrling an sich, mochte auch wohl
auf der Wagschale der Rathschlagungen meines
Vaters das größte Gewicht gewesen seyn, und den
Ausschlag gegeben haben; aber theils kam ich
nicht in seine Klasse, weil ich noch nicht reif zu
Prima schien: theils war auch dieser große Mann

nicht fähig, jungen Leuten Fortschritte in Schul-
kentnissen zu verschaffen, weil er gar keine Gabe
des Vortrags hatte und seine unermeßlichen Reichthümer in Sprachen und Geschichte nicht von sich
geben konte. Seine Seele glich einem Bauche,
der ohne Klistire keinen Abgang hat. Es war ein
Gelehrter, der mit Kentnissen ganz eigentlich über-
laden, und eben darum beständig obstruirt war.
Man mußte selbst schon weit seyn, wenn man ihn
wirklich benuzen wollte. Man mußte mit ihm
sprechen, man mußte ihm alles, was man zu wissen nöthig fand, abfragen: da war der Mann unerschöpflich, da war er befriedigend, da ward er
lehrreich. Aber, wenn er Lehrlinge vor sich haben, und allein sprechen mußte, da konte er nichts,
als exponiren und paraphrasiren, und das noch
dazu in einem Deutsch, das nicht zu genießen war.

Mein Lehrer ward der Konrektor Adami,
den Gott im Zorn zum Schulmanne gemacht
hatte. Ob er schulmännische Gelehrsamkeit besessen hat, weiß ich nicht. Aber so viel weiß ich,
daß keine Spur davon in seinen Schulstunden zu
vernehmen war. Seine Erklärungen der klassi-

schen Autoren bestunden entweder in dürrer Gram=
matik, oder in Minellischen Noten. Dabei war
seine Stimme so widrig, sein Air so pedantisch,
seine Laune so hypochondrisch, daß man entweder
vor Ueberdruß erkranken, oder vor langer Weile
bei ihm einschlafen mußte. Das leztere war bei
seinen Schülern der gewöhnliche Fall. Oft sah
man ganze Reihen oder Bänke voll Schüler in
einem Tempo nikken.

Das allerschlimmste war dabei, daß der
Mann ein gewisses ridicule hatte, welches alles
vollends verdarb. Denn da gab es, vornehmlich
unter den Primanern, niederträchtige Menschen in
Menge, welche sich zum eignen Geschäfte mach=
ten, täglich neue Erfindungen anzubringen, den al=
ten Mann zum Narren zu machen. Und wer dann
nicht über die Erfindungen lachte, mußte wenig=
stens über die Bocksprünge lachen, welche der gu=
te Adami machte, wenn er eine solche Posse ent=
dekte, und es endlich merkte, daß sie auf ihn ge=
münzt war. Dieses Unglück, wenn es einen
Schulmann einmal trift, zerstört nicht nur allen
Nuzen seines Unterrichts, sondern es bringt auch

einen Geist des Leichtsinns, und ich möchte sagen, der Gewissenlosigkeit, unter die Schüler, der manches junge Herz vergiftet, und Sitten und Karaktere verunstaltet.

In Adamis Stunden war zulezt gar keine Aufmerksamkeit mehr. Und wenn wir es satt waren, den alten Mann zu verspotten und zu nekken; so zogen wir mit unserm Wize, der einmal in Oden gesezt war, gegen einander selbst zu Felde. Und wirklich habe ich in diesem Jahre mehr Methoden, Leute zu plagen gelernt, als mancher Zeitlebens nicht zu erfahren bekomt. Einer meiner besten Antagonisten, war ein gewisser Herr von Hohenthal, welcher blos durch seine Hammelsnatur mich reizte, auf seine Unkosten wizig zu seyn, und einen Ruhm darinnen zu suchen, wenn ich die Lacher über ihn aufzuregen vermochte.

Mein Vater merkte freilich bald, und auch ich, zu Reflexionen über mich selbst gewöhnt, eröfnete es ihm, daß diese Schule für mich fruchtlos und sogar verderblich war: allein es dauerte lang, ehe er eine Veränderung beschliessen konte. Endlich brachte ihn der Burgemeister Born, ei-

E 5

ner seiner redlichsten Freunde und eifrigsten Gönner, auf den Gedanken, mich und meinen mittel-
sten Bruder auf die Fürstenschule, Pforte, zu bringen, wo er uns ganz ohne Kosten unterhalten
konte, indem der Leipziger Rath meinem Vater,
die beiden Alumnenstellen für seine Söhne bewil-
ligte, welche derselbe zu vergeben hatte.

So zog ich nun, nicht volle vierzehn Jahr
alt, schwach und zart an Körper, und klein von
Wuchs, aus den Armen meiner weinenden Mutter,
zum erstenmale in die Fremde, und kam unter
eine Menge von Leuten, von denen ich nicht einen
einzigen kante.

Aber hier zeigte und fixirte sich ein Zug meines Temperaments, der mir in meinem Leben
oft zu statten gekommen ist, und der sich hier zum
erstenmale in einer gewissen Stärke äußerte. Ich
war in Absicht auf Leibesstärke und Weltkentniß
ein wahres Kind, und fand mich gleichwohl in
meine neue Welt, wie, wenn ich schon oft solche
Veränderungen erfahren hätte. Das Neue schrekte mich nicht. Das plözliche Verschwinden des
Alten rührte mich nicht.

Mein Vater brachte uns selbst auf diese Schule, und empfahl uns der Vorsorge des würdigsten Schulmanns, des wahren Pendants eines großen Ernesti, des berühmten Freytags. Dieser alte Mann, der, bei einem unbehülflich dicken Körper, ein äußerst austeres Air hatte, und vor Fett grunzte, besaß dennoch eine gewisse unverkennbare Leutseligkeit, und zeigte es auf den ersten Augenblik, daß er ein edler, und für seine Schüler väterlich gesinnter Mann war, so deutlich, daß ich gleich ein Herz zu ihm faßte, und mich in seinen Händen zufrieden fühlte.

Wir speisten des Abends bei ihm; aber schon um neun Uhr kam sein Famulus, und foderte uns unvermuthet zum Schlafengehn ab. In dem nämlichen Augenblik also mußten wir die Tafel verlassen, unserm Pflegevater gute Nacht, und unserm Vater das Lebewohl sagen, und, der Führung eines fremden Vorgesezten mit einer großen Laterne, uns anvertrauen.

Ich vergoß keine Thräne bei diesem Abschiede. Und ob ichs gleich innig empfand, daß ich jezt zum erstenmale mich von einem geliebten Va-

ter trennen, und vieleicht auf mehrere Jahre tren=
nen mußte; so dauerte doch diese heftige Empfin=
dung nicht lange. Es war ein Schlag, der mich
auf einige Minuten erschütterte, und tief in die
Seele drang. Aber ich befand mich kaum eine
Viertelstunde auf meiner Zelle; so war der Schmerz
abgestumpft, und ich konte so gut einschlafen, wie
zu Hause.

Dies ist das schäzbare Eigenthum meiner See=
le, das die Mutter Natur mir verlieh. Ich kan
durch kein Uebel auf lange Zeit niedergebeugt
werden. Es sey so groß es wölle, oder komme
noch so plözlich und unvermuthet; so ists, wie
gesagt, nichts, als ein Schlag, der durch und
durch geht, und mich, höchstens auf einige Minu=
ten, nachdenkend macht. Aber so, wie die erste
Erschütterung sich verbebt hat, so eilt meine rege
Phantasie mir zu Hülfe, und mein glüflicher Leicht=
sinn macht, daß die neue Lage, in der ich mich
befinde, mir von einer genießbaren Seite erscheint.
Da erblikke ich augenblicklich eine Menge Bilder,
die mich beruhigen, wenns gleich oft nur leere
Erscheinungen sind. Da sehe ich schnell (oder bil=

de mir ein zu sehn) eine Menge kleiner oder gros=
ser Vortheile, welche das eingetretene Uebel nach
sich ziehen könte. Da sehe ich eine Menge Mit=
tel, wie ich mir es zu heben, oder abzukürzen,
oder zu mindern vermag. Da fallen mir Anschlä=
ge und Projekte ein, durch deren Ausführung ich
mich wieder schadlos zu halten, und den erlittenen
Verlust oder Schmerz mir wieder zu ersezen ge=
denke. Kurz, meine Ruhe ist in weniger Zeit wie=
der hergestellt, und ich trage das Uebel mit
der größten Gelassenheit, wenn es nur nicht mit
kontinuirlichen Quaalen verbunden ist. Ich kan
auch betheuern, daß ich nie über ein Unglük ge=
weint habe, ob ich gleich sonst, bei rührenden
Auftritten, sehr leicht weine.

Der würdige Freytag hatte gleich bei seinem
ersten Schritte, den er für uns that, als Vater
gehandelt. Er hatte mir und meinem Bruder erst=
lich ein paar Primaner vom ersten Range, und
zweitens, die beiden besten aus der ganzen Klasse,
zu Obergesellen gegeben.

Ersteres war darum eine Wolthat für uns,
weil in dieser Schule die untern Klassen Sklaven

der obern sind, und daher ein Knabe beständig in
Gefahr ist, von den obern gemisbraucht, und zer-
prügelt zu werden, wenn sein Obergeselle nicht
selbst ein Primaner, und zwar ein solcher Primaner ist, der Autorität hat, und seinem Kleinen
eine wirksame Protektion zu leisten im Stande ist.

Der Obergeselle meines Bruders, war ein
gewisser Kunz, der hernach in der Geschichte meiner liebschaftlichen Thorheiten wieder vorkommen
wird. Er war ein Mensch von Riesenstärke, etwas roh von Sitten, aber brav, und hatte ge-
waltiges Ansehn unter den Schülern, theils seiner
Stärke und seines Muths halber, theils weil er
Famulus beim Rektor war, vor dem alle Schüler eben so viel Achtung, als Furcht hatten. —
Mein Bruder indeß gedieh nicht bei ihm, weil
Kunz mit der Famulatur zu viel Geschäfte hatte,
und sich wenig um seine Gesundheit, Reinlichkeit,
Sitten, und wissenschaftliches Wachsthum beküm-
mern konte.

Der meinige hieß Pallmann, und war ein
vortreflicher Mann. Sein Karakter war Empfind-

lichkeit und Aergerlichkeit, woran sein Körper viel
Antheil hatte. Aber in seinem Betragen, beson=
ders gegen mich, war er äußerst wolwollend und
freundlich. Und das, was ihn mir unschäzbar
machen mußte, war seine Gewissenhaftigkeit, mit
welcher er seine Pflichten erfüllte, die ihm als
Obergeselle zukamen. Er gewöhnte mich an Rein=
lichkeit und Ordnung. Er leitete mein Studiren
mit Einsicht und Geschmak. Er berathete mich in
meinem Benehmen gegen meine Mitschüler. Und
er gab mir alle Tage mit Vergnügen (weil ich
folgsam und gelehrig war) Lektionen, in denen ich
mehr lernte, als in den ordentlichen Schulstunden:
denn er war ein heller Kopf, und verstund die
Römer und Griechen besser, als alle Kollegen des
Rektors. Wenn er mich übersetzen lehrte, fand
er immer den treffendsten und schönsten deutschen
Ausdruck. Und seine Erklärungen waren alle dem
Zwekke angemessen, mich mit dem Geiste des
Schriftstellers, und, mit seinen Schönheiten eben
so bekant, als mit dem Genius ihrer Sprache
vertraut zu machen. Außerdem hatte der Mann
so ganz das stille, ernste, religiöse, und doch dabei
liebreiche Air meines ehemaligen Jägers, und

war also für mich das wolthätigste Werkzeug, dessen sich die Vorsehung zu meiner Bildung bedienen konte.

Achtes Kapitel.
Schulpforte, wie sie zu meiner Zeit war.

Ich denke ja, daß es meinen Lesern nicht zuwider seyn wird, wenn ich ihnen eine Beschreibung dieser Fürstenschule mittheile, wie ich sie zu meiner Zeit gefunden habe: und es scheint mir wenigstens selbst zu meiner Lebensbeschreibung zu gehören, wenn ich durch Karakterisirung der Schule meine eigne Lage kentlicher mache, in welcher ich mich auf derselben befunden habe.

Ohnstreitig ist die Schulpforte eine der herrlichsten Stiftungen in ihrer Art. Sie ist bekantlich ein Kloster gewesen, und besteht noch aus allen ehemahligen Klostergebäuden. In einer Ringmauer sind die Wohnungen der Lehrer, die

Schlaf=

Schlafsäle der Zöglinge, (deren gewöhnlich 150
sind) das Cönakel, die Hörsäle, die Kirche u. s. w.
eingeschlossen. Das ganze Gebäude liegt in einem
schönen Thale, aber zu gepreßt angelehnt an dem
Fuß eines Gebürges, das hoch darüber hervor-
ragt, und es in einen düstern Schatten ver-
senkt.

Aus dem Gebäude heraus darf kein Schüler sich wagen. Selbst der schöne große Baum-
garten, von dessen Obstreichthümern nie eine
Schale zur Klause gelangt, ist ihnen bei hoher
Strafe untersagt. Ihre Schritte dürfen nie weiter gehen, als sich die Schlafsäle, Cönakel und der
sogenante Kreuzgang erstreften. Lezterer ist der
einzige Ort, wo sie Bewegung und frische Luft
genießen. Frischere giebts für sie im Winter gar
nicht, und im Sommer sehr selten. In diesem
Kreuzgange, der innerhalb der Gebäude rings-
herum geht, ist es ihnen vor und nach Tische er-
laubt, zu ambuliren und zu verdauen. Außer den
zum Ambuliren gestatteten Zeiten, müssen sie beständig, Winterszeit im Cönakel, und im Sommer
auf ihren Zellen sitzen, und — studiren; wo sie

I. B.   F

freilich eben so wohl etwas nützliches, als Romanen und Zotenbücher lesen können. Alle übrigen
Gebäude ausser der Klause gehören zur Oekono-
mie, und werden wie die Gärten vom Schulinspektor benuzt, welcher zu meiner Zeit ein gar
vornehmer Herr war, der sich weidlich von dem
Obste und Fette und Weine — mästete, und bereicherte, der für die Schüler gestiftet war, und
manches fette Stük Ochsenfleisch, und manchen
Masthammelbraten an die Herren Schulkollegen
spazieren ließ, um ihnen die Augen zuzudrücken.
So sagte man— laut.

Der Schlafhäuser, wie sie dort genannt werden, giebt es drei. Jedes besteht aus einem ungeheuren langen Gange, der ziemlich finster ist, weil
er blos am Anfange und Ende Licht empfängt, auf
den Seiten aber rechts und links-zwei Reihen
Kammern hat, welche Zellen heißen. In jeder
Zelle stehen zwei Bettstellen, (denn die Betten
selbst bringt jeder Schüler mit) zwei Tische und
zwei Schemel. Doch giebts auch einige größere
für drei Personen, wo dann außer dem Ober-
und Untergesellen noch ein Mittelgeselle statt fin-

det. Mitten auf diesem langen Gebäude ist eine
Kammer, wo die Glokken gezogen werden, welche
die Schüler früh um fünf Uhr zum Aufstehn, so
wie zu den Mahlzeiten, und zum Schlafengehen
rufen. Früh wekt ein Schüler, welcher der In=
spektor heißt, (ein Amt, welches wöchentlich un=
ter den obersten zwölf Primanern umgeht) indem
er mit einem mächtigen Schlüssel an jede Zellen=
thür anschlägt, worauf alle Schüler im Augen=
blik, in die Kleider fahren, ihre Thüren öfnen,
und mit ihrem Hymnenbuche im Cönakel zum Ge=
bet sich einstellen müssen.

Das Cönakel ist ein großer Saal, der aus
zwei Reihen Wölbungen besteht, und in der Mitte
von drei steinernen Säulen getragen wird. Auf
beiden Seiten stehn große vierekkigte Tische mit
Bänken umgeben, an deren jedem zwölf Schüler,
drei auf jeder Seite sizzen, und zwar beim Gebet,
wie bei Tische, auf der rechten Seite drei Primä=
ner, auf der Seite an der Wand drei Obersekun=
daner, und etwa ein Mittelsekundaner, auf der
dritten Seite die Untersekundaner, und auf der
freien Seite die Tertianer, welche bei Tische die

Aufwartung haben. Der erſte Primaner, der
vorne ſizt, heißt der Inſpektor des Tiſches.

Die Extranei, welche ſich von den Alumnen
dadurch unterſcheiden, daß ſie Koſtgeld bezahlen,
und bei einem der Lehrer im Hauſe wohnen, ſiz-
zen an einem beſondern Tiſche, deren funfzehn
ſind. Zwölfe waren zu meiner Zeit immer beſezt,
und meiſtentheils auch der dreizehnte, wenigſtens
zum Theil.

Die Koſt der Schüler iſt, der Stiftung
nach, zu gut, und der Wirklichkeit nach, zu
ſchlecht. Alle Mittage iſt ihnen eine Fleiſchbrüh-
ſuppe, und zwei Schüſſeln mit Fleiſch beſtimt,
nebſt einem guten Brode, eines halben Pfundes
ſchwer, einer großen hölzernen Kanne gutes Bier
für jeden Tiſch, wöchentlich dreimal Braten, und
zweimal Wein: und des Abends eine Schüſſel
Fleiſch nebſt Brod und Bier zur völligſten Sätti-
gung. Dieſes viele Fleiſch wäre wirklich Unrath,
und würde der Geſundheit der Kinder, die ohnehin ſo wenig friſche Luft und Bewegung genießen,
durch erregte Fäulniß nachtheilig werden. Aber

zu meiner Zeit sorgte der Schulinspektor für die
Abwendung dieses Schadens. Die beiden Schüs=
feln Fleisch waren wenig zu genießen, und die so=
genannte Botenfrau, welche wöchentlich einigemal,
unter dem Vorwande, die Briefe von Naumburg
mitzubringen, Gebaknes und andere Näschereien
und Kontrebande zutrug, schlepte ganze Zuber voll
Fleisch und Brod mit nach Hause. Denn da
beide Schüsseln Fleisch täglich einerlei Sose hat=
ten, Jahr aus Jahr ein, von keinem Halme grü=
nem Gemüse begleitet waren, (denn dergleichen
habe ich in meinen zwei Jahren nicht zu kosten
bekommen), und die Sose jedesmal aus Wasser,
gebrantem Mehle, und etwas neuer Würze be=
stand, und das Fleisch selbst, theils täglich einer=
lei, theils mager, zäh, und in allem Betracht,
elend war; so aß fast nie ein Schüler seine Por=
tion auf. Was nun jeder der Untern nicht aß,
und oft auch das, was er noch gern gegessen ha=
ben würde, foderten die Obern am Tische ihnen
ab, sammelten es nebst dem übrigen Brode für die
Botenfrau, welche ihnen dafür Koffee, Zukker,
Gebaknes u. dgl. liefern mußte.

F 3

Bei jedem Tische iſt ein Potifer, welcher
den Untern einen Becher Bier einſchenkt, und den
Obern geben muß, ſo viel ſie wollen: und ein
Dapifer, welcher von einer Anrichte, die aus der
Küche durch die Mauer herüber geht, die Schüſſel
abhohlen, und auf ſeinen Tiſch tragen muß. Das
Fleiſch iſt ſchon zerſchnitten, und die Obern langen
zuerſt zu, und laſſen den Untern, was ſie nicht mö,
gen. Außer den beſchriebnen Mittags, und Abend,
mahlzeiten, (bei welchen leztern das Fleiſch in
eben derſelben braunen Mehlſoſe, erſcheint,) kan
und ſoll kein Schüler etwas an Kaffee, Thee u.
dgl. genießen, und nur die Obern machen heimliche
Ausnahmen. Obſt wird, wie grünes Gemüſe
das ganze Jahr nicht gereicht. Und der Wein iſt
ſo elend, daß auch die ärmſten Jungen denſelben
nicht trinken, ſondern ihn den Obern überlaſſen,
welche ihn zuſammengießen; und der Botenfrau
verkaufen. Und ſie thun wohl, da ſolch ſaures und
kaum ausgegornes Getränk der Geſundheit ſchaden
würde. Der Schulinſpektor trank deſto beſſern.

Wenn ich mir einmal mit Eſſen und Trinken
gütlich thun wolte, ſtelte ich mich krank, und

meldete mich beim Siechmeister. Da konte ich
denn zuweilen vier, sechs und mehrere Tage in der
sogenanten Siechstube bleiben, und gute fette
Fleischbrühsuppen, und besser zugerichtetes Fleisch
und Braten genießen. Dabei benuzte ich meine
Zeit getreulich zum Studiren. Dies gelang mir
mehrmalen durch die Gunst meiner Freunde unter
den Obern.

Alle Erhohlungen der Schüler bestunden,
wie ich schon gesagt habe, in dem Ambuliren im
Kreuzgange. Nur Sommerszeit wurden sie sämtlich, in einem Zuge von dem Lehrer, welcher diese Woche die Inspektion hatte, zuweilen (etwa
einmal wöchentlich) auf den freien Plaz geführt,
welcher vor dem Kloster lag, wo sie ein paar Stunden Ball schlagen, oder Kegel schieben durften.
Funfzehnmal im ganzen Sommer war Hauptpro-
menade, welche der unwissendste und in der Diä-
tetik unkundigste Mensch erfunden haben muß.
Nämlich die ganze Schule zog Mittags um ein
Uhr, in der größten Hizze aus, mit Musik und
dem Gesange: Salve cordis gaudium, salve Jesu
etc.; und muste so in Procession den hohen steilen

F 4

Berg hinan klimmen, an welchem das Kloster
lag. Das war ein Gang bergauf, der wenigstens
drei Viertelstunden dauerte, und wo die Sonne
gerade auf den felsigten und steilen Fußsteige lag,
auf welchen die Kinder schwizzend und keichend hinauf steigen, und noch die Ballons und Kegel
schleppen mußten, von denen jeder Tertianer einen in seiner Zelle in Verwahrung hatte, und auf
dem Spielplatze abliefern mußte. Wenn die Kin,
der hinauf waren, mußten sie auf die schattenlo-
sen Pläze sich verfügen, welche jeder Klasse ein für
allemal angewiesen waren. Zum Glük gabs oben
nichts zu trinken. Nach Verfluß von zwei Stunden wurde von den Inspektoren gepfiffen, worauf die Schüler von allen Seiten her zusammen-
laufen und der Visitation beiwohnen mußten,
um, auf die Vorlesung ihres Namens, „hier!“
zu antworten. Zwei Stunden nachher wurden
sie abermals visitirt, und den Berg wieder hinab geführt. Konte eine so erhizzende Strapaze
wol den geringsten Nuzen haben?

Die Kleidung der Schüler ist ihrer eigenen
Wilkühr überlassen, außer daß jeder gehalten ist,

sich eine Schalaune und einen Spanier anzuschaf=
fen, und sich anders nicht, als mit diesen beiden
Stükken angethan, öffentlich sehen zu lassen. Die
Schalaune ist eine Art von schwarzem Mantel von
Tuch oder Rasch, welcher blos die Hintertheile der
Kleidung bedekt, und vorn gar nicht weiter sichtbar
wird, als an der Schulter, wo ein daumbreites Stük
zu sehen ist, durch welches der Arm gesteckt, und der
Mantel angezogen zu werden pflegt. Der Spa=
nier ist ein runder Hut von Tuch), den von einem
Leipziger Doktorhute nichts unterscheidet als —
die Steifheit. Der Dokterhut steht wie eine Horn=
haut, der Spanier hingegen ist biegsam und —
Taschenformat.

Neuntes Kapitel.

Fortsezzung.

Die Regierungsform ist oder war vielmehr,
denn ich kan nur von meinen Zeiten reden, herz=
lich schlecht. Das höchste Tribunal war das
Dresdner Oberkonsistorium, welches aber von dem

Berichte der Synode dependent war, und nicht
anders Urtheilen und sprechen konte, als wie die=
se berichtete.

Die Synode (der Synodus, ein furchtbarer
Name unter den Schülern, der zittern machte)
bestand aus den sämtlichen Präceptoren, welche zu
meiner Zeit alle moralisch invalid waren. Der
einzige Mann, welcher der Schulpforte auswärts
Ehre machte, und für die Schule selbst das ganze
bischen Federkraft enthielt, welches die große Ma=
schine bewegte, und sie vor Zerstörung schützte,
war der Rektor Freytag, der durch seine gründ=
liche Gelehrsamkeit, durch seinen vortreflichen Un=
terricht, und durch seine strenge Gewissenhaftigkeit,
mit welcher er die Pflichten des Richters, des
Vaters, und des Freundes zu vereinigen wußte,
eine so algemeine Liebe und Ehrfurcht genoß, als
wenig Schulmänner sich werden rühmen können.
Jeder Schüler war froh, wenn er in seine Klasse
kam, und jeder Kläger und Beklagte freute sich,
wenn seine Sache von ihm gerichtet wurde.

Der Konrektor (Gräbner, glaub ich, war
sein Name) hatte fast gar keine Liebe unter den

Zöglingen, weil er sich von ihnen entfernte, und zurückhaltend war. Sein Temperament war Aengstlichkeit, und das trieb ihn an, sich überal zu verbergen, und erzeugte Handlungen, die immer anders waren, als ihre Erwartung. Alle Schüler nennten ihn falsch. Sein Unterricht war mager und unbefriedigend.

Der Tertius, Henschel, wurde algemein für einen armen Sünder gehalten: und er war es auch. Ich habe keinen erbärmlicher über alte Autoren salbadern hören, als ihn. Auch hatte sein Betragen, so wie die Aufführung seiner verliebten Töchter, deren eine Posthaus, und die andere Schuhwachs benamt wurde, ihn alles Ansehens unter den Schülern beraubt.

Der Kantor Geisler, hatte etwas mehr Furcht, weil er grob, hizzig und spionirend war, aber gar keine wahre Achtung. Denn sein dikker Bauch war mit nichts, als lateinischer Grammatik gefüllt, und es war eine wahre Hölle in der Klasse dieses Mannes zu schwizzen: welcher seinen ganzen Stolz darin sezte, alle Regeln seiner Grammatik nach den Nummern zu wissen, und welcher mit Bärenwuth foderte, daß seine Schüler in demselben Moment antworten solten, wenn er schrie: Numero —?

Der Magister, (so nannte man den Diakonus) hatte blos einige theologische und lateinische Stunden, und war in Absicht auf Feinheit seiner Sitten, Höflichkeit des Betragens gegen die Schüler und Fleiß in Bearbeitung seiner Vorträge, noch der beste unter allen, und hatte auch noch ein ziemliches Ansehen unter den Zöglingen. Im Grunde waren aber seine Kentnisse seicht, und er hatte Mühe, seine Blößen zu verbergen.

Der Mathematikus war der elendeste. Er war ein Mann von etlichen siebzig Jahren, der durch sein kindisches Wesen unter den Schülern zum Kinde geworden war. Sie nanten ihn alle nur spottweise den Matz, ruften hinter ihm diesen Namen laut her, und spielten mit dem armen Mann die schändlichsten Komödien. Ein wahrer Greuel wars, wenn er die Woche hatte, und inspiciren mußte. Da war Tag und Nacht Spektakel unter den Schülern. Da war keine Ordnung und keine Scheu. Und oft muste der alte Frey-

tag zu Hülfe kommen, und den armen Matz aus
den Händen der bösen Buben erretten, die zuweilen in zwei Kolonnen ihn nekten, und immer mit
der einen, auf welche er zurante, retirirten, und
mit der andern, die er verließ, wieder avan-
cirten.

Noch gehörte auch der Inspektor Hofmann
zur Synode. Aber dieser hatte mit den Schülern wenig zu thun. Er war Pastor und Frühpre-
diger, und gab wöchentlich nur einige Stunden
in den obern Klassen, über — Hutteri compendi-
um theologiae — ohe! — über welches er sich
eigne Hefte gemacht, oder verschaft hatte, welche
die Soße über dieses stinkende Fleisch enthielten,
und so weitläuftig waren, daß sein theologischer
Kursus sechs bis acht Jahre dauerte, und zu gutem Glük von keinem Schüler ganz aufgezehrt
werden konte. Uebrigens laborirte der Mann an
einer somatischen, psychischen und religiösen Hy-
pochondrie. Auch soll er vor meiner Zeit das
Glük gehabt haben, einige Schüler, welche sichs
hatten einfallen lassen, auf ihren Zellen den Teufel
zu citiren, durch Gebet, aus den Händen dieses

mächtigen Geistes zu retten, und zu einer wahren Bekehrung zurük zu führen.

Man kan leicht urtheilen, daß in einer Schule, wo es um die Lehrer so traurig aussahe, und welche an dem würdigen Freytag ihre einzige Stüzze hatte, sehr wenig Fortschritt in Wissenschaften zu machen, und noch weniger Bildung des Herzens und der Sitten zu hoffen war, zumal da noch ein Theil des ehemaligen Pennalismus herrschte, an dessen Ausrottung man schon seit vielen Jahren gearbeitet hatte.

Die Macht der Obern war zu groß. Denn wirklich hatten die Inspektoren unter den Schülern mehr Gewalt, oder übten wenigstens eine größere Gewalt aus, als die Präceptoren selbst. Und dieser Inspektoren gab es eine große Zahl. Erstlich waren alle Primaner an sich schon Vorgesezte der Schüler aus den untern Klassen, welche ihren Befehlen gehorchen musten. Zweitens waren unter den Primanern die zwölf ersten der Klasse Inspektoren κατ' εξοχην, unter denen jeder einen Tisch von eilf Mann im Cönakel unter seiner Aufsicht hatte. Diese alternirten denn auch

in der wöchentlichen Inspektion. Und ein solcher
Wochen = Inspektor besorgte erstlich das Wekken
der Schüler mit dem großen Schlüssel, stellte sich
dann an die Thür des Cönakels und empfing alle
die mit Ohrfeigen, welche nach der gesezten Mi=
nute sich nicht einfanden, holte alsdann den Präcep=
tor, der die Woche hatte, zum Frühgebet, hatte den
ganzen Tag die Aufsicht über alles, was vorging,
gebot, wenns Zeit war, das Zutischesezzen und
Aufstehen; ordnete das Abendgebet, und führte
zum Schlafengehn.

Zu diesen großen Inspektoren kamen drit=
tens noch die kleinen, die in jeder Klasse angestelt
waren. Unter diesen war der vornehmste der
Primus, der in seiner Klasse die Aufsicht hatte,
die Schüler sich sezzen und stille seyn hieß u. s. w.
Hernach war der erste an jeder Tafel, (deren
in einer Klasse mehrere waren) wieder der In=
spektor seiner Tafel, welcher da wieder zu befeh=
len hatte.

Alle diese Inspektoren nun tyrannisirten, jeder
in seiner Art. Alle hatten die Gewalt, jedes Ver=
sehen, jedes Lautwerden, jedes Vergessen eines

Buchs ꝛc. mit Ohrfeigen, und nach Belieben auch mit Prügeln und Fußtritten zu bestrafen. Wenn denn in der Klasse ein Knabe war, den etwa die Natur mit Schüchternheit, Dumheit oder des etwas verhunzt hatte, oder welcher im Verdacht war, daß er hochmüthig oder ein Pfeifjunge sey, oder welchen der Herr Inspektor für seine Person nicht leiden konte; so ward ein solcher Knabe bei aller Gelegenheit maulschellirt und gemißhandelt.

Insonderheit waren die Pfeifjungen der allgemeine Gegenstand inspektorischer Tyranneien. Nämlich man belegte denjenigen mit diesem Namen, welcher irgend einmal sich auch nur verdächtig gemacht hatte, daß er bei einem der Präceptoren besonders gut angeschrieben sey, und demselben entweder eine Klage über die ihm wiederfahrnen Mishandlungen angebracht, oder einen bösen Streich der Obern ihm verrathen habe. Solche Unglükliche blieben keinen Tag ohne Prügel. Denn alles gab den Tyrannen Gelegenheit dazu. Sie durften nur zum Gebet, in die Lektion, oder zum Essen, eine Sekunde zu spat kommen, oder ihr Hymnenbuch vergessen haben, oder ein Loch im Strum=

Strumpfe ſehen laſſen, ſo regnete es Ohrfeigen,
die nie ſo barbariſch gegeben worden ſeyn müſſen,
als ichs in der Schulpforte erlebt habe. Es iſt der
Mühe werth, eine Beſchreibung davon zu leſen.

Man denke ſich den Inſpektor an der Thüre. Der arme Knabe, auf deſſen Ankunft ſchon
vigilirt wird, tritt herein. Der Inſpektor ſchreit,
ſteh Kanaille! wo komſt du ſo ſpat her? oder
wo haſt du deinen Spanier? oder — ſo etwas. Der Knabe ſchweigt, und ſtellt ſich wie
ein Lamm, in geradeſter Figur, vor ſeinen Tirannen hin. Denn wenn er das nicht gleich that,
ſo ward er auf der Stelle mit Füßen getreten.
Nun holt der Inſpektor mit der flachen Hand aus,
und zieht ihm aus Leibeskräften eine Ohrfeige,
daß das Cönakel erſchalt, und alle Finger ſich auf
den blutrothen Wangen abdrükken. Der Knabe
wankt, der Inſpektor wiederholt ſein: ſteh Kanaille! hierauf zieht er, mit der linken Hand, ihm
eine eben ſolche Ohrfeige, daß auch der andere Bakken ihm quilt. — Hund ſteh! — Und
ſo wechſelt wieder die rechte Hand, — bis der
Barbar genug hat. Und nun geht der Knabe be-

I. B.   G

täubt und mit aufgelaufenem Gesicht an seinen
Plaz, spricht kein Wort, und darf gar nicht thun,
als ob ihm etwas unangenehmes begegnet wäre,
wenn er nicht von seinem Tischinspektor neue Prügel erndten wil. Und bei Präceptoren klagen, wäre sein Unglük.

Ich weiß, daß ein Knabe, aus vornehmer
Familie, der sich, durch eine Klage beim Rektor,
die Wuth einiger Primaner von der schlechtesten
Extraktion, zugezogen hatte. Dieses arme Kind
wurde des Nachts von diesen Unmenschen im Bette
überfallen. Sie verstopften ihm den Mund, daß
er nicht schreien konte, schlepten ihn nach dem
Privet, unter welchem ein Arm der Saale hin-
wegfloß, banden ihn mit Strikken, hiengen ihn
durch eine Brille hinab, daß er über dem Wasser
schwebte, und ließen ihn so die Nacht durch hängen, bis er früh gefunden, und halb todt nach der
Siechstube gebracht wurde. Und die That blieb
unentdekt und unbestraft.

Wie gewaltsam die Obern in Ansehung der
Speisen und Getränke verfahren, habe ich oben
zum Theil schon erzählt. Der untere Schüler ist

so gar seines Brods nicht mächtig. Wenigstens
muß er wagen, sich einen Feind zu machen, wenn
ein Oberer komt und zu ihm sagt: Höre, gieb
mir heute dein Brod, (das heist, die Hälfte desselben,) und er es ihm abschlägt. So gehts auch
mit Fleisch und Wein. Am kläglichsten aber ist das
Schiksal der Untern an Bratentagen. Denn sobald der Braten auf den Tisch komt, zieht ihn
ein Obersekundaner an sich, welcher transchiren
muß. Ists nun ein Nierenbraten, so holt er die
ganze Niere heraus, und zerlegt sie in so viel
Theile, als Primaner am Tische sind, welche sie
sofort verzehren, oder an ihre Lieblinge an andern
Tischen verschenken. Sodann fragt der Sekun-
daner den ersten Primaner, oder den Inspektor
des Tisches, was er für ein Stük befehle. Nachdem dieser den Ort angezeigt hat, schneidet der
Vorleger eine almächtige Portion herunter, an
der sich ein Drescher satt essen könte. Eben so
muß er die andern Primaner fragen, und
ihnen abschneiden, was sie verlangen. Sodann versorgt er sich selbst. Und nun sieht man
in der Schüssel schon nichts mehr als Knochen liegen, welche der Vorleger, oft mit der

größten Mühe, zerlegt, und jedem ein halb Quent=
chen Fleisch oder Haut zugesellet, um noch acht
Portionen um den Rand der Schüssel anzubrin=
gen. Und so geht nun die Schüssel von oben bis
unten durch, dergestalt, daß an den Allerüntersten
oft ein einziger Bissen kommt, den er mit den
Zähnen vom Knochen zerren muß, um seinen Ma=
gen doch überreden zu können, daß heute Braten=
tag war.— Bier und Brod ist also wirklich das
Beste und Nahrhafteste, was die Untern erhält,
und was auch wirklich zu meiner Zeit von vor=
züglicher Kraft und gutem Geschmak war. Wil
man Butter haben, so kan man sie bei der Knaben=
frau kaufen. Doch wurde auch, wenn mein Ge=
dächtniß mich nicht trügt, zuweilen ein wenig But=
ter am Tische gereicht.

Zu allen diesen Ungemächlichkeiten der Nicht=
primaner sezze man nun noch die Dienstbarkeit
derselben. Nicht nur jeder Untergeselle muß sei=
nen Obergesellen aufwarten, welches noch allenfals
die Dankbarkeit erheischen würde, sondern jeder
Primaner nimt sich das Recht heraus, jeden Un=
tern zu rufen, und zu seinen Diensten zu komman=

diren, der ihm in den Weg komt. — „Junge,
„hole mir einen Krug Wasser! — Junge, geh auf
„meine Zelle, und hole mir das Buch, oder, trage
„das hinauf! — Junge, kehre mich ab! — wis
„kle mich auf! — mache mir meinen Zopf! —
„puzze mir die Stiefeln! u. s. w." Und
wenn der arme Junge nicht gehorcht, oder Aus=
flüchte macht, so sezt es Schläge, oder — der Pri=
maner trägts ihm heimlich nach, und mißhandelt
ihn ein andermal, wenn er etwas versieht, desto
ärger.

Zehntes Kapitel.

Beschluß.

Mein Schiksal unter diesen Leuten war traurig.
Ich hatte mir frühzeitig durch meinen Fleiß und
geseztes Wesen den Verdacht des Hochmuths, und
durch die merkliche Liebe des würdigen Freytags,
den Namen eines Pfeifjungens zugezogen. Denn
die Ermahnungen und das Beispiel meines Pal=

mann waren – mein beständiger Antrieb zum Studiren. Und ich kan sagen, daß ich meine Schul-
jahre in ununterbrochener Thätigkeit zugebracht
habe. Die öffentlichen Lektionen beim Kantor,
und hernach beim Tertius achtete ich wenig: aber
alle meine übrigen Stunden wandte ich mit Geiz
auf die Vermehrung meiner Kentnisse. Bald las
mein Obergeselle Römer und Griechen mit mir.
Bald sas ich allein, und übte mich in deutschen
und lateinischen Aufsäzzen. Bald ging ich mit
einem gewissen Preller, der mein Busenfreund und
ganz meines Sinnes war, zusammen, um mit ihm
etwas nüzliches zu lesen, und meine Kentnisse gegen die seinigen einzutauschen. Dieser anhaltende
Fleiß verursachte denn, daß ich wenig Umgang
hielt. Ich nahm an keinen Zusammenkünften und
Spielen Theil. Selbst auf dem Berge suchte ich
mir einen einsamen Raum, in der Gegend des
mir angewiesenen Spielplazzes, und las meinen
Ovid oder Virgil. Und wenn Obere oder Untere,
(welche anfangs häufig, theils meines Vaters halber, theils weil ich ein freundlicher und angenehmer Knabe war, sich an mich machten,) mich einladen wolten, so schlug ichs aus, und blieb bei

meinen Büchern. Und da hieß es denn, es ist ein hochmüthiger Junge.

Die Vorliebe des Rektors zu mir, ward durch mehrere Vorfälle sichtbar. Es war z. B. alles Lukubriren bei Relegation verboten, theils weil man Feuersgefahr verhüten, und deswegen auf den Zellen kein Licht gestatten wolte; theils, weil die Meisten, unter dem Vorwande, zu studi-ren des Nachts Gelage anstelten, und bei Kaffe Wein und Tabak schwelgten, und — böse Dinge trieben. Nun traf sichs zweimal, daß der alte Freytag des Nachts eine Visitation anstellte, bei welcher er auf Filzsokken ganz allein, eine Blendlaterne in der Hand, geschlichen kam, und mit seinem mächtigen Hauptschlüssel das Schloß öfnete, und mit einem Fußstoß die vorgezoge-nen Tücher und Stühle zurükstieß, und die Lu-kubranten überfiel, und — daß er beidemale auch mich ertappte, aber — beidemale auch meine Thüre schnel wieder verschloß, mir, und meinem Fleiße freundlich zulächelte, und mich ver-schwieg — indeß er die andern vor dem Synodus foderte, und mit Strenge bestrafte. Dies hatten ei-

G 4

nige entdekt, und zum Beweise gebraucht, daß ich ein
Pfeifjunge seyn, und dem Rektor zum Spion dienen müsse, weil er mich so außerordentlich schonte, und meine eignen Sünden verheimlichte.

Auf diese Art ward ich nach und nach bei
den meisten Primanern, und selbst bei den untern
Klassen verhaßt, und bekam überal, wo nur die
geringste Gelegenheit dazu war, Prügel. Gewiß
kan ich die Zahl der Ohrfeigen, welche ich in zwei
Jahren aushalten mußte, auf fünfhundert sezen.
Und wären nicht einige Primaner gewesen, die mir
eine wahre und ausdauernde Freundschaft geschenkt, und mich gegen die Tirannen (oft mit
eigner Gefahr, in die fürchterlichsten Schläge-
reien verwikkelt zu werden) in Schuz genommen
hätten: ich wäre bei meinem zarten und schwachen
Körper zu Schanden geschlagen worden. — Die
Namen Bauer, Senf, Deutrich, Heineke, Loe-
ber 2c. sind bei mir noch in gutem Andenken!

Einige wichtige Feindschaften glaube ich mir
durch mein Frisiren zugezogen zu haben. Ich
hatte diese Kunst durch eigne Uebung so in meine

Gewalt bekommen, daß kein gelernter Peruken=
macher mich zu übertreffen vermochte. Und der
Kopf, den ich des Sontags unter meinen Händen
gehabt hatte, zeichnete sich gewiß so aus, daß er
vor allen hundert und funfzig Schülern bemerkt
wurde. Natürlich wünschte nun jeder von mir
frisirt zu seyn, und jeder Primaner lag mir an,
wenn er etwa einmal sich verschönern, und bei
Kantors Fikchen, oder des Herrn Tertius Töchtern
oder in dem Hause des Schulinspektors — eine
Visite ablegen, und als Adonis glänzen wolte.
Wenn also mein Fleiß mich nöthigte, es allen die=
sen Leuten gewöhnlich abzuschlagen, und — auch
wohl ein bischen Eigensinn mit dazu kam, wel=
cher meine Kunst nur gerade meinen Lieblingen zu
gute kommen ließ, so schuf dies eine Menge Er=
bitterungen, welche ich hernach empfinden mußte.

Wirklich giengen Prügel und Mißhandlun=
gen zulezt so weit, daß ich in beständiger Angst
lebte und selbst keinen ruhigen Schlaf mehr genoß.
Denn da der Fälle so viele waren, wo die Obern
einen Untern zu prügeln ein scheinbares Recht fan=
den, so dachte ich so gar im Traume an diese Fälle,

und fuhr alle Augenblik im Schlafe auf, weil mir
bald träumte, daß ich meine Hymnos vergessen,
bald daß ich meine Schalaune verkehrt umgethan,
bald, daß ich das Gebet verschlafen, bald, daß ich
eins der Schulbücher zurük gelassen hätte u. s. w.;
so, daß mir endlich die Schule zu einer Hölle
wurde.

Zweier schreklichen Ohrfeigen muß ich noch
besonders gedenken, die mir sowohl durch ihre
Heftigkeit und drei Tage lang gebliebene Spur
im Gesicht, als durch ihre Veranlassung merkwürdig werden sind.

Das Laster der Knabenschänderei war in
dieser Schule so eingerissen, daß ich zweifle, ob
außer mir, meinem Bruder, dem jungen Preller,
und meinem Palmann, ein einziger Schüler zu meiner Zeit frei davon geblieben ist. Es wurde dieses scheusliche und schreklichste aller Laster, welches gewöhnlich auf die ganze Lebenszeit schadet,
die Verdauungskraft zerstört, die Eingeweide
schwächt, das ganze Nervensystem zerrüttet, und
besonders die Seelenkräfte stumpf, und den Menschen stupid macht — nicht blos des Nachts heim-

lich getrieben, sondern in allen Klassen konte man am hellen Tage, die unglüklichen Kinder in diesen Greueln, vermittelst mehr, als eines Sinnes, bemerken.

Ich nur war als der unschuldigste und unwissendste Knabe, auf diese Schule gekommen, und hatte, Gott ist mein Zeuge, auch nicht eine Ahndung von irgend einer Methode der Unzucht in meiner Seele. Kurz, ich war ganz Kind.

Da nun dies Laster algemein war, so gieng es sehr natürlich zu, wenn jeder Schüler von jedem die Meinung hatte, daß es ihm bekant seyn müsse. Und so glaubte auch jeder von mir, daß ich davon angestekt sey. Ja, er würde es für die albernste Behauptung einer Unmöglichkeit angesehen haben, wenn ihn einer hätte bereden wollen, daß ein Knabe, wie ich, zart, weiß, wolgebildet, noch rein, und sogar von aller Versuchung frei geblieben sey.

In diesen natürlichen Gedanken also kam eines Tages ein gewisser Hofmann, ein Mensch, dessen tölpisches Gesicht, und plumper Körper den Bauerlümmel, so wie seine Physionomie einen

dummen, und, was faſt immer damit vergeſel-
ſchaftet iſt, einen tükkiſchen Menſchen karakteriſir-
te, — im Cönakel zu mir und befahl, ſogleich auf
ſeine Zelle zu kommen. Da er ein Primaner, und
ich nur erſt ein Unterſekundaner war, ſo mußte
ich ohne Aufſchub und Widerrede gehorchen.
Als er die Zelle aufgeſchloſſen, und mich eingeführt hatte, verſchloß er ſie wieder, und ſezte
ſich aufs Bette. Ich fragte, was er zu befehlen
habe? Nichts, war die Antwort; du ſolſt dich zu
mir ſezzen. Ich thats, und — nun erfolgten eine
Menge von Kareſſen, Küſſe u. d., die mich errö-
then machten, ohne daß ich ein Arges dabei hatte.
So wie nun der Unverſchämte ſeine Schritte be-
ſchleunigte, zog ich mich ſchüchtern zurük. Er
ward unwillig. Ich blieb bei meiner Blödigkeit.
Er wurde grob. Endlich da er ſahe, daß er einen Stok vor ſich hatte, ſtand er mit den Worten
auf: Luderjunge! du wilſt mich nur nicht: und
zog mir zwei Ohrfeigen, daß ich betäubt nieder-
ſtürzte. Er warf mich zur Zelle hinaus, und drohte, da ich mich auf die Erde hingeſezt hatte, um
erſt wieder zu mir ſelbſt zu kommen, mich halb
todt zu prügeln, wenn ich nicht gleich auf meine

Zelle gehen würde. Ich rafte mich also auf, und
ging mit einem aufgelaufnen Gesicht zu meinem
Pallmann.

Was fehlt dir, armer Junge? — Thränen
stürzten aus meinen Augen, wie ein Strom. End=
lich erzählte ich ihm den ganzen Vorgang. Und
er — freute sich meiner Unschuld, erklärte mir mit
dunkeln Ausdrükken die schändliche Absicht dieses
Menschen, beschrieb mir die unglüklichen Folgen
des Lasters, belehrte mich von der obgedachten Al=
gemeinheit desselben, die mir bisher gänzlich unbe=
kant gewesen war, warnte mich, den Hofmann
nicht zu verrathen, und seine Rachsucht zu reizen,
und gab mir Regeln, wie ich fernern Versuchun=
gen dieser Art ausweichen solte.

Dieser Vorfall indessen, nebst den täglich
zunehmenden Mißhandlungen der Obern, die im
vierten halben Jahre, wo ich meinen Pallmann
verlohr, immer grausamer wurden, bewogen mich,
meinen Vater zu bitten, daß er mich von der
Schule zurüknehmen möchte. Und da meine Bitte
schon durch anderweitige Nachrichten unterstüzt
war, welche mein Vater von meiner Lage erhal=

ten hatte, so wurde ich mit dem Ende des zweiten
Jahres aus meinem Kerker errettet und — freilich zu jung — in die akademische Laufbahn ver-
jezt, dahin auch mein Bruder mir folgen mußte.

Ich nahm von der Schule das beste Zeugniß meiner Lehrer, und selbst eines großen Theils
meiner Mitschüler mit.   Meine stille Aufführung,
und mein unverkenbarer Fleiß hatten mich bei
allen Gutdenkenden beliebt gemacht. Und meine
Kentnisse hatten mir sogar bei einigen Obern Achtung erworben, weil ich schon als Untersekundaner
für sie lateinische Ausarbeitungen machte, die sie
für ihre Arbeiten ausgaben, und selbst bei dem
Examen Verse für Andere verfertigte. — Ich
muß von dieser Kleinigkeit noch einige Merkwür-
digkeiten berichten, welche über den Geist der
Schule noch einiges Licht verbreiten werden.

Alle Jahr war ein feierliches Examen, d.
h., eine Zeit von einigen Tagen, in welcher die
Schüler aller Klassen öffentlich geprüft wurden,
und in allen Arten der Kentnisse, die sie zu erlernen Gelegenheit gehabt, Proben ablegen mußten.
Aber bei diesem Examen war kein auswärtiger

Beurtheiler und Richter. Blos Lehrer und
Schüler waren versamlet, wie sie es gewöhnlich
alle Tage waren. Blos ein Lehrer sas auf dem
Katheder, und seine Klasse sagte auf, wie sie alle
Tage aufsagte. Und höchstens der Herr Schulinspektor, welcher den guten Wein und die fetten
Braten schmaußte, stelte das richtende Publikum
vor. Denn eigentlich solte bei Examen's allemal
ein Publikum seyn, von welchem auch die Lehrer
in Absicht auf Methode und Kentnisse gerichtet
würden.

Zu diesem Examen nun, welches die Schüler acht Tage vorher in den größten Alarm ver-
sezte, gab jedesmal der Rektor das Thema, welches die Schüler durch dessen Famulus, wo
möglich, einige Tage früher auszukundschaften
suchten.

Man wird fragen, was das heiße, ein Thema zu einem Examen? Das war auch drollicht
genug, und dürfte wohl schwerlich von einem meiner Leser errathen werden. Ich muß also zuför-
derst sagen, daß das Hauptwerk bei einem solchen Examen in schriftlichen Ausarbeitungen der

Schüler bestand, welche sie verfertigen, und in reinlicher Abschrift darlegen mußten: und zu diesen Ausarbeitungen ward ein gemeinschaftliches Thema gegeben.

Lebhaft erinnere ich mich des lezten Examens, wo ich glüklicherweise acht Tage vorher erfuhr, was ich auch schon geahndet hatte, daß das Thema das Erdbeben von Lissabon zum Gegenstande haben würde. So wie ich diese Kundschaft eingezogen hatte, ward ich (zum Schein) todt krank, begab mich in die Siechstube, und began, bei guten Fleischbrühsuppen und Marxknochen, lateinische und griechische Reden so wohl, als lateinische und griechische Verse über diesen Gegenstand zu komponiren. Ich hatte besonders zu den leztern, zu den griechischen Versen, ein Buch, das ohngefähr eben das enthielt, was man in dem lateinischen Gradus ad parnassium findet, phrases, epitheta, Synonyma etc. nebst der Prosodie.

In diesen acht Tagen meiner vorgeblichen Krankheit und den drei folgenden Tagen, welche regelmäßig den Schülern zu ihrem Thema gegeben wurden, vollendete ich ein erstaunendes Stük Arbeit.

beit. Ich hatte, allein von griechischen Versen,
an die 800 Zeilen vorräthig, von denen ich schwö-
ren kan, daß ich, nach vollendeter Arbeit, selbst
keine Zeile davon verstund.

Sobald meine Mitschüler meine prosaischen
und poetischen Reichthümer witterten, bekam ich
himlische gute Worte von armen Sündern aus
allen Klassen. Und ich vergab unter andern an
einen Primaner funfzig Stük griechische und acht-
zig lateinische Hexameter, die nach der Elle abge-
schnitten werden konten, weil sie alle das Thema
d. h. schauderliche Gemälde von Erdbeben, Blizz-
zen, Wasserfluthen, Feuersbrünsten, eingestürzten
Häusern, winselnden Menschen u. s. w. enthielten,
und sämtlich, weder Plan, noch Anfang und Ende
hatten, sondern überal als Fragmente passiren
mußten.

In dem Examen selbst nun, wurden von den
Präceptoren auf dem hohen Katheder im Cönakel,
bei voller Versamlung, die Reden, Chrien, Hel-
dengedichte, Oden ꝛc. ihrer Klasse rezensirt, und
jedem sein Lob und sein Tadel laut verkündigt.

I. B.   H

Ich gedenke es noch, daß ich bei dem Erdbeben von Lissabon einmal in die Verlegenheit
kam, daß der Herr Tertius einen meiner griechischen Verse aushob, und mich nach dem Sinne
desselben fragte, vermuthlich weil er ein und an-
deres Wort darinnen gefunden hatte, welches in
keinem Lexikon zu finden war, und welches ich in
meinem griechischen Gradus ad parnassum ver-
drukt gefunden, und auf Treu und Glauben aufgenommen haben mochte. Ich half mir aber doch
aus der Noth, weil ich sicher voraussezzen konte,
daß der gute Hentschel mich nicht ertappen und die
vorgelogne Etymologie und Bedeutung bekritisiren
konte: so wie ich gewiß war, daß er meine griechischen Verse nicht durchgelesen hatte, und sie so
wenig als ich selbst zu verstehen im Stande war.
Denn dies bewies das erstaunende Lob, welches
er meinen Arbeiten beilegte, und womit ich unter
allen meinen Mitschülern ausgezeichnet wurde.

Eilftes Kapitel.

Meine ersten Universitätsjahre.

Es war ein trauriges Schiksal für mich, daß ich als ein Knabe, der kaum volle funfzehn Jahr alt war, die Universität beziehen mußte. Denn ich trat nun in eine neue und gefahrvolle Welt ein, in welcher ich mir selbst überlassen war, und weder von meinem Vater, der immer unter Arbeiten erlag, noch von einem weisen Freunde, noch von eigner Welt und Menschenkentniß unterstüzt wurde.

Ich kan recht eigentlich sagen, daß ich keinen Menschen hatte, der mich führte. Und es war wahrhaftig bloßer Zufal oder, richtiger ausgedrukt, ein glükliches Zusammentreffen günstiger Umstände, von der unsichtbaren Hand der Vorsehung geleitet, — daß ich nicht verdarb und noch in so erträglichem Zustande das Ende meiner akademischen Laufbahn erreichte.

Meine Collegia wählte ich mir selbst am schwarzen Bret, wo die Docenten sie angeschlagen

hatten, und mein Vater that nichts dabei, als
daß er mir vornehmlich Philosophie und seinen
Kollegen den D. Crusius empfahl. Und so war
in meinem ganzen Studiren kein Plan, keine Regel: und an Lektüre und Privatfleiß wurde so
wenig als an die Leitung desselben gedacht. Worauf ich, bei meinem guten Kopfe, auf den mein
Vater alles rechnete, und bei meinem guten Willen, den ich wirklich im höchsten Grade hatte,
verfiel, das geschah. — Ich that mir selbst, von
Ehrgeiz und stolzen Aussichten gespornt, die heiligsten Gelübde: aber — mein Leichtsin hielt sie
nicht.

Und wirklich ist es unmöglich, daß ein junger Mensch bei dem bloßen guten Willen sich fixire
und im Fleiße ausharre, so lange er bei seinen
Arbeiten keinen Plan hat, und diese Arbeiten nicht
so gewählt und geordnet sind, daß sie seinen Kräften genau entsprechen, und, durch das Vergnügen des Fortganges und des Wachsthums, ihn
selbst aufmuntern.

Ich fing an, bei Crusius Logik und Metaphysik zu hören, aber es wurde mir blutsauer,

bei ihm auszuhalten, weil meine Seele noch gar keine Reife zum scharfen Denken hatte. Ich er= innere mich, daß ich mich oft darüber betrübte, wenn ich mein Unvermögen empfand und, bei der äußersten Anstrengung meines Nachdenkens, die abstrakten Theorien des Mannes schlechterdings nicht begreifen und mir, bei der Repetition und selbst in der Stunde, keines deutlichen Begriffs bewußt werden konnte.

Und so ging mirs überal. Ich verstund mei= ne Docenten nicht. Wie konte Lust zum Studiren entstehn? Wo solte der Eifer zum Lernen her= kommen? — Gleichwohl war dies erste halbe Jahr nicht vergeblich. Ich hatte eine ziemlich ausdauernde Gedult und wolte das Verstehen mei= nes Philosophen erzwingen. Wenn ich daher auch aus Ueberdruß manche Stunde schwänzte, und zu= weilen ganz entschlossen schien, weg zu bleiben; so kehrte ich doch immer wieder auf meine Bank zurük und ließ mir von der lieben Metaphysik den Schweis treiben. Und dies brachte mir den großen Vortheil, daß ich, durch dies wiederholte Anstren= gen meiner Abstraktionskraft, diese Kraft immer=

mehr stärkte und mich im scharfen Denken derge=
stalt übte, daß ich vieleicht früher, als mancher
andere von meinen Jahren, zu reifen und im fol=
genden halben Jahre meinen Crusius schier zu
fassen begann.

Ueberhaupt muß ich hier das Bekentniß
thun, daß wenn je in meinen Vorträgen und
Schriften, einiger Scharfsin, Ordnung, Be=
stimtheit und Licht der Begriffe, Schärfe der Be=
weise und gute Verbindung und Stellung der Ma=
terien zu finden war, ich all dieses Gute meinem
ausdauernden Fleiße zu verdanken habe, den ich
auf die Crusiussischen Vorlesungen verwen=
det habe.

Denn unleugbar war Crusius der größte
Philosoph seiner Zeit, der als systematischer Kopf
und tiefer Denker, an Gründlichkeit, Scharfsin,
und besonders in Analysirung und genauer Bestim=
mung der Begriffe, wenig seines gleichen hatte,
bei dem also ein fleißiger Zuhörer wirklich sich
zum Denker bilden konte.

Er war eine der sonderbarsten Erscheinungen
in der Welt. Als Philosoph der richtigste Denker

und als Theolog der größte Phantast! — Die
Geschichte hat uns mehrere solche Männer kennen
gelehrt, im Tertullian und andern, welche bei einer
gründlichen Philosophie dennoch in der Religion
die albernsten Schwärmereien verdauen konten.

Ich habe mir das immer als den untersten
und feinsten Grad des Wahnsins gedacht. Denn
wenn man bedenkt, daß der Wahnsin nicht immer
über die ganze Seele sich erstrekt, sondern oft nur
in einem Theile der Ideenmasse eine Zerrüttung
zeigt; so wird man es sehr begreiflich finden, daß
solche Zerrüttungen auch bei Menschen in feinern
Nüancen statt haben, welchen man keinen Wahnsin zuschreibt, weil ihre Zerrüttungen nicht von
allen andern Menschen dafür angesehn werden.
So fand ich z. B. einmal in Waldheim, wo ich
mit einem Prediger die Züchtlinge und sämtlichen
Eingesperrten besah, einen Menschen, an Ketten
geschlossen, der ehemals Theologie studirt hatte.
Mit diesem Menschen, der ein sehr gutes und vernünftiges Ansehn hatte, unterhielt sich der Prediger fast eine halbe Stunde, und wir erstaunten
beide, über die guten und ordentlichen Kentnisse,

H 4

welche diefer Menfch äußerte, und bedaureten mit
wahrer Rührung, daß diefer Unglükliche an Ketten
liegen mußte. Da aber zulezt der Prediger beim
Abfchiede feinen priefterlichen Senf anbrachte, und
den Angefchloffenen der Gnade des h. Geiftes
empfahl, fprang derfelbe plözlich auf, fieng an zu
fchäumen, und fuhr dem Prediger nach der
Perüfe: Hund, was fchwazeft du vom h. Geift?
weißt du nicht, daß ich das felbft bin? Nun war
die Raferei im Ausbruch. Und warum? Sein
Wahnfin beftund nicht in einer Zerrüttung aller
feiner Ideen, fondern nur einer einzigen Ideen-
reihe, in welcher die Idee vom h. Geifte fich an
die Idee feines Ichs, wenn ich fo reden mag, angeklebt hatte und fixe Idee geworden war, fo daß
der Menfch überal vernünftig fprach, und nur
dann rafete, wenn feine fixe Idee ihm aufgeregt
wurde.

Eben fo denfe ich mirs bei folchen Gelehrten,
deren Wahnfin nur deswegen nicht für Wahnfin
gilt, weil viele Menfchen mit ihnen an demfelben
krank liegen, und weil folglich ihre fixen Ideen
nicht für Narrheiten gelten. Bei Crufiuffen war

sein Antichrist, seine Judenbekehrung, sein tau=
sendjähriges Reich, und alles, was seine theologia
prophetica enthielt, zur figen Idee geworden,
welche an seiner Idee von Religion angeklebt war.
Daher konte er als Philosoph der hellste Mann
seyn, weil seine figgewordnen religiösen Ideenrei=
hen entweder mit seinen frei gebliebnen philosophi=
schen Ideenreihen gar nicht zusammenhiengen,
oder weil er sie, durch seinen Wiz, in einer schein=
baren Verbindung zu bringen gewust hatte.

Der Mann ging wirklich so weit, daß er z. B.
den Pabst zu Rom, der ihn einmal als Antichrist
vor der Stirn lag, und ihm beständige Angst ver=
ursachte, in allen poetischen Stüken des alten
Testaments fand, wo nur etwa von einer Person
die Rede war, welche als bös und gefährlich vor=
gestelt wurde. So glaubte er steif und fest, daß
in allen Psalmen Davids, wo von einem Gottlo=
sen gesprochen wurde, darum der h. Vater gemeint
seyn müße, weil das Substantiv. (harascha) mit
einem he articuli versehen war.

Wenn ich also bei diesem Lehrer, den ich zu=
gleich wegen seiner Pietät und seines wirklich vor=

treflichen Karakters fast anbetete, den Grund zum
philosophischen Denken legte, und auf mein ganzes
Leben mir einen Schaz sammelte, der mir tausend=
fältig gewuchert hat, so wurde ich doch auch zu=
gleich, wie natürlich, von seinen Schwärmereien
angesteft. Denn es ging mir, wie allen jungen
Leuten, in ihren Universitätsjahren. Wir nahen
uns unsern Professoren wie Halbgöttern. Wir
denken es gar nicht als möglich, daß diese Männer
etwas Falsches und Irriges vortragen könten. Es
sind uns alle ihre Worte Orakel und wir eilen,
jede Redensart, die aus ihrem Munde fließt, un=
sern Heften einzuverleiben. Wir studiren daher
ganz ohne den Geist der Prüfung. Es fält uns
gar nicht ein, über das Gehörte nachzudenken, und
zu untersuchen, ob es auch mit unsern Erfahrun=
gen und anderweitigen Begriffen und Urtheilen sich
vertrage und von allen Seiten Wahrheit habe.
Kurz, wir sind bloße Nachbeter, und werden folg=
lich blinde Anhänger desjenigen Systems, das uns
eben dasselbe Ohngefähr zuwarf, welches uns be=
stimte, gerade bei dem Professor unsere Collegia
zu hören, und bei keinem andern.

Wäre der akademische Unterricht zwekmäßiger, wäre er, was er seyn solte, bloße Einleitung in alle Wissenschaften, und Anweisung, dieselben durch eignes Lesen der besten Bücher, und durch fortgeseztes Nachdenken über ihren Inhalt, zu erlernen; so würden die jungen Leute nie zur Nachbeterei und Sektirerei verführt, und der Geist der Aufklärung nicht unter ihm erstikt werden.

Ich ward Philosoph und Schwärmer zugleich. Ich glaubte steif an alle dogmatische Lehrsäzze und an deren Beweise. Ich erzitterte vor dem Antichrist und fühlte einen heiligen Eifer für den Sturz des Pabstes. Ich haßte ihn, als das zehnköpfigte Thier in der Offenbarung Johannis. Ich freute mich auf die bevorstehende algemeine Judenbekehrung, und dachte mit Entzükkung an die nahe Zeit, wo alle Juden sich taufen lassen und mit uns kommuniciren würden. Ich betete um die baldige Beginnung des tausendjährigen Reichs, und die damit verbundne zweite Wiederkunft Christi. Ich schwur darauf, daß Christus sein Blut, das er am Kreuze vergossen hat, wirklich und in natura mit in den Himmel genommen habe,

wie Crusius und sein Nachfolger Bengel, es aus
der Versicherung Pauli bewiesen haben: daß er
eingegangen sey ins Allerheiligste mit seinem eigenen Blut. Ich demonstrirte aus meiner Metaphysik die Dreieinigkeit z. B. aus dem Prinzip
der Thätigkeit und des Vergnügens: indem ich
folgerte, wenn Gott von Ewigkeit her thätig und
selig gewesen seyn muß; so muß er auch von Ewigkeit her ein Objekt dazu gehabt haben: nun gab
es in der Ewigkeit (im Gegensaze der Zeit) keine
Geschöpfe, also muß dies Objekt in Gott selbst
vorhanden gewesen seyn: es müßen also — in
Gott Personen gewesen seyn, damit Gott in sich
ein Objekt, der Thätigkeit, der Liebe und der Seligkeit hatte: da nun eine Person zu langweilig
wäre, mehr als drei aber nicht nothwendig sind,
so — giebt es eine Dreieinigkeit. — So entstand ein Gemisch von Vernunft und Unvernunft
in meiner Seele. Und ich war in meinem Glauben
an diese Schwärmereien oder vielmehr an Crusiu-
sen (denn was ist der Glaube der meisten Menschen anders, als Glaube an den Lehrer) so eifrig,
daß ich oft meinem Vater mit unanständiger Heftigkeit widersprach, wenn er mir gegen meine

crusianische Weisheit zuweilen Einwendungen
machte, und gegen die Untrüglichkeit derselben
Zweifel erregte.

Ein paar Jahr studirte ich so ohne Plan fort,
und hörte alles bei Crusiussen, Sprachen und Geschichte, welche allein den Kopf aufräumen und
Stof und Trieb zum Selbstdenken geben, blieben
ganz ausgeschlossen.

Nie aber konte ich mich zur Stätigkeit und
kontinuirendem Fleiße bringen. Ich fing tausen-
derlei an, bald in Absicht auf Lektüre, bald in Absicht auf eigne Uebung im Niederschreiben meiner
Gedanken. Aber ich sezte nichts fort. Wenn ein
neues halbes Jahr begann, that ich die heiligsten
Gelübde, und nahm mir fest vor, im kommenden
halben Jahre recht arbeitsam und standhaft zu
seyn. Ich wählte mir eine Menge Collegia. Ich
machte mir eine Stundentabelle, wo jede Stunde
des Tages von früh bis auf den Abend ihr festes
Pensum hatte. Ich bat Gott in meinem Morgen-
und Abendsegen, daß er mir Beharrlichkeit ver-
leihen wolle. Ich fing mit dem redlichsten Eifer
mein halbes Jahr an, versäumte keine Stunde,

studirte bis auf den Abend, freute mich beim
Schlafengehen über mich selbst. Aber das dauerte
nur etwa einige Wochen. Dann nahm die Hizze
ab. Dann traten kleine Hindernisse ein, die mich
einige Collegia zu versäumen nöthigten. Dann
verzieh ich mirs, einmal einen Nachmittag und
Abend in einer frölichen Geselschaft zuzubringen.
Dann wolte am nächsten Morgen, wenn ich den
Tag vorher ein wenig geschwärmt hatte, die Arbeit nicht schmekken. Dann vermehrten sich die
Versäumnisse. Und ehe vier Wochen ins Land
waren, sahe ich meinen Plan durchlöchert, meine
Stundentabelle zerrüttet, meinen Eifer erkaltet
und — das halbe Jahr ward vollends verleppert,
wie alle die vorigen — aber immer mit dem Vorsaz, nun das folgende gewiß — besser anzuwen-
den. Und mit dieser Manier blieb ich im ganzen
ein trübseliger Ignorant, der ausser einem glüklichen Genie und einem Haufen isolirter nuzbarer
Gedanken, die sich bald hie bald dort in der Seele
angesezt hatten, nichts aufzuweisen hatte, was
einer gründlichen Kentniß in irgend einem scibili
ähnlich sahe.

Schlüßlich muß ich anmerken, daß ich im ganzen ersten Jahre meines Studentenlebens noch von ängstlichen Träumen geplagt worden bin, welche mein qualvoller Zustand in der Pforte hervorbrachte. Meine Phantasie stelte mir die Schrekbilder aus diesem Zeitraume beständig vor Augen. Und sie waren so lebhaft, daß ich des Nachts nichts anders sahe und dachte, als Prima= ner und Inspektoren und vergeßne Hymnen, und verschlafne Zeit des Gebets, und Ohrfeigen, und Drohungen heimlicher Rache wegen Pfeifjungen= Verdacht u. s. w.

Einen solchen Zustand hab ich in meinem Le= ben zum öftern erfahren. Solche Schrekbilder haben mich gequält, da ich aus meiner Hölle in Marschlins errettet wurde. So lange Zeit habe ich ängstlich geträumt, da ich aus dem Reiche entflohen war. So werde ich — doch jezt noch einen Vorhang vor diese Auftritte! — Ich habe von Jugend auf wenig Freuden genossen, aber fürchterliche Epochen zu überstehen gehabt.

Zwölftes Kapitel.

Meine ersten Verirrungen in puncto puncti.

Auf die sonderbarste Art traf mich endlich das Loos, dem alle Bewohner der sublunarischen Welt, der König wie der Bettler, der Priester wie der Laie, der Gläubige wie der Ungläubige unterworfen sind.

Noch unbekant mit allen natürlichen und unnatürlichen Arten der Befriedigung des Instinkts und selbst, was bei einem Knaben oder, so man lieber wil, Jünglinge von funfzehn Jahren gewiß merkwürdig ist, noch ohne alle bestimte Begierde, — mußte eine nichtswürdige Dirne, die in unserm Hause diente, mich verführen.

Da ich voraus sezen kan, daß gegen einen Leser, dem diese Geschichte behagen würde, hundert seyn werden, welche sie mit Recht verbitten, so wil ich nur das einzige davon sagen, daß dieses alte und häßliche Geschöpf mich ganz wie Kind behandeln mußte, und gewiß erstaunt ist, da sie einen Menschen vor sich fand, welcher den Degen trug;

trug, und der gleichwol nichts von dem allen zu
verstehen schien, was sie sagte und that. Und so
unglaublich es seyn mag, so wahr ist es, daß sie
viele Wochen zugebracht hat, ehe sie — Kraft —
Begierde — und selbst volle Bekantschaft mit der
Sache bei mir bewirken konte. — Ein Beweis,
daß sich kein Wollüstling mit der Natur und der
Unwiderstehligkeit ihres Triebes entschuldigen kan.
Denn die Natur treibt gewiß nie mit Gewalt zu
Lastern, wo keine äusserlichen Ursachen Kraft und
Leidenschaften zu frühzeitig aufwekken und den
ruhigen Naturtrieb in stürmende Begierde
verwandeln.

Wenn ich bedenke, was dieses Scheusal mir
für Schaden gethan hat: indem sie mich wahr=
scheinlich einige Jahre früher zu einer Wirksamkeit
verleitete, als die Natur sie verlangte: indem sie
dadurch eine Menge Thorheiten und Zerstreuungen
veranlaßte, welche mein Studiren beeinträchtig=
ten, und ohne sie gewiß unterblieben wären: end=
lich, indem sie eine der entscheidenden Veranlas=
sungen zu einem der traurigsten Unfälle meines Le=
bens wurde, welcher meinen guten Vater schief

I. B.   J

bis zum Grabe niederbeugte; so muß ich behaupten, daß das Verbrechen der Verführung der Jugend eines der strafbarsten ist, und in jedem Staate härter, als Kirchenraub geahndet werden solte.

Die heidnischen Gesezgeber Roms sahen dies ein und unsere christlichen Legislatoren scheinen, dies gar nicht zu achten, und die Verhütung dieses Verbrechens so wenig, als die Bestrafung desselben für ein Objekt ihrer Aufmerksamkeit zu halten. Sie bestrafen einen Dieb mit dem Strange, der mir einen Theil meines Geldes raubt, das ich durch meinen Fleiß und tausend andere Mittel ersezzen kan, dagegen scheinen sie es gar nicht für wichtig anzusehen, oder doch sehr kaltsinnig zu ahnden, wenn es Menschen giebt, welche durch Verführung dasjenige rauben, was gar nicht wieder zu ersezzen ist: Unschuld der Seele und Ruhestand der Begierden — und was oft auf Lebenslang die schreklichsten Zerrüttungen anrichtet, und Gesundheit, Ehre, und Tugend zernichtet, und ganze Reihen von den unseligsten Verirrungen erzeugt.

Von dem einzigen Glüke kan ich sagen, daß diese Verführung keinen fortgesezten unmäßigen

Genuß der Thorheit hervorbrachte. So wie der Gegenstand von mir entfernt war, und das geschah sehr bald, so hörte ich fast gänzlich auf, diese Unordnung zu wiederholen. Und ich weiß nicht, ob ich nicht allen Vätern und Müttern die ohngefähre Ursache davon empfehlen soll, so sehr auch die Herren Söhne über diese moralische Reflexion schreien, und auf mich schmälen werden.

Wahr ists, ich war von sehr schwächlichem und zartem Körperbau, und es kan diese natürliche Beschaffenheit eine Miturfache, oder wenigstens Erleichterung meiner Enthaltsamkeit gewesen seyn. Aber die Haupturfache davon war ohnstreitig meine ökonomische Lage. Ich hatte kein Geld. Mein Vater gab mir, wie meinem Bruder, wöchentlich nicht mehr als zwei Groschen Taschengeld, und er hielt mit Recht ein mehrers darum nicht für nöthig, weil ich in seinem Hause wohnte, und alles nur erdenkliche, selbst Koffe und hernach auch Tabak, (davon ich von meinem sechzehnten Jahre an bis zu zwölf Pfeiffen täglich geraucht habe) und alles, was Nebenausgaben erfoderte, frei hatte und, fürs gesellschaftliche Leben, auch keinen Auf-

wand zu machen brauchte, weil ich mich mit den
Geselschaften, die mein Vater unterhielt, begnügen könte und solte. Daher kam es, daß ich weder unter Studenten gehen, und an ihren Kommer-
een Theil nehmen, noch mich in Spiele einlassen,
noch Dörfer und Wirthshäuser besuchen, und
folglich — auch beim andern Geschlecht dasjenige
wenig oder gar nicht haben konte, was einmal
ohne Bezahlung nicht zu haben ist.

Und warhaftig, ich danke es meinem Vater
noch jezt, daß er mich von dieser Seite so karg be-
handelt hat. Denn ich kan dafür von mir die
Seltenheit prädiciren, die vieleicht kein Gelehrter,
der ehemals Student war, von sich sagen kan:
daß ich nie einem Kommerce beigewohnt, nie einen Degen gezogen, nie auf einem Schlitten gefahren, nie ein Trinkgelag besucht, und — in puncto
puncti, in den zehn Jahren bis zu meiner Verheirathung, weniger gethan habe, als die meisten
jungen Leute, die einmal mit der Sache Bekantschaft erlangt haben, in einem Jahre zu thun pflegen. Und eben aus dieser mir angenehmen Erfahrung behaupte ich, daß Eltern und Erzieher, was

die Sache auch für kleine Unbequemlichkeiten haben
mag, allemal größere Vortheile davon einerndten
würden, wenn sie ihre Zöglinge unter guter Aufsicht hielten, und ihnen dasjenige Geld, was man
Taschengeld nennt, d. h. was ganz der Wilkühr
des jungen Menschen überlassen ist, auf das aller-
äußerste einschränkten. Denn ein junger Mensch,
der kein Geld in der Tasche hat, sondern dem alle
mögliche Bedürfnisse in natura geliefert werden,
wird erstlich keine Versuchung zu vielen Gesellschaften haben, weil die andern Studenten sich nach
dem wenig sehnen, der nichts mitmachen kan, den
sie also weder beschmausen noch von ihm borgen,
noch zu ihren Komplottirungen brauchen können:
und er wird zweitens nicht im Stande seyn, durch
Spiel, Trunk und Wollust auf Abwege zu gerathen, seine Zeit zu verschleudern, und seine Gesundheit in Gefahr zu sezzen.

Mir wenigstens, als einem feurigen, projekt-
vollen, neugierigen und nichts unversucht lassen-
den Jünglinge, kam es ungemein zu statten, daß
ich, in Absicht auf Taschengeld, vielleicht der ärmste
Student in ganz Leipzig war.

Wenn indessen meine Verführerin mich nicht zu einem ausschweifenden Wollüstling machen konte, so hat sie mich doch zu einem Thoren gemacht, und zu Kinderpossen geleitet, welche meinem Fleiße nachtheilig waren und mir manche Ungelegenheiten zugezogen haben. Ich muß meinen Lesern einige derselben auftischen.

Ich war seit dem ersten thierischen Genuß so aufmerksam auf das schöne Geschlecht geworden, als ich vormals nie gewesen war. Ja es war nun eine Sehnsucht nach dem Umgange mit demselben in mir entstanden, die ich sonst nie empfunden hatte. Mein Kindskopf sann also nun mit ernstloser Geschäftigkeit darauf, wie dieses Verlangen zu befriedigen sey.

Dreizehntes Kapitel.

Erste Liebschaft.

Ich kan noch jezt mir die heilsamsten Erschütterungen des Zwerchfels erzeugen, wenn ich an diese

Epoche meines Lebens zurükdenke, und mich der
Scenen erinnere, welche damals meine kindische
Sehnsucht nach der Eroberung einer Schönen
hervorbrachte.

Man muß sich mich als einen Knaben denken,
dessen Phantasie an Bildern aus der wirklichen
Welt so arm war, wie mein Beutel. Alles, was
ich mir dachte, waren selbst geschafne Gestalten.
Selbst das Mädchen, worauf ich Spekulation
machte, war blos Ideal. Ihre Mine, ihren
Gang, ihre Kleidung, ihre Art sich gegen einen
Liebhaber zu benehmen, erdachte ich mir selbst.
Denn ich war noch in wenig Geselschaften gewesen,
und hatte folglich weder Frauenzimmer von Stan=
de in der Nähe beschaut, noch Manspersonen von
Stande mit ihnen umgehen sehen. Es war daher
auch alles, was ich mir als Requisit des Liebha=
bers dachte, mein Puz, meine Minen, meine Re=
densarten, von eigner Erfindung.

Was konte aus den Avantüren eines solchen
unerfahrnen Knabens anders entstehen, als Don=
quixotiaden? zumal da sich mit dieser Unerfahren=
heit eine gewisse Hizze vergeselschaftete, mit wel=

J 4

aber ich alles schnel durchsezzen wolte, was ich einmal begann.

Mein erster Ausrit, den ich wagte, ging zwar auf keine Windmühle los, aber gewiß auf einen weit kritischern Gegenstand. Es war die Tochter des berühmten Hofrath, Menke, dem die Leipziger Gelehrte Zeitung und die Acta litteraria ihren Ursprung verdanken. Ich hatte von Fikchen, so hieß die Schöne, schon so viel rühmliches gehört, daß ich beschloß, weil es doch einmal einem Jünglinge von Stande und Genie gebührte, eine Liebschaft zu haben, des Otto Menkens schöne Tochter mit meiner Liebe zu beehren.

Meine älteste Schwester (jezt die Gattin des Prof. Schott in Leipzig) hatte schon seit ein paar Jahren Bekantschaft in diesem Hause, und Mag. Hofmann, mein ehemaliger Lehrer, war jezt des Hofraths Ammanuensis bei seinen litterarischen Arbeiten. Also zwei Kanäle, die ich öfnen konte, um mein Liebesschif flot zu machen. Auch hatte ich selbst den Bruder meiner Schönen bereits kennen lernen, der damals auch Student war. Ich bat also zuerst den Mag. Hofmann, mich doch einmal

in den Geselschaftszirkel der Menkischen Familie
einzuführen. Alsdann stelte ich meine Schwester
an, daß sie sich zu einer Visite bei Fikchen melden
laffen mußte. Und da beide auf einen gewissen
Sontag mit mir Abrede genommen hatten, so be=
gan ich nun, alles an mir in segelfertigen Stand
zu sezzen.

Die ganze Woche hindurch war ich mit die=
sem wichtigen Vorhaben beschäftiget. Ich ließ mich
meine liebe Phantasie mit dem Menkischen Garten
bekant machen, in welchem ich mich meiner Ge=
liebten zum erstenmal in die Arme werfen wolte.
Ich ließ sie mir ihr Bildniß so reizend als möglich
vormahlen, um sie unter mehrern Schönen sogleich
herausfinden zu können, denn ich hatte sie bisher
nur im Vorbeigehen, und von weitem zu sehn be=
kommen, vornehmlich bei Beschauung des Kirch=
ganges. Ich studierte Tag und Nacht auf wohl=
gesezte und wolklingende Redensarten, und sammel=
te mir die schönsten, für jedes Fach der verliebten
Rhetorik, d. h. für Anreden beim Eintrit in den
Zirkel, für Entschuldigungen meines unangekün=
digten Besuchs, für Bezeugungen meiner Begier=

de, die Göttin selbst zu sehen, für seine Erklärungen meiner Bereitwilligkeit, ihr Adonis zu werden, für muntere Scherze und Unterhaltungen der Gesellschaft, für wizzige Repliken auf die oder jene Anrede, für Satyren auf etwanige Schafsköpfe unter der Gesellschaft, (leztere waren, im Vorbeigehen gesagt, frühzeitig mein Lieblingsfach) endlich für Abschiedskomplimente, und Erwiederungen höflicher Inviten zu Fortsezzung meiner Besuche.

Auſſer diesem rhetorischen Studium betrieb ich auch das Studium der Koketterie. Ich sann auf anziehende Kräfte meiner Mine, und meines Puzzes. Ich stelte mich am Spiegel und übte mich in der Mimik, d. h. im Ausdruk der verschiedenen Empfindungen, die ich in meinem Gesichte lesbar machen wolte, um z. B. bald eine gewisse Würde, bald schmachtende Liebe, bald satyrische Laune, durch Minen zu erkennen zu geben.

Und nun kam endlich der erwünschte Sontag, der mir so viel Vorbereitungen gekostet hatte, und der nun einmal die Leere meines Herzens ausfüllen solte, welche ich schon lange gefühlt hatte. Ich brachte den ganzen Morgen mit meiner Toilette

zu. Da muſte kein Härchen falſch liegen, kein
Puderſtäubchen am unrechten Orte zu ſehen ſeyn.
Da wurden alle Minen, die ich machen wolte,
noch einmal durchgeübt. So verging die träge
Zeit des Morgens. Mittags konte ich vor Ver-
liebtheit keinen Biſſen eſſen. Die Stunden nach
Tiſche ſchienen, mir eine Ewigkeit zu ſeyn, denn
ich vermochte nichts anders zu thun, als, in meinen knappeſten Anzug gepreßt, in meiner Stube
auf und abzugehn, und mich in Gedanken unter
die Schönen zu verſezen, welche ich heute alle när-
riſch zu machen beſchloſſen hatte. Nach langem
Harren ſchlug's endlich drei Uhr, und ich eilte zu
Herrn Hofmann, der zu meinem Führer beſtimt war.

Mit Wehmuth ſah ich dieſen noch unangezo-
gen. Er hatte Koffe und Tabak auftragen laſſen.
Und als ich meine Aengſtlichkeit ihm merken ließe,
hieß es, wir hätten Zeit bis fünf Uhr, weil es ſich
nicht ſchikke, unangemeldet zum Kaffe zu kommen.
Ich mußte alſo noch ein paar Stunden lang die
Folter der Erwartung aushalten, und dem armen
Hofmann lange Weile machen. Denn ich war die
ganze Zeit ſo ſtier in die Bilder meiner Phantaſie

vergaft, daß ich dem guten Mann kein vernünftiges Wort antwortete, er mochte das Gespräch auch hinleiten, wohin er wolte.

Nun schlug es fünfe und — das Herz fieng mir an zu pochen, daß mans auf meiner Weste bemerken konte. Ich ging neben meinem Hofmann her, gerade so in Gedanken, wie ein Kandidat, der seine erste Predigt in patria ablegen sol, auf dem Wege zur Kanzel. Wir traten in das Vorderhaus ein, als mein Führer mich wekte und mir sagte, daß wir da wären. Jezt betete ich über Hals und Kopf, noch viele meiner Antritsreden durch, und gelangte mit nicht wenig Angst zur Gartenthüre.

Schon began es finster vor meinen Augen zu werden, und mein Seelenzustand glich ohngefähr dem eines jungen Fähndrichs, der zum erstenmal mit en ordre de Bataille aufmarschirt, und den Donner der Batterien vernimt, denen er entgegen gehen sol. Meine Besonnenheit war dahin.

Ich erblikte einen langen Gang, und in dessen Mitte ein großes Zelt, das auf allen Seiten offen war, und unter welchem sich eine Geselschaft

junger Schönen befand, die ohngefähr aus zwölf
bis sechzehn Personen bestehen mochte, welche aber
mir wie ein ganzes Bataillon vorkamen, und mich
durch diese schrekliche Menge vollends ganz dahin
brachte, daß ich schon an aller meiner Rhetorik
anfing zu verzweifeln.

Wir waren noch nicht zehn Schritte gegangen, so konte ich diesen Prospekt nicht mehr aushalten, sondern ich muste meinen Führer bitten,
einen Seitengang mit mir zu gehn, um dem feind-
lichen Bataillon aus dem Gesicht zu kommen, und
dadurch mich selbst vom ersten Schreken ein wenig
zu erholen, um noch, wo möglich, die Schmach
abzuwenden, in meiner ersten Predigt stekken geblieben zu seyn.

Nach einigen Krümmungen des Weges kamen
wir endlich wieder in einen Hauptgang und zum
Unglük fügte sichs, daß wir, bei der Schwenkung
um eine Hekke, nur etwa vier Schritte noch von
dem fürchterlichen Zelte waren. Und diese Ueber-
raschung war der Tod meiner ersten Liebschaft.
Denn nun war alles auf einmal in mir erstart.
Meine Augen stunden stil. Meine Zunge war ge-

lähmt. Meine Füße wurden schwer, wie wenn ich funfzehnpfündige Beinschellen gehabt hätte.

Da stand der arme Knabe und sein Führer mit ihm: einer so sprachlos, und als Statue wie der andere. Der Magister ließ mich ganz stekken. Er war blos Zuschauer. — Wars eine kleine Bosheit oder wirkliche Sympathie mit meiner Erschrokkenheit: Gnug er unterließ alles, was hier seine Schuldigkeit gewesen wäre, um durch eine etwas feierliche und gesprächreiche Einführung meiner Wenigkeit, mich wenigstens von der totalen Niederlage zu retten.

Der junge Menke, hinter dem halben Monde stehend, welchen das schöne Bataillon gegen mich formirt hatte, wurde zuerst von Mitleid gerührt, das der Anblik des unglüklichen Jünglings jedem christlichen Zuschauer einflößen mußte, und er eilte rechts um den Kreis herum, mir entgegen zu gehn und den jungen Bahrdt zu bewilkommen, welcher durch das große Ansehn seines Vaters, auf alle mögliche Politesse Anspruch hatte. Aber wo einmal Unglük seyn sol, muß sichs wunderlich schikken. In demselben Moment, wo Burghard Menke den

Einfal bekam, blikte der erste Lichtstrahl des wieberkehrenden Bewustseyns unter meinen Vorstellungen, und ich bekam selbst den Einfal, ihm entgegen zu gehn, und — links ab zu marschiren.

Nun ward fast lautes Gelächter. Die gottlosen Mädchen hielten die Fächer vor und sahen, wie wir uns beide verfolgten. Nach einer halben Minute erst merkte ich meinen Irthum. Ich wandte mich, um meinem Freunde entgegen zu kommen. Aber was half mirs, da ich ihn endlich hatte. Ich konte nichts, als mit verseztem Odem die Worte stammeln: nehmen Sie — nicht übel — daß ich — Sie — inkommodire — freue mich — wenn Sie sich — wolbefinden. Und nun fing ich ganz an zu empfinden, daß ich für heute ein verlorner Mensch war, und resolvirte mich kurz, weil einmal die memorirte Predigt durch die Lappen gegangen war, die Flucht zu ergreifen. Ich sezte also in aller Kürze und Einfalt die Worte hinzu: wil — nicht länger — Sie unterbrechen — empfehle mich gehorsamst — und stolperte pfeilschnel mit meinem Hofmann um die Hekke wieder herum — froh wie ein Mensch, der mit dem Leben entran.

Mein Geist kehrte, so wie nur die Gefahr
vorüber war, schnel gnug zurük. Habe ichs recht
gemacht, sagte ich mit ganz philosophischer Ruhe
zu meinem Führer, daß ich die Visite abbrach?
Die Geselschaft war zu groß, und alles schien de-
rangirt. — Und der Fuchs erwiederte, mit ver-
bißnem Lächeln: Sie habens recht gut gemacht:
Die ersten Visiten müssen allemal kurz seyn.

Aber vol innerlichem Aerger eilte ich nach
Hause, und bedauerte den vielen Aufwand von
Zeit und Mühe, den ich gemacht hatte. Und doch
ward ich nicht weiser durch die Verunglükkung des
ersten Versuchs. Mein Leichtsin, der mich alle
Dinge, selbst das Uebel, von ihren erfreulichen,
wenigstens von den erträglichen Seiten ansehen
läßt, und die wirklich nachtheiligen Seiten vor
mir verbirgt, zernichtete all das Gute, was die er-
littne Niederlage hätte wirken sollen. Er verbarg
mir die wahre Ursache, die in meiner Kindheit, in
meiner Unerfahrenheit lag, und beredete mich, der
bloße Zufal der alzuzahlreichen Geselschaft habe
mir das Spiel diesmal verdorben. Und so erneu-
erte sich der Vorsaz, ferner Abendtheuer zu begin-
nen,

nen, bis ich, als braver Ritter, eine Dulcinea
erobert haben würde.

Vierzehntes Kapitel.

Karakterzüge.

In dieser Epoche meines Seyns lebte ich in lauter abwechselnden Paroxismen. Bald war ich einige Wochen recht von Herzen fleißig, bald versank ich wieder in meine Donquixotischen Träume und verliebte mich in eine Schöne, wo ich sie fand, und hörte, wenns nicht gehen wolte, eben so ruhig wieder auf zu lieben, als ich angefangen hatte.

Man konte damals zwei Hauptzüge an meinem Karakter bemerken, die jezt erst anfingen sich festzusezzen. — Eitelkeit und Hizze.

Die Eitelkeit d. h. die kindische Sucht, durchs Aeuserliche zu gefallen, hatte sich durch drei Stükke generirt und eingenistet. Man hatte erstlich von Jugend auf meine Bildung zu viel gelobt, und auf der Schule besonders hatten meine Mitschüler mich

I. B.

oft Ausdrüke hören lassen, die mich in einer gewissen Einbildung von mir selbst bestätigten, und
ein so armseliges Verdienst schäzzen lehrten. So
fing ich als Kind schon an, mir etwas darauf zu
gute zu thun, daß ich wol gebildet sey und, was
natürlicher Erfolg ist, das Gefallen als einen
Zwek zu betrachten, nach dem ich selbst streben müße.

Mit dieser Quelle verband sich eine zweite,
meine frühzeitige Angewöhnung an den höchst-
möglichen Grad von Reinlichkeit, und Nettigkeit
an meinem Körper so wol, als meinem Anzuge.
Schon als Kind hielt ich darauf, daß meine Hände nicht nur, sondern mein ganzer Körper reinlich,
meine Wäsche sauber, meine Kleidungsstükke pro-
per erhalten wurden. Und so wenig mein Vater
auf Staat wenden konte, so suchte ich doch immer,
auch in meinen schlechten Rökchen, durch Reinlichkeit und Nettigkeit, eine gute Figur zu machen.
So wie nun das Lob der Bildung mich einmal
afficirt hatte, so ward das, was vorher unabsicht-
liche Gewöhnung war, erzielte Nahrung meiner
Begierde zu gefallen.

Und da endlich, in meinen Studentenjahren,
die Liebschaftsthorheiten eintraten, so mußte wol
ganz natürlich meine Krankheit einwurzeln, da der
Zwek zu gefallen nun ein so wichtiges Mittel ward,
zu dem höhern Zwekke — geliebt zu werden.

Aber ich erinnere mich hier lebhaft auch einer
Demüthigung meiner Eitelkeit, welche mir in dieser Zeit wiederfuhr, und mir eine so empfindliche
Kränkung verursachte, daß ich sie nie habe vergessen können. Ein gewisser Mag. Schneider auf
dem Paulino, der mit mir im satyrischen Witze
weteiferte, aber mir, theils überhaupt, theils
bei Abgewinnung der Lacher insonderheit, weit
überlegen war, mochte schon längst meine Affekta-
tionen bemerkt haben, die von meiner Eitelkeit erzeugt wurden, und er betrachtete mich daher immer mit einer spöttischen Mine, wenn er mich in
meinem armseligen Puze daherschwänzen, und
meine Augen nach Attention und Bewunderung
haschen sahe. Einstmalen fügte sichs, daß er gerade mit seiner Gesellschaft bei offenen Flügeln im
Fenster lag, und daß ich, ebenfals in Gesellschaft,
in vollem Puz durch den Zwinger angestapelt kam,

und sein Fenster paſſirte. Von weitem schon rufte
er mir, um mich erst durch eine Schmeichelei eine
ernsthafte Behandlung vermuthen zu laſſen, ein
sehr ehrerbietiges Compliment entgegen, welches
ich mit Würde erwiederte, und mit einem augen-
bliklichen Stillstehn ihm zu belohnen schien. Sobald er mich in dieser Faſſung hatte, began er in
dem ernstesten Tone mich abermals anzureden, ich
muß ihnen bekennen mein lieber Herr Bahrdt,
daß, so oft ich Sie sehe — (bis hieher sprach
er langsam und feierlich, daß die Geselschaft oben
und unten aufhorchte, und ich schon auf eine dank-
volle Replik für das erwartete Lob meiner Schönheit studirte) — so stehn mir meine beiden Augen auf. Das sagte er schnel und mit einem solchen Hohngelächter, daß ich vor Scham in die
äuserste Verlegenheit kam, und ohne ein Wort
aufbringen zu können, abtrolte, auch von Stund
an mich vor diesem Schneider wie vor Feuersgefahr hütete.

Der zweite Zug meines Karakters, der jezt
immer merklicher wurde, und von Zeit zu Zeit zunahm, war Hizze. Wie dieser in mir entstanden

sey, weiß ich nicht zu sagen. In meinen Kinds
heitsjahren war er gar nicht bemerkbar. Wenig=
stens erinnere ich mich keines einzigen Falles aus
meinem Knabenalter, ehe ich auf Schulen ging,
und selbst aus meiner Schulepoche nicht, wo sich
dieser unglükliche Fehler gezeigt hätte. Auch
stimt derselbe so wenig mit der natürlichen Weich=
heit meiner Seele, daß er vielmehr mit mir selbst
zu kontrastiren scheint. Denn von Natur, und
durch das Beispiel meiner Eltern, ist meine ganze
Seele zum Wolwollen und zur Liebe gestimt. Das
kleinste Leiden eines Menschen rührt mich augen=
bliklich, und durch und durch. Und es ist mein
gefühlvollester Freudegenuß, wenn ich einen Men=
schen recht vergnügt machen, und durch mich froh
sehen kan. Selbst mein Feind ist von dieser Em=
pfindung nicht ausgeschlossen. Sobald nur die
Beleidigung wirklich geendigt ist, und er nicht
mehr feindselig handelt, sobald ist auch bei mir
alles vergessen, und er kan sicher, zumal wenn er
selbst Rükkehr zeigt, oder wenigstens Bescheiden=
heit, von mir Gefälligkeiten erwarten. Ganz un=
fähig bin ich, ihm lange und fortdauernde
Schmerzen zu machen. Und habe ich je als

Schriftsteller Menschen beleidigt, so war es gewiß
eitel Muthwille, und nie Rache, davon mein Herz
nichts wußte, das noch kein Geschöpf Gottes in
individuo gehaßt hat. Die Art kann ich wüthend
hassen (z. E. Feinde der Vernunft) aber die Per=
son nie. — Wie nun bei dem allen ich nach und
nach dazu gekommen bin, bei gewissen Vorfallen=
heiten, in den Fehler der Heftigkeit zu verfallen,
und fähig zu werden, in der Hizze mich selbst zu
vergessen, ist mir selbst noch ein Räthsel.

Diese Krankheit der Seele, die damals anfing
sich zu zeigen, besteht darinnen, daß ich bei einem
entstehenden Streit, es sey mit Gleichen oder Un=
tergebnen, wenn ein gewisser Grad des Gefühls
von der Unverschämtheit oder tükkischen Bosheit
meines Gegenparts in mir entsteht, in einen solchen
Zorn gerathe, daß alle Besonnenheit aufhört, und
ich blos von meinem Gegenpart abhängig werde,
ob es mit uns beiden zum leben oder zum sterben
kommen sol.

Von dieser unglüklichen Leidenschaft habe ich
zwar in meinem Leben sehr wenige wichtige Fälle,
und Gott sey Dank keinen einzigen von unglükli=

chem Erfolge gehabt. Aber ich bekenne dennoch,
daß sie oft genug ausgebrochen ist, und mich in
schaudernde Gefahren gesezt hat. Unter andern
erlebte ich in meinem siebzehnten Jahre die Schan=
de vor mir selbst, bei einem etwas zu heftigen Be=
tragen meines Vaters und zu hart scheinender An=
maßung desselben, eine geladne Pistole auf meinen
Tisch zu legen, um ihm durch die Thüre zuzurufen,
daß sie ihn treffen würde, wenn er sich weiter wagte.

Noch jezt, da mein Blut weit ruhiger fließt,
als ehedem und tausend Leiden mich weich und
meine Kraft ermattet haben, bin ich in wahrer
Furcht vor mir selbst, und auf nichts in der Welt
so aufmerksam, als auf Gelegenheiten zu einem
heftigen Streit: weil ich gar zu gewiß weiß, daß
es noch möglich ist, in meine vorige Hizze zu ge=
rathen, in welcher weder Gefahr noch Uebermacht,
weder Degen noch Schiesgewehr mich abhält,
meinen einmal aufgesezten Kopf zu behaupten.
Wenn ich daher Gefahr eines solchen Zwistes
merke, so fliehe ich, so weit ich kan. Auch meide
ich deswegen alle Menschen, wenn mich ihre an=
derweitigen Talente, und guten Eigenschaften noch

so sehr reizen, und nach ihrem Umgange lüstern machen, von denen ich erfahre oder merke, daß sie hizzigen Temperaments sind, um nicht mit ihnen auf eine unglükliche Art zusammenzutreffen. So breche ich auch jeden freundschaftlichen Disput sogleich ab, sobald ich nur einigermaßen bemerke, daß der eine in seinen Behauptungen zu warm wird.

Der Grund des Uebels mag wohl ganz allein in körperlichen Beschaffenheiten, d. h. im Blute liegen. Mein Vater war ebenfals ein äuserst hizziger d. h. schnel in heftigen Zorn gerathender Mann, ob er gleich nie sich so vergaß, wie ich mich zu vergessen im Stande bin. Indessen können doch die Eindrükke seines Beispiels, (welches schwächer, aber dafür häufiger war, als meine Nachahmung,) auf mich gewirket und das Uebel in denjenigen Jahren bei mir erzeuget haben, in welchen noch die Empfindungen Anderer, durch die bloßen Zeichen und Ausbrüche derselben, in die Seele des Kindes überzugehn pflegen.

Ein Glük war es daher abermals für mich, daß ich in meinen Studentenjahren kein Geld hatte, und eben darum keine Geselschaften unterhalten, und besonders keinen Studentengelagen beiwohnen, oder öffentliche Orte besuchen konte, weil ich dadurch der Gefahr entging, traurige Folgen meiner Hizze zu erleben.

Funfzehntes Kapitel.

Husarengeschichte, einer theologischen Fakultät gewidmet.

Mein Vater hatte in Wittenberg einen leiblichen Bruder, der daselbst in einer kurfürstlichen Bedienung stund, und mit einer Menge wilder Jungens heimgesucht war. Einer derselben, der geschikteste, aber auch der wildeste unter allen, war von ihm nach verschiednen fruchtlosen Versuchen, zu einem Apotheker nach Gera geschikt worden, wo er die Jahre stehen solte. Aber Tolkopf Bahrdt konte auch da nicht hausen, sondern nahm, nach einigen lustigen Streichen, die er begangen hatte, die Flucht, und wandte sich an meinen Vater in Leipzig.

Natürlich konten wir ihn nicht verstoßen, sondern mußten ihm wenigstens solange Dach und

K 5

Fach geben, bis es dem Vater gemeldet, und dessen Ordre eingeholet war. Vetter Bahrdt blieb also einige Tage bei uns, und ließ sich wohl seyn. Da aber die Zeit kam, wo des Vaters Befehle eintreffen solten, und er sich nichts angenehmes davon versprach, so ging er eines Tages vors Petersthor, und ließ sich unter die Husaren anwerben.

Auf einmal erschol in ganz Leipzig das Gerücht: der junge Bahrdt ist unter die Husaren gegangen. Da nun kein Mensch davon wuste, daß gerade vor wenig Tagen meines Vaters Brudern Sohn bei uns angekommen war, und ich von Jugend auf als ein feuriger junger Mensch bekant war; so fiel natürlich alle Welt auf mich. Und so enthielt ein paar Tage hindurch, jeder Brief, der von Leipzig abging, ein Postscript: „eben ver=„breitet sich die traurige Nachricht, daß unser gu=„ter D. Bahrdt das Herzeleid erlebt hat, seinen „ältesten, Hofnungsvollen Sohn zu verlieren, „Er ist ihm entlaufen und unter die Husaren „gegangen."

In Leipzig nun offenbarte sich der Irthum sehr bald. Man sah mich täglich in meinem ge=

wöhnlichen Anzuge auf den Straßen, und in meine
Collegia gehen, und erfuhr dann leicht, daß mein
Vetter es gewesen war, welcher das Gerede ver-
anlaßt hatte. Aber kein Mensch vielleicht dachte
daran, den Irthum auch auswärts zu wieder-
rufen. Jeder meinte, es werde sich an andern
Orten eben so von selbst widerlegen, wie es in
Leipzig geschehen war. Und so blieb an andern
Orten, ich möchte sagen, bis auf den heutigen
Tag, die Meinung, daß ich wirklich in meinen
Studentenjahren einmal unter die Husaren gegan-
gen sey, und man folgerte blos, wenn man mich
hernach in der gelehrten Republik nennen hörte,
daß ich wieder losgekauft worden seyn müße.

Es ist unglaublich, was dergleichen übereil-
te Briefklatschereien in der Welt für Schaden thun.
Ich habe unzählig traurige Erfahrungen davon
gemacht, an mir und Andern. Ja ich habe einigemal das ganze zeitliche Glük eines Menschen,
durch solche eilfertige Mittheilungen ungeprüfter
Nachrichten zerrütten gesehn. — Und es ist merkwürdig, daß selbst Männer, welche als Gelehrte,
als Weise, als Menschenfreunde in der Welt ver-

ehrt werden, das unvernünftige und ganz eigentlich unmenschliche dieses Verfahrens nicht einsehn, sondern sich selbst desselben verzeihn.

Man sezze nun den Fal, wie er mir erst vor kurzem zu meiner großen Kränkung begegnet ist. Die Gothaer deutsche Zeitung meldet, daß ich deswegen sey arretirt worden, weil ich falsche Münze auf meinem Weinberge geprägt hätte. Der R. Becker, ein Mann von Kentnissen und edlem Karakter, läßt das so in die Welt hinein drukken. Sein Blat geht 4 bis 5000mal, wird von 30 bis 40000 Menschen gelesen. Ich erscheine also unter 40000 Menschen als ein Niederträchtiger! Kann eine größere Beschädigung gedacht werden, die mir dieser Rath Becker und sein (vermuthlich) Hallischer Correspondent verursachte? Kan es mich entschädigen, daß ich zu seiner Zeit mich rechtfertige, und das Publikum über mein Schiksal verständige? Gewiß nicht, denn seine Leser sind gerade nicht die meinigen. Unter seinen 40000 Lesern sind vieleicht nicht 2000, die zu meinem Publikum gehören, von denen ich gelesen werde. Bleibe ich also nicht unter 38000 Menschen ein Ge-

brandmarkter? Hiezu komt, daß die Zahl der
Menschen, unter denen ich geschändet bin, weit
größer ist, als ich sie angegeben habe. Denn
man muß nicht blos rechnen, daß an einem Zei=
tungsblatte oft 30 bis 50 Menschen lesen, sondern
daß die, welche es lesen, das Gelesene mündlich,
an Koffetischen, in Wirthshäusern, ausbreiten,
und daß also eine Zeitungsnachricht aus einem
Blatte oft unter 1000 Menschen komt, und ganze
Städte und Dörfer damit erfült werden. Daher
entsteht die entsezliche Folge, daß böse Gerüchte,
weil die Erzähler derselben selten sie wiederrufen,
oder doch nicht bei allen, die sie von ihnen z. B.
auf einem Koffehause mit angehört hatten, wie=
derrufen können — nur alzuleicht verewigt wer=
den. — So erfuhr ich erst vor wenig Tagen
diese traurige Folge, da ein Gelehrter, eine vor=
nehme obrigkeitliche Person, ein Mann von vieler
Litteratur und Korrespondenz, mir (von Groß=
glogau aus) den aus der deutschen Zeitung ent=
standnen Vorwurf machte, daß ich mich zu einer
solchen Unklugheit hätte verleiten lassen, daß also
ein solcher Mann, 40 Wochen nach meiner Arre=
tirung, deren wahre Ursache nicht wuste, sondern

den Irthum der deutschen Zeitung für Wahrheit
hielt. — Pfui der unbesonnenen und lieblosen
Menschen!

Und eben so ists mit der Husarengeschichte ge=
gangen. Sie hat sich wirklich verewigt. Noch
jezt giebts Tausende, die in der Meinung stehn,
daß ich ehemals Husar gewesen sey. Und noch
als Professor Theologiae Ordinarius in Giesen
wiederfuhr mir die Ehre, daß ein Mitglied der
theologischen Fakultät zu Jena, in der dortigen
Gelehrten Zeitung, meine theologischen Kezzereien
so wie meine ganze Person dadurch herabzuwürdi=
gen suchte, daß er mir diese Husarengeschichte öf=
fentlich vorrufte, — wie wenn der verdienstvolle
Mann im vierzigsten Jahre, darum kein verdienst=
voller Mann sey, oder darum die christliche Welt
nicht aufklären, und ein nuzbarer Schriftsteller
seyn könne, weil er im siebzehnten Jahre einige
Tage unter den Husaren war — oder weil sonst
noch einige jugendliche Streiche von ihm im Pu=
plikum rolliren.— dergleichen ich selbst von mir
berichten werde.

Sechszehntes Kapitel.

Ich, als Löwensteinscher Dragoner.

Ich habe es oben schon eingestanden, daß eine karge Zumessung des Taschengeldes auch einige nachtheilige Folgen hat, ob ich gleich gewiß bin, daß die guten Folgen die bösen unendlich überwiegen.

Freilich — wenn ein junger Mensch, zumal von feurigem und unternehmendem Geist, allzusehr eingeschränkt und von den Mitteln, sich zuweilen nach eignem Sinn und Geschmak, ein Vergnügen zu machen, gänzlich entblößt ist; so verfält er natürlich auf allerlei, meist unrechte Versuche, sich diese Mittel zu verschaffen, oder sie durch etwas anders sich zu ersezzen. Dies war der Fall auch bei mir. Die ewige Monotonie im väterlichen Hause, so gut ichs auch da hatte, konte mir unmöglich behagen. Mein Freiheitsgefühl war zu lebhaft. Die aufgedrungenen Freuden schmekken nicht. Nur die selbst gewählten haben anziehende Reize.

Ich sehnte mich unter andern nach einem Reitpferde. Ich seufzte heimlich, wenn ich die Studenten so flink durch die Straßen reiten, und so munter wie ihre Rosse in die weite Welt fliegen sahe. O daß auch du, war mein Gedanke, einmal so in die weite Welt auswandern köntest!

Was war natürlicher, als daß ich tausend Projekte machte, zu diesem erhabenen Ziele, das meine Phantasie mir vorgestekt hatte, zu gelangen. Ich fing zuerst an, mein wöchentliches Zweigroschenstük zurükzulegen, und das einzige Bedürfniß, den Tabak, dazu ich es sonst verwendet hatte, und davon mein Vater mir zu wenig gab, auf andere Art zu befriedigen. Ich versorgte mich, als meines Vaters Tabakschneider, aus seiner Büchse und sparte meine zwei Groschen zum Ritt.

Ein gewisser Bürger, Namens Hellmann, welcher zu seiner Zeit als Prahlhans sich auszeichnete, und sich ein eignes Geschäft daraus machte, meinen Vater zu posaunen und überal als hoher Gönner der Bahrdtischen Familie zu erscheinen, half mir das langsam wachsende Sümchen dadurch vermehren, daß er wolhabende Leute, welche etwa

einmal

einmal eine von meines Vaters Predigten vorzüglich rührend gefunden hatten, beredete, sich dieselbe abschreiben zu lassen. Die Schreibgebühren be-
trugen acht Groschen, und ich verdiente sie mir.

In einer Zeit von sechs bis sieben Monaten
hatte ich denn die ungeheure Summe, von einigen
Thalern beisammen, und empfand darüber eine
unaussprechliche Freude. Denn so viel Geld hatte
ich noch in meinem Leben nicht zu kommandiren gehabt. Ich dünkte mich reicher als der Mogul.

Nun entdeckte ich einigen Freunden mein Vorhaben, einen Ritt in die weite Welt zu machen.
Das waren leichtsinnige und rasch entschlossene
junge Leute, welche augenbliklich theilnahmen.
Der eine, Namens Schnieleer, that den Vorschlag, hinauf ins Wendische zu gehen, wo sein
Vater Amtmann war, und den zu besuchen. Der
Vorschlag gefiel, weil er Kosten sparte, sintemal
der Amtmann unser Vetter war, und ich also da
freie Zehrung hatte.

Die Geselschaft war vier Personen stark, und
ziemlich gut zusammengepaßt. Alle waren von
lustigem Humeur, alle viere unternehmend und

I. B.

rasch: alle viere hatten kein Geld. Denn zu
einer Reise zu Pferde, wo allein das Pferd täglich zwölf Groschen Miethe kostete, auf sechs
Tage, fast sechzehn Meilen weit, waren zwei
bis drei Thaler, die jeder bei sich hatte, so gut
als kein Geld.

Ich meines Orts kümmerte mich bei diesem Unternehmen um gar nichts. Ich sahe nur
die reizende Seite desselben. Tag und Nacht
mahlte mir meine Phantasie die lieblichsten Bilder und schenkte mir den süßesten Vorgenuß. Ich
gefiel mir in der männlichen Figur eines Ritters,
da ich bisher nur als Knabe gelebt hatte. Ich
ward entzükt, das Pferd unter mir sich bäumen
und stolzieren zu sehn. Ich dachte mir die tausend Menschen, die alle Maul und Nase auf-
sperren würden, wenn der junge Bahrdt in dieser erhabnen Gestalt sich zeigte. Ich sahe schon
die Gegenden und Fluren, die ich durchfliegen
solte. Ich saß schon am Tische des Amtmanns
und schmauste und — liebäugelte auch schon im
Geist mit des Schmelzers Schwester, die er mir
als schön beschrieben hatte. Für Bedenklichkei-

ten hatte ich keinen Sinn. Es fiel mir gar nicht
ein, daß ich zum erstenmale ein Pferd bestieg,
daß ich nicht reiten gelernt hatte, daß ich Hals
und Beine brechen, daß ich wenigstens schon den
ersten Tag mich aufreiten und liegen bleiben
könte. Noch vielweniger kam mir ein beunru-
higender Gedanke an meine Kasse ein: denn
diese hielt ich für unerschöpflich, weil sie meine
Phantasie kolossalisch gezeichnet hatte.

An einem Montage ritten wir aus, mit
dem Vorsazze, den Sonnabend Abend wieder
zu Hause zu seyn. Der Ritt selbst gieng besser
als zu vermuthen war. Ich fand mich sehr
bald in den Schluß und, da ich ein leichtes
Pferd bekommen hatte, so machte ich meine
Reise ohne Anstoß, indeß die andern bald hie
bald da über Unbequemlichkeiten klagten.

Aber einer darunter erdreistete sich gleich
auf der ersten Meile, als schon die jungen Magen ihr Frühstük zu fodern begannen, die sämt-
liche Geselschaft wohlbedächtig um den Kassen-
Bestand zu fragen, mit der erbaulichen Vorlage,

daß er sich ganz auf uns verlassen und deßhalb nur wenig zu sich gestekt habe. Ich lächelte zwar über diese Bedenklichkeit, aber wurde gewaltig wieder ausgelacht, da ich mit vollen Baukbakken die große Summe meiner drei Thaler posaunte und alle Besorgnisse für Thorheit erklärte. „Man siehts, Bruder, erwiederte mein Freund, „daß das dein erster Ausritt ist. Hast du nicht „bedacht, daß deine drei Thaler erst das Mieth= „geld fürs Pferd bestreiten, ohne das Trink= „geld? Und meinst du, daß wir jeden Tag, bei „zweimaligem Frühstük, Mittagsmahl, Ves= „perbrod, Abendmahlzeit, und Nachtquartier, „vier Mann und vier Rosse, unter sechs bis acht „Thalern durchkommen werden, zumal jezt im „Kriege, wo alles wegfuragirt und alles theuer „ist?"

Die Geselschaft erschrak bei dieser Rech= nung, indem jeder bekante, daß er nur wenige Thaler bei sich habe. Ich allein blieb unerschüttert. Ei, sagte ich, wir wollen schon sehen, wie wir durchkommen. Nur lustig zum ersten Frühstük!

Der alte Student, der die Bedenklichkeit aufgebracht hatte, wolte sich mit meinem Leichtsinn nicht abspeisen lassen. Entweder wir kehren wieder um, Brüder, oder wir machen ein Mittel aus, durch welches wir unsern Kassendefekt ersezzen können.

Nun begannen Debatten, lang und weitläuftig und nichts wirkend, wie im englischen Parlement, wenn die Foxianer sich kampeln. Ich aber nahm keinen Theil am Gespräch. Ich ritt rasch vorwärts, und sah nach dem Dorfe, wo das erste Frühstük genossen werden solte. Nur neben her ließ ich meine liebe Phantasie im Reiche der Möglichkeiten patrulliren, und eines glüklichen Einfals harren. Und siehe, er kam,

Auf einmal wandte ich mein Roß, sprengte die Brüder an und rufte: halt! Ich weis Rath, Brüder. Habt ihr eure Schlafröke mit? — Ja. Wozu? — Wie sehen sie aus? Von was für Zenge sind sie und wie gefuttert? Meiner ist von rothem Kalmang und inwendig von weißem Flanell. — Eben so ist meiner, schrie jeder. — Wohl, so ist uns allen geholfen. Gleich die

Mantelsäkke auf! — Was sol das? — Nur
die Mantelsäkke auf und die Schlafrökke hervor.
Es wil ohnehin regnen. — Die Brüder gehorch-
ten. — Nun frisch, die Schlafrökke umgekehrt
und über die Kleider gezogen! — Die Brüder
thatens und erschienen, samt mir, in weissen
Mänteln mit rothen Aufschlägen. — Wie sehen
wir aus? Brüder. —

Nun brüllte der alte Student im höchsten
Jubelton: Herzensjunge, das ist ein göttlicher
Einfal! Wir passiren als Löwensteinische Dragoner und leben nun auf Gemeindekosten. Frisch
auf zum Frühstük!

Wir trabten froh dem Dorfe zu und flink
an die Schenke. — Herr Wirth! 'raus da! —
Was steht zu Befehl, meine Herren? — But-
terbrod, Wurst, Schnaps, lustig, lustig! —
Der Wirth brachte was wir foderten, schien vergnügt, daß er einmal freundliche und lustige Ge-
sichter zu sehen bekam, und gab von Herzen gern,
was wir zum satt werden brauchten. Wir lies-
sens uns schmekken, blieben aber wolbedächtig
auf den Pferden. — Da wir gesätigt waren,

gab ich den andern einen Wink und rufte noch
einmal: Herr Wirth, das lezte! — Meine
Brüder trabten davon und, so wie der Wirth
den Rükken wandte, den lezten Schnaps zu ho=
len, flog ich ihnen nach. Und so hatten wir
zum erstenmale glüklich umsonst gezecht.

Meine Leser werden voraussezzen, daß ich
diesen Streich für das ansehe, was er war.
Denn wer wird leugnen, daß dieser tolle Ein=
fal uns ins gröste Unglük stürzen konte, wenn
wir entdekt wurden. Nur jugendliche Unbeson=
nenheit kan ihn entschuldigen.

Am gefährlichsten war die Mittagsmahl=
zeit: denn beim zweiten Frühstük machten wirs,
wie beim ersten. Aber da wir Mittags einkeh=
ren wolten, schienen zwei der Brüder ängstlich
zu werden: weil wir hier absteigen und uns den
Wirthsleuten genauer zur Schau geben musten
und daher zu befürchten hatten, daß man uns
gar bald für Studenten halten und die Löwen=
steiner Maske uns abziehen würde. Aber ich —
blieb standhaft, und sezte den Entschluß durch,
auch das Mittagsquartier ohne Zahlung zu ver=

laſſen. Nur rieth ich, in Geſprächen behutſam
zu ſeyn, einen baurischen Ton anzunehmen, die
Mäntel ſtets umgegürtet zu laſſen, und von lauter Bataillen und Scharmützeln zu ſprechen.

Wie geſagt, ſo gethan. Wir wählten ab-
ſichtlich einen einſam liegenden Gaſthof im Wal-
de. Getroſten Muths ritten wir ein, zäumten
unſere Pferde ab, foderten freundlich Futter
und Mittagsbrod, und fanden zum Glük einen
Wirth, der äußerſt ſchüchtern war und uns allerlei Mishandlungen klagte, welche unſere Ka-
meraden, d. h. andere Dragoner, an ihm ver-
übt hatten. Er traktirte uns daher, als höfliche
Leute ſehr gut, ſezte Fiſch und Braten uns vor,
gab Schnaps vollauf, beköſtigte unſere Pferde
mit eitelm Hafer und lebte traulich unter uns
und vergnügt, bei unſern militäriſchen Abend-
theuern, die wir ihm wie gedrukt vorzulügen
wuſten.

Nach der Mahlzeit gieng ich allein in den
Stall, zäumte alle Pferde auf, gab ein verab-
redetes Zeichen, auf welches die Brüder erſchrok-
ken aufſpringen ſolten, wie wenn eine feindliche

Patrulle oder des etwas in der Nähe sey: und so gelang es uns, daß wir, ehe der erschrokne Wirth sich recht besann, auf den Pferden saßen und ihm sein Lebewohl ins Fenster ruften.

Als wir, bei Fortsezzung dieser Methode, den folgenden Tag zum Amtmann kamen, ließen wir freilich uns nichts merken, daß wir vermittelst so unvernünftiger und verwegener Streiche unsern Beutel geschont hatten; allein den Donnerstag trafen aus zwei Dörfern, wo wir zechefrey gelebt hatten, und die in sein Amt gehörten, die Rechnungen über die Zehrung durchziehender Soldaten ein, welche der Amtmann unter die Gemeinen zu repartiren hatte, und er fand von Dienstage eine Mittagsmahlzeit zu 2 Thlr. 11 Gr. und ein Vesperbrod zu 18 Gr. für vier Löwensteinische Dragoner,

Bedenklich sahe der Amtmann seinen Sohn an, da er sich erinnerte, daß wir mit unsern verkehrten Schlafrökken bei ihm angekommen waren, und fragte etwas ernsthaft: Friz, Friz, du bist doch nicht einer von den vier Löwensteinischen Dragonern gewesen? — Friz war ein gu-

ter Junge, der den Vater nicht betrügen konte.
Er gestand ihm also den ganzen Handel.

Man kan denken, wie der Amtmann erschrak. Das Messer entsank ihm und seine Al-
teration theilte sich uns allen mit. Und nun erst
lernten wir von diesem rechtskundigen Manne,
in was für Gefahren wir uns begeben und welch
einen unverzeihlich tollen Streich wir begangen
hatten. Er zeichnete uns hierauf eine neue
Marschruthe vor, damit wir die vorigen Dörfer
nicht wieder passiren, und aufgefangen werden
möchten, gab dem Sohne vorräthige Barschaft,
und entließ uns mit freundschaftlichen Warnungen vor ähnlichen Thorheiten.

Siebzehntes Kapitel.
Eine neue Liebschaft.

Nachdem wir eine Zeitlang im Marstalle, in
der Peterspredigerwohnung gehauset hatten, nehmen die wolthätigen Freunde unsers Vaters uns

auf, und wir freuten uns beide darüber, daß
wir nun im Plazischen Hause, mehr Freiheit
und folglich mehr Vergnügen genießen solten.
Allein, da unser Wochengeld sich nicht dabei vermehrte; so konte auch kein sonderliches Plus in
dem vermeinten Genuße der Freiheit erwachsen.

Ich blieb im Ganzen derselbe Mensch: vol
guten Willen, vol Ehrgeiz, vol der besten Vor-
säzze´, zum tüchtigen Mann mich empor zu arbeiten, aber auch — kraftlos, meine Gelübde zu
halten. Crusische Philosophie blieb meine einzige
Weißheit, und mein Privatstudium, ohne Leitung von außen und ohne Stetigkeit von innen.

Einsmal that Kunz, der jezt auch die Fürstenschule verlassen hatte, und von meinem Vater zum Stubenkameraden meines Bruders er-
sehen wurde, den Vorschlag, eine Reise zu seinen
Eltern nach Hubertsburg zu machen, und zwar
zu Fuße. Sein Vater war Bettmeister auf dem
Schloße und hatte also Plaz genug, uns zu her-
bergen. Wir lebten acht Tage bei ihm höchst
vergnügt. Und ich — verliebte mich, (wie

überal.) In aller Kürze und Einfalt, in die Tochter von Hause,

Luise war vier und dreißig Jahr alt und
ich stand am Schlusse des siebzehnten. Aber auf
solche Dinge pflegte ich nicht zu reflektiren. Ich
hatte blos das noch bis jezt unbefriedigte Bedürfniß, ein Mädchen zu besizzen, das mich
liebte. Ohne diesen Besiz war in meinem Herzen eine gewisse Leere, die ich fühlte, und auf
deren Ausfüllung ich beständig dachte, ohne mich
um die Art und Weise derselben sonderlich zu
kümmern.

Eine heftige Leidenschaft, wie man sie sonst
bei feurigen Personen findet, und wie unsere
Romanen sie schildern, hatte ich nie gehabt und
ich kan betheuern, daß ich, in diesem Sinne in
meinem Leben nicht geliebt habe. Ich bedurfte
blos ein Mädchen, welches mirs sagte, daß sie
mich liebe. Bei mir selbst wars mehr Ehrgeiz,
als Liebe. Es schmeichelte mir, geliebt zu werden. Und wenn ich das fand, war meine Dunst
gesätigt. Dabei hatte ich gar keine großen und
vielfältigen Requisite. Glänzende Schönheit kante

ich kaum, versteht sich, mit Kennerschaft, geschweige, daß ich sie als ausschliessendes Erforderniß betrachtet hätte. Geist, Wiz, und ein gewisser edler Stolz war ein weit stärkerer Reiz für mich. Und das fand ich bei Luisen.

Aber hätte nur auch Luise bei mir Geist und Wiz gefunden. Es war wirklich zum Erstikken, wer mich damals hätte sehen sollen, wie gimpelhaft ich liebte. Vom ersten Tage an, wo ich sie in mein Herz schloß, gieng ich ihr nicht mehr von der Seite. Wo sie sich hinbegab, verfolgte ich sie, wie ihr Schatten. Und wenn wir irgendwo getrennt saßen oder stunden, hieng mein Auge unverwandt an ihr. Aber sprechen konte ich kein Wort. Ich war blos Auge und Herz. Sprache hatte ich nicht. Ich war entzükt bis in den dritten Himmel, und eben deswegen waren meine Empfindungen απορρητα — nnaussprechbar.

Luise hatte sehr vielen Verstand und durchschaute mich ganz, merkte die kindische Liebe, und war doch so großmüthig, so tolerant, um mich weder zu beschämen noch in dem Genusse meiner

Seligkeit zu stöhren. Ein paarmal fragte sie mich: wie es komme, daß ich so gern bei ihr sei, und doch nicht mit ihr spreche? Und der siebzehnjährige Gimpel antwortete: Kan man denn nicht auch mit dem Auge sprechen?

Ich verließ endlich Hubertsburg und Luisen, mit schwermuthvoller Seele. Mein ganzes Herz war zurükgeblieben. Nichts härmte mich so sehr, als daß ich nicht einmal Muth gehabt hatte, ihr einen Kuß zu geben.

Aber nun war meine Phantasie desto reger. Ich dachte Tag und Nacht nichts als Luisen, und alle die Orte, wo ich sie gesehen hatte, und alle die Spuren ihres Geistes, die ich gehört hatte, und alle die sanften Blike, die sie mir gegeben hatte — die ich für helle klare Liebe hielt, ob sie gleich nichts als Mitleid mit meiner Einfalt gewesen waren.

Jezt sann ich nach, wie ich diese Eroberung erhalten und mich des Besizzes meines Mädchens versichern wolte. Natürlich muste ich nun reden, zumal da ich in Hubertsburg kein Wort

gesprochen hatte. Natürlich muste ich ihrs sagen, daß es mein Ernst sey, sie glüklich zu machen. Aber wo solte ich die Sprache der Liebe
hernehmen, die mir noch so fremd war, wie das
arabische? Nach langem Herumsinnen schlug ich
endlich verzweiflungsvol mein Auge auf mein
Repositor, wo einige Duzzend Bücher paradirten,
ob etwa da ein Tröster mir lächeln möchte. Und
siehe da, ich fand — Gottscheds vernünftige
Tadlerinnen.

Wer war froher, als ich. Zweimal las ich
das Buch durch. Zweimal haschte ich auf jeder
Seite jeden Ausdruk und schrieb ihn auf, der
irgend Freundschaft und Liebe bezeichnete. Und
durch dies Studium bekam ich einige Bogen vol
der schönsten Redensarten, mit und ohne Blu-
men, die alle zwar da lagen, wie Kraut und
Rüben, aber auch von einem Genie meiner Art,
wie ich glaubte, nur geordnet zu werden brauchten, um Steine zu schmelzen und alte Eichbäume
in Bewegung zu sezzen.

Ich sezte mich und arbeitete meinen Cento.
Drei Tage schwizte ich, wie Herkules, da er

Augias Stall feate. Endlich aber stand auch dafür ein Liebes-Brief auf dem Papiere, welchen,
meiner Einbildung nach, kein Gökking an sein
Rantchen herzbrechender schreiben konte. Ich
kaufte einen Bogen Papier mit goldnem Schnitt,
à 6 Pf., brachte fast einen Tag mit der Kopie zu,
und — schifte ihn, mit hochklopfendem Herzen —
auf die Post.

Aber nun ging erst die Unruhe recht an. Nun
dachte ich mir beständig Luisen bei dem Empfang
meines Briefes. Nun sah ich sie holdselig lächeln.
Nun entdekte ich eine Thräne, die ihrem schönen
Auge entfiel vor lauter Freuden, daß Gott in ihrem
hohen Alter noch so glänzend sie versorgte. Kurz,
ich konte nicht eher etwas anders im Kopfe haben
als Luisen, bis ihre Antwort eingelaufen war.

Eine Ewigkeit von vierzehn Tagen hatte ich
geharrt, und gehoft und geseufzt, und beinahe
schon die Hofnung aufgegeben, als endlich eines
Morgens früh Herr Kunz in meine Stube trat,
und einen Brief in der Hand hielt. Ich zitterte
wie ein Espenlaub, da ich einen Brief von Luisen
ahndete, und den gleichwol den Händen eines
Men-

Menschen anvertraut sahe, welcher mir schon als
Spottvogel manche kleine Demüthigung gemacht
hatte. — Hier ist ein Brief, sprach er, und
blieb, wie ein Satyr gestaltet, an der Thüre stehen.

Ich erbreche, ich lese — welch ein Schlag.
„Mein lieber Herr Bahrdt, ich muß es Ih-
„rer Jugend und Unerfahrenheit zuschreiben,
„daß sie mich in die Versuchung gesezt haben,
„Ihnen auf einen Liebesbrief zu antworten.
„Haben Sie auch bedacht, daß ich Ihre
„Mutter seyn könte? Ich verspreche Ihnen,
„Ihren Brief zu Ihrer Ehre zu verbrennen,
„wenn Sie mir versprechen wollen, nie wie-
„der eine solche Thorheit zu begehn, und,
„für diese gutgemeinte Offenherzigkeit, Ihre
„fernere Freundschaft zu schenken

                    Ihrer

                            aufrichtig ergebenen
                                Luise.”

Diese Arzenei wirkte. Jezt fiel es mir zum
erstenmal in meinem Leben ein, daß ich doch wol
ein Thor seyn könte, der sich bisher eingebildet

I. B.   M

hatte, zu Spielung eines Romans Geschikke zu
haben, der aber in der That sich überal lächerlich
gemacht hatte. Diese Betrachtungen wurden immer ernstlicher, und so beschloß ich endlich, alle
diese Versuche, mir jezt schon ein Mädchen eigen
zu machen, so sehr es Bedürfniß meines Herzens
zu seyn schien, aufzugeben, und die Zeit zu erwarten, wo meine äußerliche Person so wol als meine
Geisteskraft mehr Reife dazu haben würde.

Achtzehntes Kapitel.

Fausts Höllenzwang.

Es war im Anfange des siebenjährigen Krieges,
ohngefähr im zweyten Jahre desselben, da meine
Phantasie von einem neuen Gegenstande erfült,
und beinahe ganz gefesselt wurde.

Ich wohnte mit meinem Bruder wieder in
meines Vaters Hause (denn die Fr. D. Plazin
hatte sich sehr bald an uns gesätigt) als ein Student mich besuchte, und mir den Antrag that,

Fausts Höllenzwang zu kaufen, oder einen Kauf-
man dazu ihm zu verschaffen. Ich kante das
Buch nicht, ward aber vol heisser Begierde, es
zu besizzen, da mir der Student sagte, daß es
eine volständige Beschreibung der Geisterwelt ent-
halte und Anweisung gebe, wie man mit den Geistern bekant werden, und sie zwingen könne, alles
zu thun, was man verlange.

Meine Einbildungskraft associirte sogleich
diese Beschreibung, mit allen den feierlichen Vorstellungen von Geistern und Dämonen, womit mein
akademisches Orakel, der Philosoph Crusius, meinen Kopf bereits angeschwängert hatte. Ich fühlte
schon eine Art von Seligkeit, wenn ich bedachte,
daß ich aus diesem Buche von den Geistern mehr
noch erfahren würde, als Crusius mir hatte sagen
können, welcher meine Wißbegierde nur erhizt,
aber nie befriedigt hatte. Ich empfand einen gewissen Stolz bei dem Gedanken, daß ich nun mit
den höhern Geistern Umgang haben, und mir
Schäzze der Welsheit und des Mammons, ohne
allen Aufwand an Geld und Kopfanstrengung,
durch sie würde verschaffen können.

Mit diesen aus Durst nach höherer Weisheit und selbst aus einer Art von Andacht und Pietät entstandenen Betrachtungen, verband sich mein Hang zu großen Projekten und glänzenden Aussichten, den der Schneider Ernst mir in die Seele geplaudert hatte, und entzündete in mir den feurigsten Wunsch, dieses Buch in meine Hände zu bekommen.

Ich hatte seit der ersten Nachricht Tag und Nacht keine Ruhe dafür. Immer schwebten mir die Geister mit allen ihren Herrlichkeiten vor Augen, welche der Mensch durch sie erlangen solte. Und unaufhörlich sann ich auf ein Mittel, dieses Schazzes, es koste auch was es wolle, mächtig zu werden. Denn ich war fest überzeugt, daß ich mit diesem Buche alles mir erwerben könte, was ein Sterblicher hienieden sich zu seiner Glükseligkeit wünschen mag.

Ohnfehlbar hatte auch meine Armuth Theil an dieser Flamme, die mich verzehrte. Denn das Buch solte auch die Mittel enthalten, sich ganze Scheffelsäkke vol Gold und Silber zu erzeugen. Was konte also ein junger Mensch, dessen Kopf so

voller Unternehmungen war, und der doch nur
über wenige Groschen Wochengeld zu gebieten hat=
te, sehnlicher und brennender wünschen, als eine
solche Quelle des Ueberflusses.

Der Student ließ mir Zeit, mich zu besinnen.
Er kam alle Tage und erzählte mir von dem Buche
und sprach jedesmal in einem Tone davon, als
obs ein Heiligthum wäre, welches selbst mit gro=
ßer Behutsamkeit angesehn, und begriffen werden
durfte. Die Summe, welche der Besizzer forder=
te, war, wie er vorgab, fünfhundert Thaler.
Der Besizzer selbst wurde verschwiegen. Es — ist
ein Fremder, hieß es, der es in Dresden aus der
gräflich = Brühlschen Bibliothek entwendet hat. Er
sezte hinzu, daß es der Graf v. Brühl vor einigen
Jahren aus Venedig erhalten, und mit tausend
Thalern bezahlt habe.

Dieser Schaz überstieg meine ökonomische
Kraft, aber nicht meine Erfindungskraft. Ich ging
mit meinen Brüdern, und einem gewissen armen
Studenten, Namens Funk, zu rathe, ob dies Buch
wol in der Geschwindigkeit abzuschreiben sey.
Funk, der als ein äußerst armer Mensch alles in

M 3

der Welt wagte, wenn er nur die mindeste Aussicht bekam, aus seiner traurigen Lage in eine er-
träglichere versezt zu werden, war bereit, einige
Nächte Schlaf zu opfern. Meine Brüder stimten
ein. Und nun war das Projekt fertig.

Ich meldete dem Inhaber des Heiligthums,
daß ich endlich einen preußischen vornehmen Officier gefunden hätte, welcher große Lust bezeigte,
das Buch zu kaufen: er sey bereit achthundert
Thaler baar zu bezahlen, wenn es der ächte Höllenzwang wäre: er verlange daher, es nur einige
Augenblikke in Händen zu haben, und seine Au-
thenticität zu untersuchen: er wolle aber durchaus
sich nicht entschlüssen, seine Person bei so einem ver-
dächtigen Handel kentlich werden zu lassen, und
habe mir es daher zur Bedingung gemacht, daß
ich ihn in einem Nebenzimmer verbergen, ihm das
Buch zeigen, und wenn ers für ächt erkenne, das
Geld sogleich in Empfang nehmen, ihn selbst aber
ungesehn durch eine Hinterthüre entlassen solle.

Der Student, durch den Ueberschuß von drei-
hundert Thalern, die er mit mir theilen solte, ge-
blendet, bemerkte nichts von den Unwahrscheinlich-

keiten meines Antrags. Er glaubte mir und ver=
sprach, auf einen gewissen Tag das Buch zu brin=
gen, und besichtigen zu lassen. Und ich wieder=
holte ihm zu seiner Beruhigung das Versprechen,
daß das Geld vorher schon aufgezählt liegen solte.

Am Abend des gesezten Tages, in der Däm=
merung erschien zitternd der Student mit seinem
Faust unterm Arme, den er in zehnfaches Papier
und dreifache Tücher eingeschlagen hatte, damit
der Geisterduft nicht herausgehen, und Unheil in
einer Priesterwohnung anrichten möchte. Denn
es war ihm wirklich nicht anders zu Muthe, als
ob er die Geister selbst in einer Schachtel hätte,
welche, gleich dem stärksten Weingeiste, der vom
Annähern der Luft sich entzündet, von der gering=
sten Erschütterung oder Berührung herausfahren,
und Tod und Verheerung anrichten könten.

Mit größter Behutsamkeit wurde langsam je=
der Umschlag abgelöset, bis endlich die korduanene
Kapsel hervor kam, welche das Geisterheer verschloß.
Auf dem Gesicht des Studenten stund der Angst=
schweiß, da er die Kapsel mir übergab: und zit=
ternd und bebend sahe er mich mit dem Schazze in

M 4

das Nebenzimmer gehn, wo der Officier, seiner
Meinung nach, schon mit dem Geldsakke ange=
kommen war.

Aber ich, so wie das heilige Buch in meinen
Händen war, flohe wie ein Pfeil durch die Hin=
terthüre nach dem Paulino, wo Funk mit meinen
Brüdern bereits in ängstlicher Sehnsucht meiner
harrten. Eine ansehnliche Portion Studentenkost
von Kaffe, Zukker, und Semmeln war in Bereit=
schaft, uns in diesem Gefängnisse drei Tage und
drei Nächte zu beköstigen. Es war eine Stube,
deren Besizzer verreißt war, wo wir mit unglaub=
licher Hizze den ganzen Höllenzwang abschrieben.
Wir schnitten die Hefte (es war Manuscript) aus
einander, und theilten sie unter uns. Und ich
übernahm das wichtige Geschäft, die Teufel nebst
allen Kreisen, Sigillis, Pentaculis Salomonis,
und wie all die Dinge heißen, am Fenster abzu=
zeichnen, und dann mit rother oder schwarzer Tinte,
der Farbe des Originals gemäß, auszufüllen.

Man stelle sich die Angst vor, in welche wir
den Studenten indessen versezt hatten. An dem
Abende, wo ich ihm entrann, stand er fast zwei

Stunden an der Thür und horchte — bald vor
Furcht um sein Buch zu kommen gequält, bald von
der Hofnung, hundert und funfzig Thaler zu erobern
wieder erquikt — und harrte und seufzte —
wolte doch es nicht wagen , die Thür zu öfnen,
und den Zorn des preußischen Officiers auf sich zu
laden. Endlich aber sieget die Angst wegen des
möglichen Verlusts des Buchs, und er drükt an
die Klinke — drükt wieder — klopft leise —
murmelt meinen Namen — ruft ihn laut —
pocht förmlich an — pocht stärker — stößt mit
dem Fuße an die Thür, und — fühlt so immer
höher steigende Beklemmung bis zur Todesangst. —
Nun macht er Lermen in Hause. Mein Vater er‍-
wacht. Das Gesinde fährt auf. Es war bald
eilf Uhr und niemand erwartete, daß noch jemand
fremdes im Hause sey. Der arme Mensch hört
rufen. Er nähert sich weinend meinem Vater, und
klagt ihm seine schrekliche Bestürzung. Man zündet
Lichter an. Man öfnet das Zimmer, welches ich hin‍-
ter mir zugeriegelt hatte, mit Gewalt, und erstaunt,
daß alle drei Herren Söhne nicht zu finden wa‍-
ren. Mein Vater war sicher, daß ich das Buch
nicht zu stehlen im Sinn haben konte. Denn er

kante mich zu gut, als daß er mich einer eigentlichen Niederträchtigkeit hätte für fähig halten sollen. Er vermuthete blossen Leichtsin und allenfals Wisbegierde, die mich verleitet haben dürfte, mit dem Buche zu entfliehen um es ruhig zu lesen, oder einiges daraus abzuschreiben. Denn es waren ihm schon einige solche Reiskische gelehrte Diebstähle von mir bekant. Er that also alles, den Studenten zu beruhigen, konte es aber nur mit der äußersten Mühe dahin bringen, daß der Mensch weinend und händeringend das Haus verließ, und sich in seine Wohnung verfügte.

Aber am folgenden Tage, da man bis Abends uns vergeblich erwartet hatte, und durch alle mögliche Erkundigungen unser Aufenthalt nicht zu erfahren gewesen war, stieg die Angst des Studenten schier bis zur Verzweiflung, da selbst mein Vater nicht mehr wuste, was er zu seinem Troste ihm sagen solte.

Und warlich wir verdienten die härteste Züchtigung, daß wir diese Tragödie drei Tage fortspielten, und unsre Eltern in solche Verlegenheit, den Studenten aber in wahre Gefahr sezten, uns sinnig zu werden. Aber unser guter Vater ließ sich von mir besänftigen, da er seinen Carl nur wiedersahe und vernahm, daß wir nichts bösers gethan hatten, als die Copirung des Buchs. Es ist ein alzugroßer Schaz, bester Vater, sagte ich ihm mit meinem ganzen Feuer, worüber Crusius sich freuen wird. Ich konte der Begierde nicht wiederstehn, ihn zu besizzen. Sie werden selbst erstaunen und sich freun, alle Geister so kennen zu lernen. Ich habe sie nun sämtlich nach allen ihren Gestalten und Erscheinungen. O ich habe ein Kleinod, das mir lieber ist als eine Tonne Goldes. Vergeben Sie mirs. Die Versuchung war zu groß. Ich habe ja weiter keinen Schaden gethan. Ich wil dem Menschen sein bischen Angst schon vergüten. Er hat ja sein Buch unversehrt wieder.

Tragisch war die Geschichte meiner Besiznehmung von D. Fausts Höllenzwange, aber desto komischer die Geschichte des Gebrauchs, den ich von diesem Buche machte.

Neunzehntes Kapitel.

Meine Versuche im Geisterreiche.

Man sagt oft, es sey kein Uebel in der Welt, das nicht zu etwas gut sey. Und ich habe das unzähligemal und auch bei dieser jugendlichen Thorheit erfahren. Die Vorsehung benuzte diese meine Albernheiten zu meiner Vervolkomnung. Sie begann damit die Heilung meiner Seele von der Schwärmerei, mit welcher Crusius mich so völlig inficirt hatte, daß ich sicher zeitlebens ein Phantast mit Genie geblieben wäre, wie Crusius selbst war, und wie mir viele seiner Schüler, z. B. der selige Prof. Schmidt in Wittenberg, der Archidiakonus Teller in Zeiz u. a. m. bekannt sind.

Mit wahrem Heißhunger fiel ich nun über das so sauer erworbene Kleinod her, und studirte es Tag und Nacht mit solcher Emsigkeit, daß ich es schier auswendig lernte. Denn es befriedigte nicht blos meine Wisbegierde, sondern flößte mir zugleich eine gewisse Ehrfurcht gegen den Verfasser ein.

Gleich die Vorrede oder Einleitung erfüllte mich mit einem heiligen Schauer, und ertödete in mir alle Gedanken des Mistrauens gegen Betrug, oder Schwärmerei. Ich las da Dinge, welche lauter Pietät und Tugend athmeten. „Ich Faust, hieß es z. B. habe durch Gottes Gnade mir große Kentnisse erworben, und habe durch Gebet und geistliche Uebungen es so weit gebracht 2c." Das war warhaftig für meine damalige Art von Frömmigkeit mehr als zu einladend.

Und wie herrlich waren erst die Erfordernisse, welche Faust für einen Menschen festsezte, der sich die Macht erwerben wolte, Geister vor sich zu laden, ihre wilden Karaktere zu bändigen, mit ihnen sich zu unterhalten und sie zur Volbringung seiner Befehle zu nöthigen. — „Wer die Geister zwingen wil, hieß es, muß fleißig zu Gott beten — er muß, ehe er eine Citation vornimt, das heilige Abendmahl mit wahrer Herzensandacht genies= sen — er muß sich acht Tage vorher aller Unrei= nigkeit und selbst des ehelichen Beischlafs enthal= ten — er muß sich dabei auch der körperlichen Reinigkeit befleissigen und vornehmlich in reiner Wäsche erscheinen — er muß ein kindliches Ver= trauen zu Gott fassen und mit Unerschrokenheit und festem Muthe die Geister behandeln u. s. w.

Hierauf folgte ein weitläuftiges Detail, à la Pezold, über die Zahl, Macht, und Rangordnung der Geister, welches mit solcher Zuversicht angegeben und so pünktlich auseinander gesezt war, daß man den D. Faust schlechterdings für einen Vertrauten der Geister halten und ihm einen eben so genauen Umgang mit ihnen zuschreiben mußte, wie sein Gevatter Schwedenborg vorgegeben hat.

Das Geisterreich hatte, nach Fausts Angabe, eine sehr große Aehnlichkeit mit der deutschen Reichsverfassung: wie es auch wol natürlich war, da Faust, als ein Deutscher, doch wol seine Geister auf die nämliche Art angegaft haben wird, wie sie der Franzos oder Engländer angukken würde, bei denen man ohnfehlbar eine französische oder englische Verfassung finden müßte.

„Die Geister, sagt Faust, stehn alle unter sieben Kurfürsten, denen die Grafen und Barone untergeordnet sind. Die sieben Kurfürsten heißen Ariel, Mephistophiel, Barbiel u. s. w. Der eine dieser Groß= oder Kurfürsten hat die Macht über alle Wissenschaften und Kentnisse der Men-

schen, und kan dir, mein christlicher Leser, wenn
du die Kunst verstehst, ihn zu zwingen, (er ist
aber ein sehr unbändiger Geist,) in einem Mo=
ment alles lehren und beibringen, was du dir
wünschest." Ha, dachte ich, bei mir selbst, das
ist ein nüzlicher Bursche. Du brauchst keine Bü=
cher, keine Kollegia, kein mühsames Studiren
mehr. Der sol dir Dogmatik, Polemik, prophe=
tische Theologie, Kirchen = und Kezzergeschichte und
alles, was du zum großen Mann brauchst, in we=
nig Tagen mittheilen. Welche Freude! Für die=
sen Geist ist das Buch allein viele tausende werth.

„Der zweite Kurfürst hat Macht über alle
Herzen der Menschen und weiß ihre verborgensten
Gedanken zu erforschen und nach seinem Gefallen
zu lenken. So du ihn zwingen kanst und nur vor
seiner ersten Erscheinung nicht erschrikst, denn er
ist etwas gräßlich, so kanst du von ihm nicht nur
alles erfahren, was in der Welt vorgeht und die
verborgensten Anschläge der Menschen entdekken,
sondern du kanst auch durch ihn jedes Menschen
Gunst und Liebe erlangen, so daß er dir auf das
beständigste und eifrigste ergeben seyn muß." —

O wie schön! dacht ich, nun brauche ich ja über
keinen Liebesbrief mehr zu schwizzen und mich
mit Projekten zu Mädcheneroberungen zu plagen:
nun wähle ich mir die schönste und reichste Jungfrau, die in ganz Sachsen zu finden ist, und befehle dem Geiste mein Anliegen, so ist ihr Herz
mein und sie muß vor Liebe sterben oder mir selbst
ihre Hand anbieten. Und dann seufze ich auch
nicht mehr nach jener Folianten füllenden theologischen Gelehrsamkeit, um einmal ein lumpigter
Professor zu werden. Nein! jezt nichts geringers
als eine Excellenz! Denn ich kan nun durch meinen Geist alle Geheimnisse der Kabinetter auf meinem Sofa erfahren und als Staatsminister oder
Gesandter — Wunder thun.

„Der dritte Kurfürst, sagt Faust, ist über
alle verborgne und unsichtbare Schäzze gesezt und
kan dir, so du Macht über ihn bekomst und die
Geissel der Geister recht gebrauchen lernst, alle
Schäzze verrathen, die in der Erde verborgen liegen. Ja du kanst ihn zwingen, daß er dir ge-
münztes oder ungemünztes Gold auf deine Stube
bringen muß, so viel du magst." — O weg nur,

dachte

dachte ich nun, mit allen übrigen Geistern. Das
sol mein Mann seyn. Was sol ich mich am Hofe
geniren und mich unter den Excellenzen herumhu-
deln lassen und Fürstenlaunen dulden. Nein, dieser sol mir täglich soviel Geld liefern, daß ich wie
eine Excellenz leben und wolleben kan, ohne wie
eine Excellenz kommandirt zu werden.

Nachdem so der D. Faust mich gelehrt hatte,
was mit den Geistern anzufangen sey, wenn man
sie zu zwingen verstünde, so studierte ich nun die
Zwangmethode, die er mir vorschrieb. Aber hier
fand ich wider Vermuthen eine Menge Schwierigkeiten, die mich fürchten ließen, daß ich wol
sobald keine Probe würde anstellen können. Denn
da waren der Vorschriften, der Regeln, Kaute-
len, und Erfordernisse soviel, daß mir der Kopf
warm wurde und — mein armer Beutel sich em-
pörte. Da muste man soviel Pfunde englisch Zin
haben, um sich die Sigillen und Pentakula Salomonis zu verfertigen. Da mußte man ein Ku-
pferstecher seyn, oder einen in Sold nehmen können, um auf diese zinnerne Heiligthümer die Karaktere stechen zu lassen, in welchen die magische

I. B.   N

Kraft enthalten war. Da muste man soviel Jung=
fern=Pergament kaufen, um die Kreise davon zu
machen und zu beschreiben. Da muste man ein
gelernter Astronom seyn, um jede Minute des
Aufgangs und Eintritts jedes Gestirns berechnen
zu können, weil alles was man kaufte, schrieb,
stach, und sonst verrichtete, in einer gewissen Mi=
nute des Eintrits eines himlischen Zeichens oder
Gestirns gekauft, geschrieben, gestochen und ver=
richtet werden mußte.

Da sank nun freilich mein Muth, weil mir
es alzusehr einleuchtete, daß ich mit großer Mühe
(der ich auf mein ganzes Leben durch den D. Faust
entübrigt zu bleiben gehoft hatte) die nöthigen
Kentnisse mir erwerben und mit fast unübersteigli=
chen Hindernissen würde kämpfen müssen, um alle
das Geld aufzutreiben, was die Anschaffung der
exorcistischen Geräthschaften erfoderte.

Gleichwol brante ich vor Begierde und
Sehnsucht, von meinem Buche Nuzzen zu ziehen
und zwar bald. Ich ließ also vor der Hand den
ganzen ersten Theil des Höllenzwanges liegen, wel=
cher Magia innaturalis überschrieben war, und

las geschwind den zweiten durch, der Magia na-
turalis hieß: in Hofnung, daß da der Weg zum
Glük müheloser seyn werde. Und so schien es auch.

Ich fand da weit kürzere Vorschriften und
weit weniger Erfordernisse. Die Formeln der
Beschwörung bei dem El, Schadai, Elohim,
Jehovah, Trismegistos, Eloha, Zebaoth, Ky-
rios, Kadosch u. s. w. waren nicht so lang und
folglich leichter auswendig zu lernen. Ja einige
Kunststükke erfoderten gar keine Beschwörung. Es
bedurfte auch keiner Kreise, in die man mit langen Gebeten eintreten, keiner magischen Behänge,
mit denen man sich gegen die Tükke der Geister
verwahren, keiner Geissel, mit der man die Geister durchhauen und zum Gehorsam zwingen
mußte. Kurz, hier schien ich, ohne neue Kentnisse und Kosten, die Geister zwingen und mich
durch sie glüklich machen zu lernen.

Das erste, was mich reizte, waren die kleinen Erdgeister, von denen Faust versicherte, daß
sie leicht zu haben wären, und daß man so einen
Burschen zeitlebens wie einen Bedienten bei sich

behalten und zu allem gebrauchen könne. Ich versuchte daher heimlich eine Citation, die auf einem Kirchhofe geschehen mußte und — bekam keinen Geist zu sehen und zu hören.

Hierauf fand ich ein Stük, wie man in allen Spielen gewinnen könne. Ei, das ist ja eben so gut, dachte ich, als der Schazgeist. Du darfst ja nur einige Messen hintereinander Gabrielen oder Polenzen die Bank sprengen, so hast du auch, was du brauchst, um im Besiz eines Ritterguts, dich wol zu befinden. Ich that also gleich, was vorgeschrieben war. Ich kaufte ein Stükchen Jungfernpergament, schafte eine weiße Taube an, riß ihr mit Aussprechung gewisser mir unverständlichen Worte den Kopf ab, und schrieb auf das Pergament mit ihrem Blute die Karaktere, welche Faust mir angegeben hatte. Nun band ich vorschriftsmäßig unter meinen linken Arm aufs bloße Fleisch, zog meine besten Kleider an, wanderte in eine Geselschaft, wo gespielt wurde, ließ mich in hohes Spiel ein, um meine Wunderkraft zu probiren und — verlor alles Geld, was ich hatte und blieb noch einige Thaler schuldig.

Und noch war ichs nicht müde, mich von dem elenden Mönche äffen zu laffen, der wahrſcheinlich das ganze Buch zuſammengeſchmiert hatte: (denn alle die deutſchen und lateiniſchen Zauberbücher, welche mit Gebeten und Abendmahlgehen und bi= bliſchen Sprüchen täuſchen, ſind Kloſterprodukte müßiger und abergläubiſcher Mönche.) Ich trieb das Studium der Magie, wie ichs damals nannte, faſt ein halbes Jahr **und** erhizte mir meine Phan= taſie ſo, daß es jeden andern, in dem eine gerin= gere Portion des aufdämmernden Vernunftlichts war, vielleicht zum Tolhauſe reif gemacht ha= ben würde.

Nur erſt nach vielen Verſuchen, die mir alle mislungen waren, ermannte ſich endlich der ver= nünftige Gedanke in mir, daß al das Ding Be= trügerei ſeyn dürfte: und der lezte brachte ihn zur Reife und Wirkſamkeit.

Ich ſtieß nämlich zulezt auf das Kunſtſtük, ſich unſichtbar zu machen und wurde durch daſſelbe, weil es alle andere Künſte der Magie entbehrlich zu machen ſchien, dermaßen gereizt, daß ich mein ſchon gethanes Gelübd, alle dieſe Poſſen aufzuge=

N 3

ben, noch einmal brach und es zu verfuchen be=
fchloß. Vielleicht, dachte ich, haft du felbft bei dei=
ner Flüchtigkeit manches bisher verfehn: vielleicht
bift du nicht rein genug für den Umgang mit Gei=
ftern: u. f. w. Dergleichen Betrachtungen be=
wogen mich, den armen Funk bei diefem lezten Ver=
fuche anzuftellen, weil ich von dem gewiß zu feyn
glaubte, daß er ein reiner Junggefelle war, daß
er fleißig kommunicirte, kurz, daß ihn nichts zum
Exorciften inhabil mache, als fein körperlicher
Schmuz, der ihm eigen war.

Funk alfo, der wie gefagt, aus Armuth alles
that, mußte fich zum Exorcismus entfchließen.
Er mufte feinen Leib baden. Er mußte fich in
weiße Wäfche kleiden. Mit einem Worte, wir
bereiteten ihn zu dem heiligen Werke fo vor, daß
kein Geift an ihm etwas zu tadeln haben konte.

Die Vorfchrift war diefe. An einem gewiffen
Morgen, beim Eintrit eines gewiffen Geftirns,
mußte der Exorcift in einem weiß überzognen Bette
liegen. Neben dem Bette mußte ein ganz neuer
Tifch ftehen, mit einem ganz neuen weißleinenen
Tuche bedekt, und auf dem Tifche eine neue Kohl=

pfanne. Auf den Kohlen mußte Räucherwerk anges
zündet, und vorher alles mit Weihwasser besprengt,
und eingesegnet werden. Hierauf solte der Exors
cist die Formel der Beschwörung dreimal lesen,
und dann — würde eine große Horniße geflogen
kommen, welche einen Ring im Munde führen,
und auf den Tisch fallen lassen würde, welcher den,
der ihn trüge, unsichtbar machte.

Das alles leisteten wir. Nur das Weihwasser
machte Schwierigkeit. Aber mein Bruder schafte
es. Er war sehr lang von Körper, und konte also
am besten die Operation vornehmen. Er ging in
die katholische Kirche auf der Pleissenburg, wäh=
rend der Predigt, stelte sich mit seiner langen Fi=
gur an die Ekke der Thür, in dem Winkel, da
das Gefäß mit dem Weihwasser befestigt war,
reichte mit dem Arme hinter sich, senkte ein Gläs=
chen ins Gefäß, und ließ es vol laufen. — Hoch=
erfreut kam er nach Hause, und entzükte uns alle
mit der Nachricht, daß er glüklich eine Dosis
Weihwasser wegpraktizirt habe.

Nun war alles in schönster Ordnung. Wir
legten uns an dem Abende vor dem großen Mor=

gen, der uns alle glüklich machen solte, zu Bette und pflanzten unsern Funk in eine Kammer neben uns, damit wir alles hören und ihm den Ring gleich abnehmen könten. Keiner that diese Nacht ein Auge zu. Denn es war uns Angst, weil Faust gedroht hatte, daß der Exorcist unglüklich werden könne, wenn er etwas versähe. — Endlich schlugs fünf Uhr, und unser Funk hub seinen Spruch an: „Ich Carl Elias Funk, beschwöre dich Saladiel, bei dem Jehovah, Eloha, Elohim ꝛc.” Das wiederholt er dreimal und schwieg. Wir — horchten, ob der Geist dem armen Funk ein Stük Fleisch abgerissen habe, zitterten vor Furcht und Hofnung — öfneten, da er still ward, die Thür ein wenig — blikten — sahen den Funk wolbehalten — gingen hinein, und — Funk hatte nichts. Die Horniße und der Ring waren aussengeblieben.

Ich kan es nicht ausdrükken, wie tief und fest sich jezt auf einmal der Unglaube gegen alles, was Geist und Gespenst und Erscheinung und Umgang mit Geistern hieß, in mir einwurzelte. Nun war es für mich auf ewig ausgemachte Wahrheit,

daß alle diese Dinge Betrug oder Schwärmerei,
d. h. Täuschungen einer erhizten Phantasie sind.
Und ich philosophirte ganz richtig, daß alle diese
Proben ohnmöglich ganz ohne allen Effekt hätten
bleiben können, wenn nicht die ganze Geisterseherei
Erfindung schurkischer Pfaffen und Mönche wäre.
Denn, wenn es einmal Geister giebt, welche sich citiren lassen, wenn die Nennung aller Namen Gottes
sie konjurirt, wenn Gebet, Weihwasser und dergleichen Dinge auf sie wirken, und wenn diese Geister, wie mein Faust versicherte, und alle solche
Bücher behaupten, bei jeder Beschwörung zur
Hand sind, und dem Exorcisten, wenn er der
Sache nicht gewachsen ist, wenigstens zu schaffen
machen, oder ihn wol gar beschädigen, und auf
jeden Fall ihr Daseyn zu erkennen geben; so müßte
sich, dachte ich bei mir selbst, doch etwas merklich
machen, bei so vielen und ernstlichen Versuchen,
die ich angestellt hatte; oder die ganze Sache
ist — Posse.

Und bei diesem Glauben bin ich von Stund
an geblieben. Ich war schon vorher ziemlich beherzt, welches man aus dieser ganzen Geschichte

N 5

meiner Geisterseherversuche erkennen wird, aber
ich ward es nun weit mehr, und verlor meinen
ganzen Rest von Furcht vor Teufeln und Ge=
spenstern.

Zwar hörte ich darum nicht auf, ihr Daseyn
zu glauben, denn das hatte mir Crusius aus der
von ihm erklärten Bibel zu tief eingeprägt: aber
es schoß doch, vermittelst dieser Geschichte, der
erste Keim von Aufklärung in mir hervor. Meine
Vernunft nahm gleichsam zum erstenmal Plaz auf
dem Richterstuhl der Wahrheit. Und wenn ich
gleich noch lange Zeit hernach ihres vollen Lichts
beraubt, und in vielen Stükken ein krasser Schwär=
mer blieb; so war doch nun ein Funke angeschla=
gen, der sich nach und nach immer mehr vergrö=
ßerte, immer mehr Nahrung bekam, und in kur=
zem manche Zellen in meiner Ideenmasse helle
machte.

Meinen Faust pakte ich ein, und betrachtete
ihn als ein Monument der menschlichen Dumheit,
und Betrügerei, das blos seiner Seltenheit wegen
aufgehoben zu werden verdient.

Mit dem armen Funk spielten wir noch eine Comödie zur Schadloshaltung, welche ich noch jezt bereue, weil sie ihm hätte das Leben kosten können. Wir benuzten seinen Aberglauben dazu, daß wir eine Geistererscheinung selbst veranstalteten. Wir legten des Abends, wo Funk sich einzufinden pflegte, einen Perükkenstok in meines Bruders Bett, mit dessen Nachtsachen angethan, und gaben vor, der Bruder sey krank und eben eingeschlafen. Er aber hatte sich in weisse Tücher eingehült, und zog auf dem Gange und Boden als Gespenst herum, und machte ein immer lauter werdendes Geräusch. Wir stellten uns erschrokken, und äußerten gegen Funk, daß seine Beschwörung vielleicht nun erst wirke. Der arme Mensch fieng an zu zittern, und zu beben, und wie das Gespenst oder der Geist sich immermehr unserer Stubenthüre näherte, so nahm auch seine Bangigkeit zu, daß ihm endlich der Angstschweiß am Gesichte herab triefte. Nachdem wir eine Zeitlang durch allerlei bedenkliche Reden seine Furcht vermehrt, und ihn überredet hatten, daß der Geist ganz gewiß um seinetwillen gekommen sey, und daß er sich nun beherzt entschlüssen müße, sich mit ihm einzulaſſen; ſo rukte der Geiſt mit gräßlichen Gepolter an der Thür, und nannte mit einer hohlen Stimme Funks Namen. Und nun fiel der arme Mann klappernd wie im Fieberfroſt, auf ſeine Knie und hub an, alle Liederverſe herzubeten, welche er zur Verbannung des böſen Geiſtes aufzubringen wuſte. Aber das Beten half nichts. Der Geiſt that zwar, als wenn ihn das Beten einige Schritte zurüktriebe, allein er drängte ſich immer wieder heran, und rufte endlich mit einem fürchterlichen Tone: Funk, komm und empfange dein Glük, oder du muſt ſterben! Jezt ſank der halb todte Menſch wieder nieder und wolte beten, aber wir fuhren ihn zornig an und beſtunden darauf, er müſſe ſchlechterdings ſich Herz faſſen, und den Schaz vom Geiſte annehmen. Kurz, nach vielen Zureden und Beängſtigungen raft er ſich auf, geht nach der Thür, faßt die Klinke mit den Worten, im Namen Gottes des — — — öfnet die Thür und empfängt — ſtat des Schazes, ein lautes Lachen und Händeklatſchen der Geſelſchaft. — Aber bei dem entſezlichen Lermen, der hier entſtand, kam unſer Vater herauf und beſtrafte uns ernſtlich wegen eines Streiches, welcher unter allen Muth-

willigkeiten der Jugend, einer der gefährlichsten
war: da plözlicher Tod oder die fallende Sucht
in vielen Fällen die unglükliche Folge solcher
Unbesonnenheiten ist.

Zwanzigstes Kapitel.

Meine erste Predigt.

Es wär, wo ich nicht irre, das Ende meines
siebzehnten Jahres, welches mir durch die erste
Predigt merkwürdig geworden ist. Der mehrgedachte M. Hofmann, war der Stifter dieses großen Unternehmens. Er ermunterte mich selbst
dazu, da er, ohngeachtet meiner Jugend, so viel
Feuer und Herzhaftigkeit an mir erblikte, eine
Predigt zu versuchen. Und er erbot sich, bei dem
Pastor Hofmann in Tauche, (der Residenz der
Tischer und Besenmacher) die Erlaubniß dazu mir
zu bewirken.

Eitelkeit, Dreisigkeit und Zutrauen auf
meine Kräfte, auch wol der Wunsch, meinen Eltern

eine Freude damit zu machen, bewogen mich au=
genbliflich, den Vorschlag anzunehmen, ohngeach=
tet ich weder Moral, noch Dogmatif, noch Homile=
tif verstund. Denn es dünkte mich, was auch
wol so gar irrig nicht seyn mag, wiewol es sehr
parodog klingt, daß jeder vernünftige Mensch,
welcher die algemeinen Religionskentniſſe gefaßt
hat, und durch ein wenig Lektüre im Stande ist,
seine Gedanken zusammenhängend und verständlich
mitzutheilen, eine Predigt zu machen und zu hal=
ten, eben so gut Fähigkeit als Beruf hat: und
daß zum Predigen wenig oder nichts von dem allen
erfodert wird, was unsre theologischen Studenten
auf Universitäten lernen: wie ich in meiner Schrift
über das theologische Studium erwiesen zu
haben glaube.

Genug, ich verarbeitete ein Thema über das
Evangelium am dritten Pfingsttage und memorirte
meine Oration so scharf, daß ich sie im Traume
hersagen fonte. Und nun gieng ich, ohne alle
Furcht und Unruße, mit meinem Hofmann, den
Sonnabend vor dem Feste, nach Tauche, und
wurde jvom Pastor Hofmann freundschaftlich auf=
genommen und bewirthet.

Aber wo kein Mensch Arges denkt, da hat die Liebe ihr Spiel. — Ich war kaum ins Haus eingetreten und hatte die Frau Pastorin erblikt, so klopfte mir auch schon das Herz, und — ich war von dem Augenblikke an mit ihr allein beschäftiget.

Ein zwar kleiner und schwacher, aber doch feuriger und wol figurirter Jüngling, (ich möchte Knabe sagen) konte ja wol einer jungen Frau gefallen, welche halb so alt, als ihr starkbeleibter und fast keichender Ehegemahl war? Zudem war ich jezt wirklich nicht völlig mehr der blöde und pinselhafte Liebhaber, den ich sonst gespielt hatte. Mein Aeußerliches hatte sich seit einem Jahre sehr abgeschliffen. Das Kindische, was in meiner lezten Geschichte mit Luisen, noch merklich gewesen war, hatte sich verloren. Ich wuste nun schon mich etwas besser und angemeßner auszudrükken. Ich besaß mehr anständige Dreistigkeit. Und so ward ich, durch die von meinem Vater mir eigen gewordne Freundlichkeit, und einnehmende Art, mich zu betragen, gar wol fähig, mich beliebt und angenehm zu machen.

Selbst der Pastor Hofmann gewann mich gleich ausserordentlich lieb, und hatte über meine Lebhaftigkeit und muntere Laune, in welcher schon mancher wahre Wiz durchzuleuchten began, seine innige Freude. Noch an demselben Tage, wo wir ankamen, ward ich im ganzen Hause bekant, und verrichtete für den schwerfälligen Mann kleine Geschäfte, zu denen ich selbst mich erbot, und die ich pfeilschnel besorgte. Kurz, ich ward der Haus: hofmeister, der alle Schlüssel zu Hafer, Heu, Käsekammer u. s. w. hatte und gebrauchte.

Und diese meine Dreistigkeit wurde denn die natürliche Gelegenheit, daß ich beständig der jun: gen Frau zur Seite war, daß ich sie überal beglei: tete, und — folglich auch (ob sich dies, folglich, mit jeder Logik vertrage, lasse ich unentschieden) überal einen Kuß ihr gab, und empfing.

Ich versichere heilig, daß dies das Böse alles war, was ich begieng. Aber ich wurde von die: sem kleinen Genusse der Liebe so berauscht, als ich noch nie gewesen war. Denn noch nie hatte ein weibliches Geschöpf mir so gütig begegnet. Noch nie hatte ich den Unterschied zwischen einem ge:

stohlnen

stohlnen Wangenkuß und einem freywilligen und
feurigen Lippenkuffe so geschmekt. Und am we-
nigsten hatte ich dies bei einer Dame genossen.
Das schmeichelte meinem Ehrgeize eben so stark,
als es meine Phantasie erhizte und meine Verliebt-
heit begünstigte.

Wirklich waren diese Tage von den wenigen
glüklichen Tagen meines Lebens. Denn ich denke
doch, daß man da glüklich ist, wo man im hohen
Grade vergnügt ist und seines Daseyns froh
wird — ohne seine Glükseligkeit dadurch ander-
weit zu beschädigen. Und das war ich bis dahin
sehr selten gewesen, weil ich vermöge meiner Erziehung und eingeschränkter Lage wenig Gelegenheit zu lebhaftem Freudegenuß gehabt hatte. Aber
hier war ich, ich denke es noch ganz, im volsten
Genuß. Hier konte sich meine Kraft zu empfinden erschöpfen. Hier schiens Ausfüllung meines
Dursts nach Vergnügen zu seyn. Hier war jeder
Augenblik Genuß. Die Freude schien wie der
Ocean mich zu umgeben und in ihr mich schwim-
men zu lassen.

Nur zuweilen fühlte ich eine kleine Zukkung, wenn mirs mitten in diesem Taumel der kußreichen Freude einfiel, daß ich nun bald zum erstenmale die heilige Stäte betreten und an Gottes statt mit der christlichen Gemeine spechen solte. Allein, das waren nur kleine Momente, welche in der Fluth der gleich folgenden wonnevollen Augenblikke so gleich wieder ersäuft wurden.

Endlich bestieg ich am dritten Pfingsttage die Kanzel. Die Kirche war gestopft vol, weil der Sohn des berühmten D. Bahrdts aus Leipzig Ruf genug vor sich hatte, um jeden Rathsherrn und Bürger der Stadt Tauche neugierig zu machen. Denn mein Vater galt damals für einen der größten Kanzelredner seiner Zeit. Und nach diesem Ruhme war die Erwartung gespannt, die man sich von mir machte.

Aber so wie ich auftrat, konte man die Erwartung sinken sehn. Man erblikte ein volkomnes Knabengesicht, und in jedem Herzen wandelte sich die vorhergehabte große Idee in eine Art von Mitleid. In den Weiberstühlen zeigte sich Er-

blaſſung und verengter Odem, wie wenn es ſchon
gewiß wäre, daß ich ſtekken bleiben würde.

Doch die Angſt verlor ſich, da ich anfing zu
ſprechen. Die Fächer zogen ſich zurük. Die
Augen öfneten ſich. Man athmete von neuem, da
man den blutjungen Redner mit ſo ſtarker Stimme und mit ſo ſeltner Beherztheit peroriren hörte.

Indeß begegnete mir unter dem Kanzelliede
ein Streich, der jeden minder beherzten Erſtling
der heiligen Stäte aus dem Konzept gebracht haben würde. Ich konte das Lied: Nun bitten wir
den heil. Geiſt ꝛc. nicht auswendig, und verirte
mich daher in der Verszahl. Mit dem Schluß
des dritten Verſes erhob ich langſam und feierlich
meine Arme, faltete meine Hände, ſenkte mich
auf meine Knie und wolte — das Vater Unſer
beten. Und ſchon lag ich mit dem Haupte auf
meinem Pulte, als zu meinem Schrekken die Or-
gel von neuem begau, und ein vierter Vers noch
erfolgte. — Aber mich brachte nichts aus meiner
Faſſung. Ich erhob mich ganz majeſtätiſch, ward
ein wenig roth, erblikte mit heiligem Unwillen
das Volk in den Weiberſtühlen, daß es die Fächer

O 2

vorhielt, das Lächeln zu verbergen, und — er:
reichte ohne allen Anstoß das Ende.

Lange dauerte meine Predigt nicht. Sie war
auf drei Viertelstunden zugeschnitten, und ward
in einer starken Virtelstunde vollendet. Ich sprach
zu geschwind. Die Memorie verfolgte mich gleich:
sam und mein natürliches Feuer, das schon ohne:
hin die Gewohnheit schnel zu sprechen erzeugt
hatte, jagte jezt dermaßen meine Worte, daß
zuverlässig kein einziger Periode ganz verstanden
worden ist.

Die ganze Gemeine schien sich indeß zu freuen,
daß dem guten Jüngling sein erstes Probestük so
glüklich von statten gegangen war. Und um de:
stoweniger trug sie nun Bedenken, sich recht satt
an mir zu sehen und mich, minder zurükhaltend,
auszulachen, da ich bei Vorlesung der Fürbitten
und Aufgebote die allerdrolligsten Schnizzer be:
ging. Denn der Küster hatte die Dumheit began:
gen, mir diese Dinge vorher nicht zum Durchle:
sen zu geben: und so las ich, da seine Hand un:
deutlich war, alles verkehrt. Insonderheit aber
verstümmelte ich die Namen der Aufzubietenden,

Kranken, Kindbetterinnen u. d. so seltsam, daß ein fast hörbares Gelächter entstand.

Mit Glükwünschungen und Lobsprüchen empfing mich nun mein Hofman und bald darauf, da ich die Küche besuchte, die Frau Pastorin mit einem Strohme von Küssen. — So gut hatte mir nie eine Mahlzeit geschmekt, wie die, welche ich nun einnahm. — Nachmittage mußte ich zu Fuße aufs Filial gehen und dieselbe Predigt wiederholen. Und ich endigte sie leider noch um einige Minuten geschwinder, als es Vormittage geschehen war.

Mein Gewin wars, daß von dieser Zeit an meine Beherztheit und Dreistigkeit auf den höchsten Grad stieg. Dies Gelingen des erstern Versuchs mit einem öffentlichen Auftritte schien mir Beweis, daß ich zu allem fähig sey. Und ich beschloß nun, sobald als möglich zu magistriren, um auf dem akademischen Katheder prangen zu können.

Aber ich muß doch wohl meinen Lesern hier noch sagen, wie meine Tauchsche Liebschaft sich geendigt hat. Denn für die Ewigkeit war sie ja nicht.

Meine Phantasie nahm ganz natürlich das
Bild meiner Donna mit nach Leipzig und ließ es
mir täglich vor Augen schweben. Nicht so liebe=
trunken wie ehemals, wo ich, nach einem Paro=
xismus dieser Art, ganzer vier Wochen nicht stu=
diren konte, aber doch ganz vol von meinem Ge=
genstande, dachte ich in geschäftlosen Stunden auf
nichts, als auf Mittel, mein Leben ferner mit
solchen wonnevollen Zwischenzeiten würzen zu kön=
nen. Aber die glükliche Schwierigkeit, die auch
diesmal von fernern Thorheiten mich zurükhielt,
war meine Armuth. Denn in Tauche bei dem
Herrn Pastor zu übernachten hatte ich kein Recht,
da ich nur ein mitgebrachter Gast des M. Hof=
mann gewesen war, und auf eine Stunde einen
Besuch abzulegen, wurde ein Wagen oder ein
Pferd erfodert, weil Tauche eine starke Meile von
Leipzig entfernt liegt.

Ich sann indeß auf ein kleines Geschenk, durch
welches ich mein Andenken bei der schönen Frau
unterhalten wolte. Und da ich nichts neues kau=
fen konte, so bestimte ich ein kleines schwarzlakkir=
tes Schränkchen, mit chinesischen Figuren für sie,

welches ich von meiner Mutter erhalten hatte. Ich
kaufte ein Buch geschlagnes Gold für einen halben
Groschen: klebte damit das inwendige der Thüren
und alle Schubladen aus: und puzte das Pfand
meiner Liebe so schön an, als es meine Armuth
gestattete. Dazu schrieb ich einen überaus zärtli=
chen Brief, welcher die genossenen Seligkeiten
schilderte, und meine Sehnsucht nach ihrer Fort=
sezzung ausdrükte, und gab das Präsent nebst dem
Briefe einem tauchschen Besenbinder, mit der ge=
schärftesten Ordre, beides in die eignen Hände der
Frau Pastorin abzuliefern.

Mit herzlichem Verlangen sahe ich einer
Antwort entgegen, aber sie blieb aussen. Und nun
machte ich Anstalt, mir sie selbst zu holen. Ich
hatte meinem Bruder schon einmal von der Glük=
seligkeit erzählt, welche ich in Tauche genösse, und
ihn beredet, sich von mir einführen zu lassen. Wir
samleten sechs Wochen unser Geld, mietheten ein
Kapriolet und fuhren an einem Tage, wo Jahr=
markt war, nach Tauche.

Mein Kopf glühte von entzükenden Vorstel=
lungen. Ich fuhr gleich hinter an das Thor. Ich

erstaunte, da ich es verschlossen fand. Ich stieg
ab, sahe durch die Glinze, erblikte Töffeln, der
mich am Pfingsten so gut hatte kennen lernen, und
rufte mit meinem alten Tone: geschwind Töffel,
mach auf! — Aber Töffel sah sich nicht einmal
um. Ich rufte noch einmal, und Töffel — bat
mich zu Gaste.

Izt sank mir der Muth. Ich ahndete was
und doch so was gar arges nicht, als ich hernach
erfuhr. Ich lenkte um, fuhr an die Vorderthür,
stieg ab, und trat eben ins Haus, da der Herr
Pastor eine Menge Jahrmarktsgäste die Treppe
hinaufführte. Der Pastor sah sich eben vor der
Treppe um, da er unsre Krazfüsse vernahm,
wandte sich aber ganz kalt und stieg vollends hinauf, ohne auf uns zu achten. Eine Magd kam bald,
welche uns die untere Stube eröfnete, und hinein-
gehen hieß, und einen Krug Bier hinsezte. Mein
Herz klopfte vor Angst. — Sag sie mir Marie,
was ist das? — Das Mädchen war mitleidiger
als Töffel, denn sie hatte am Pfingsten vier Groschen Trinkgeld erhalten, (daher man die Trink-
gelder doch ja nicht sparen sol) und beichtete mir

also, daß der Pastor das Kästchen mit dem Briefe aufgefangen, der Frau Pastorin ihre Thorheit mit ein paar Ohrfeigen verwiesen, und im Hause befohlen habe, mich nicht mehr vor ihn zu lassen.

Das schmerzte, aber — es schlug meinen Muth nicht nieder. Ich ging ganz großmüthig nach meinem Kapriolet, stieg mit meinem Bruder ein, verschlukte seine Spöttereien über mein ihm vorgeprahltes Glük, gab dem Diakonus Frisch eine kurze Visite, fuhr dann nach Leipzig zurük, und wurde unterweges von einem Gewitterregen dermaßen eingeweicht, daß mein ganzes Liebesfeuer sich vollends abkühlen konte. Und so hatte auch diese Liebschaft — ihr Ende.

Ein und zwanzigstes Kapitel.

Wanderung zum Ziele akademischen Glanzes.

Noch bis jezt war nichts als Crusianische Weisheit in meiner Seele, nebst den wenigen isolirten Gedanken, welche zuweilen durch Lektüre, und

Nachdenken in mir erzeugt worden waren. Plan
war nie in meinem Studiren. Ich ging alle hal=
be Jahr ans schwarze Bret und was, durch Er=
weckung einer dunkeln Vorstellung von Nuzzen
oder Annehmlichkeit, mich reizte, das wählte ich,
fieng's an, und hörte gewöhnlich wieder auf, ehe
das Collegium geendigt war.

Ich hatte auch keinen Begrif vom theologi=
schen Studium, und dessen Umfange und wesentli=
chen Theilen. Philosophie, Dogmatik, ein He=
braikum — schienen mir das wichtigste zu seyn.
Dogmatik mit Polemik verbunden, hörte ich einzig
bei meinem Vater: Logik und Metaphysik habe ich
wol dreimal bei Crusius genossen, und nie ganz
verdaut: Hebräische Grammatik lehrte mich Bosek,
über den Stark. Hernach nahm ich ein Collegium
bei ihm an, über den Esaias, in welchem wir,
am Ende des halben Jahres, das Ende des ersten
Kapitels erreicht, und doch fast nichts als Gram=
matikalien getrieben hatten. Bei Dathen habe ich
auch einmal einige Brokken über die kleinen Pro=
pheten zu mir genommen. Kirchengeschichte habe
ich gar nicht ordentlich gehört, so wenig als exege=

tische Vorlesungen über das Neue Testament. Und
so ist auch philosophische sowol, als theologische
Moral gänzlich vernachläßiget worden.

Einst bekam ich einen Appetit nach Geschichte,
und entschloß mich zu dem äußerst gelehrten, aber
höchst konfusen und seltsamen M. Schumann zu
gehn, den man nur den Groschenmagister nennte,
weil er für gewisse Gefälligkeiten keine größere
Summe bezahlte, weil er nicht mehr bezahlen konte.

Auch deutsche Sprachlehre fiel mir einmal ein,
bei dem großen Gottsched einzunehmen. Ich
wuste sein Auditorium nicht, und kam unglüklicher
weise an die Kammerthüre seiner Frau Gemahlin,
der Hochgelahrten Viktoria Adelgunda, von wel=
cher man algemein sagte, daß sie mehr Verstand
und Kentnisse besizze, als ihr lieber Eheherr. Zwei=
felhaft, welche Thüre ich wählen solte, pochte ich
an, und Viktoria erschien, und ich — erblikte zu
meinem Schrekken die Viktoria in einer Attitude,
und — Leibesfarbe, welche mir auf ein halbes
Jahr alle Begierde nach dem andern Ge=
schlechte erstikte.

Nachher lernte ich zwar das Auditorium des
Hrn. Gottscheds besser unterscheiden, aber ich er=
lebte bald einen noch sonderbarern Auftritt. Gott=
sched las früh um sieben Uhr und ich fand mich
gewöhnlich halb sieben Uhr da ein, weil das Au=
ditorium seine Bibliothek war, deren Pracht mich
reizte, mich mit derselben bekant zu machen. Ei=
nes Morgens, da ich in voller Andacht die schönen
Bände musterte, klopft etwas leise an die Thür.
Ich öfne sie und erblikke ein bekontuschtes Frauen=
zimmer, welches mit einer Sprache, welche ein
weggefaultes Zäpfchen verrieth, nach dem Herrn
Professor fragte. Ich erschrak, ein solches Ge=
schöpf an diesem Orte zu sehn, das mir selbst noch
nie vorgekommen war, und das ich gewiß am we=
nigsten bei meinem Lehrer erwartet hatte. Ich
zeigte ihr die Thür seiner Studierstube. Diese
ward geöfnet, und die Schöne eingelassen.

Ganz am Ende meiner Studentenjahre kam
Kloz auf die Universität, welcher sehr schöne Hu=
manistische Kentnisse mitbrachte. Dieser ließ mich
meine Blöße in diesem Fache fühlen, sprach mir
beständig von Römern und Griechen, als der ein=

zigen Quelle der Geistesbildung, und veranlaßte
mich bei M. Hentsch, einem Schüler des großen
Ernesti, und nachmals bei D. Ernesti, selbst mich
im lateinisch Schreiben zu üben.

In den Hentschischen Lehrstunden, wurde zu=
fälliger weise meine mit H. Kloz errichtete Freund=
schaft getrent. Sein Enthusiasmus für die Alten
gebahr eine lateinische Rede, welche er mit Lob=
sprüchen derselben angefült hatte, und worin er
bewieß, daß jeder Mensch, in Absicht auf Philo=
sophie und schöne Wissenschaften, so wie überhaupt
in aller Rüksicht, ein ganz eigentlicher Schafskopf
sey, welcher nicht mit den Schriften der Römer
und Griechen sich vertraut gemacht habe. Da
nun meine Seele schwärmerisch für Crusius einge=
nommen war, und ich seine Philosophie vielmehr
allein für zureichend hielt, den großen Mann zu
bilden; so las ich acht Tage darauf einen Aufsaz
vor, in welchem ich die Vorzüge der Neuern be=
wieß, und auf H. Kloz ein wenig stichelte. Dar=
über wurde Kloz mein Feind, und ließ mich her=
nach sein Miskallen, einige Jahre lang, in feinen
Zeitungen und Journalen dergestalt empfinden,

daß ich faſt allen Muth verlor, mich in der gelehr=
ten Welt laut zu machen.

Etwas von Cruſius Vorleſungen über die
Pſalmen, habe ich auch noch ganz ſpät eingenom=
men. Ich habe aber wenig davon genoſſen.
Denn er hatte ſchon acht Jahre über dieſe alten
Geſänge kommentirt, da ich ihn zu koſten began,
und war noch lange nicht bis in die Hälfte. Man
kan alſo denken, wie viel man im halben Jahre
zu hören bekam. Aber dafür waren auch ſeine
Digreſſionen deſto ſaftreicher. Er war im Stan=
de, über den Namen Jehovah acht Stunden zu le=
ſen. Funfzehn Stunden lang erzählte er die Ge=
ſchichte Davids, die Pſalmen zu erläutern. Ei=
nige Stunden lang demonſtrirte er, daß der Ha=
raſcha in allen Pſalmen der Antichriſt, oder der
Pabſt zu Rom ſey. — Da wars ja wol leicht
über die Pſalmen zwanzig Jahre zu leſen.

Auſſer meiner Gewöhnung zum ſcharfen und
ordentlichen Denken habe ich ihm die ganze Rich=
tung meiner Seele auf Schwärmerei zuzuſchreiben.
Er leitete alle ſeine Zuhörer beſtändig aufs Myſte=
riöſe und Uebernatürliche. Er lehrte ſie, in der

Bibel, überal, Typen und Weiſſagungen auf die
neuern Zeiten, finden. Er gewöhnte ſie, über
bibliſche Stellen blos zu räſonniren; und den Sinn,
ohne Rükſicht auf Sprachlehre, a priori beweiſen.
Und er flößte ihnen allen einen ganz auſſerordentli=
chen Weisheitsdünkel ein, bei welchem ſie alles ver=
achteten, was nicht aus ſeiner Schule war.

Mich ſelbſt (er hatte mich wirklich lieb) er=
mahnte er unaufhörlich, und mit einem ſo ernſten
und religiöſen Tone, der unwiderſtehlich war, daß
ich mich nicht von dem rechten Wege irre machen,
und zur falſchen Quelle führen laſſen ſolte. Den=
ken ſie, ſprach er, immer an die Worte des Apo=
ſtels: die Weisheit (d. h. Erneſtiſche Sprach=
gelehrſamkeit) blähet auf. Studiren ſie meine
Philoſophie, und mit der Zeit die prophetiſche
Theologie, und beten um die Gnade des H.
Geiſtes, ſo werden ſie alles erlangen, was
Sie zu einem nüzlichen Werkzeuge der Kirche
Chriſti machen kan.

Da wir einſt von der Wolfiſchen Philoſophie
ſprachen, und er mir vieles über den gefährlichen
Einfluß derſelben auf die Religion vorſagte, be=

diente er sich unter andern dieser Worte, die ich
als Denkmal des gutmeinendsten Schwärmers,
nie vergessen werde: „es ist doch in der That ein
wahres arcanum Satanae, daß Wolf den Begrif
der Subsistenz nicht hat." Er nämlich unterschied
in seiner Metaphysik den Begrif des Subsistirens
von dem des Existirens so, daß jener das Seyn
in, mit und vermittelst eines andern Dinges aus=
drükte, wie z. B. die Figur am Körper ist, die=
ses hingegen des Seyn für sich selbst, und ohne
erforderliche Verbindung mit einem andern Dinge:
wie z. B. ein jedes Individuum ist. Daher
schrieb er z. B. der Figur Subsistenz, dem Kör=
per selbst aber, an dem sich die Figur befindet,
Existenz zu, und meinte nun, daß der Beelzebub
in seinem Kabinet einen Meisterstreich gespielt habe,
daß er den Kanzler Wolf verleitet hatte, den Be=
grif der Subsistenz zu vergessen, und dadurch
Crusii Erklärung der Dreieinigkeitslehre, nach
welcher drei Personen in einem Wesen subsistiren,
unmöglich gemacht, folglich die Religion einer
ihrer größten Stüzze beraubt habe.

Zu andrer Zeit sprach ich mit ihm von Erne=
sti, und der Nuzbarkeit der Sprachkunde, und
inson=

insonderheit der alten griechischen Uebersezzungen
für die Exegese des Neuen Testaments. Da ge-
grieth er in eine recht eigentlich religiöse Wärme
und beschwor mich, den Geist Gottes nicht von
mir zu stoßen. Wie können Sie glauben, sprach
er, daß solche Apostaten und irregeniti wie Aquila
und Symmachus waren, den Sinn des h. Geistes
verstanden, und in ihren Uebersezzungen richtig
ausgedrükt haben?

Merkwürdig war es, wie der Mann durch
seine fromme und dabei ruhige und die seligste
Selbstgenügsamkeit anzeigende Mine bezaubern
könte. In seinem Gesicht war stets ein holdes
Lächeln, das mit einem Zuge des Mitleids gegen
Wolfen und Ernesti, so wie gegen alle Menschen
vergesellschaft war, welche seine Grundsäzze nicht
hätten. Und wenn er durch Argumente sie kurz
abgefertiget hätte und zu fühlen schien, daß die
Bösewichter doch nicht würden bekehrt werden; so
schupte er sich mit Hebung der Achseln, und pro-
vocirte auf den jüngsten Tag, mit einem solchen
Höhnlächeln, als wenn er sie schon alle zur Ver-
herrlichung Gottes und seiner prophetischen Theologie brennen sähe.

I. B.   P

Viele Religiosität hat übrigens Crusius mir
eingeflößt und mich in der von frühen Jahren her
mir eignen Gewohnung bestärkt, beständig Gott
vor Augen zu haben und alle meine Wünsche und
Empfindungen auf ihn zu richten. Nur daß ich
zugleich schwärmerische Ideen bekam, und das
Gebet als Gottesdienst betrachten lernte, der einen
Haupttheil meiner Pflichten ausmachte: und daß
ich mir einbildete, durch Gebet alles durchsetzen
zu können, was meine Kräfte nicht vermochten.

Ich erinnere mich sehr wohl, daß ich dem
lieben Gott in meiner Einfalt es ordentlich ange-
lobte, recht fleißig zu beten — daß ich ihm wol
gar ein festes Zeitmaß versprach, z. E. früh und
abends eine halbe Stunde im Gebet zuzubringen — endlich, daß ich durch Gebet meinen Leichtsinn zu bändigen und mir mehr Lust und Stetigkeit
zur Arbeit zu verschaffen oder aufsteigende Bedürfnisse des Geschlechtstriebes nieder zu beten hofte.

Auf diesem Wege und in solchem Zustande
erreichte ich endlich den Zeitpunkt, den mein Ehrgeiz und meines Vaters Zutrauen zu meinem bis-

herigen, aber von ihm nie geprüften Fleiße be-
schleunigte, wo ich unter die Zahl der Leipziger
Magister aufgenommen werden solte.

Zwei und zwanzigstes Kapitel.
Magister Promotion.

Man denke sich nun einen unbärtigen Jüngling,
der im Grunde der trübseligste Ignorant war,
(noch fält mir ein, daß ich auch Mathematik in
meinem Leben nicht gehört habe) sich unter eine
Menge alter Kandidaten mischen, und mit denen
es wagen, sich zum akademischen Katheder empor
zu schwingen.

Und solte man wohl glauben, daß ich bei
aller meiner großen Unwissenheit schon in einer gewissen Reputation stund? In der That wurde ich
damals in Leipzig für ein aufgehendes Licht gehalten. Das bewirkten folgende Ursachen. Erstlich
that meine ganz außerordentliche Dreistigkeit, die

ich faſt Frechheit nennen möchte, der großen Meinung Vorſchub, die ſich von mir verbreitet hatte.
Denn ich war in Geſelſchaften der erſte Schreier
und unterſtand mich, nicht nur von allen Dingen
mit zu ſprechen, ſondern auch, wenn ich nur einigermaßen Licht hatte, diktatoriſch zu reden und,
wenn Gründe nicht hinreichten, mit Wiz jeden auf
den Hals zu fahren, der mir widerſprach. Und
weil ich ſchon ziemlich die Gabe beſaß, mich auszudrükken, mein bischen Weisheit ordentlich und
lichtvol vorzutragen und dabei eine Menge Sophi-
ſtereien zur Hand hatte; ſo dünkte ich den mittel-
mäßigen Köpfen, unter denen ich lebte, ob ſie
gleich weit mehr wußten als ich, ein Genie vom
erſten Range und ihnen in allem Betracht überlegen zu ſeyn.

Hierzu kam meine Fertigkeit im Lateiniſch-
reden. Ich ſprach mein freilich armſeliges Latein
ſo ſchnell wie meine Mutterſprache. Und dadurch
wurde ich in den Examinirübungen ſo wol als in
Diſputirkollegien in kurzer Zeit reſpektabel. Ja
mein lateiniſches Mundwerk, das man freilich bei
Studenten ſelten findet, mit meinem bischen Wiz

und Sophisterei, machte mich bei Disputationen ganz eigentlich furchtbar, so daß oft die ältesten Kandidaten, bei den gründlichsten Kentnissen, sich scheuten, mit mir anzubinden. Besonders war ich im Disputatorio meines Vaters der Vorfechter, der, wenn keiner sich getraute, ex tempore bald opponirte, bald respondirte.

Dieser mein Ruf machte es, daß meine Anmeldung zum Magisterexamen mit vielen Komplimenten von dem H. Dekan angenommen wurde, und ich von oben herein den zweiten Plaz in der langen Reihe der Magistrandorum erhielt. Der Tag des Examens erschien, und alle Kandidaten traten blaß und furchtsam auf, und ich allein (der schlechteste unter allen) zeigte Heiterkeit und Muth.

Früh um acht Uhr kamen wir, im rothen Kollegio, auf dem dazu bestimten Zimmer zusammen, und Vater Ernesti stelte sich ein, uns die Materialien zu einer authonianischen Chrie zu diktiren. Man sahe es dem Manne an, daß er mit wahrem Unwillen diese scheusliche Pedanterei mitmachen mußte. Aber die Statuten brachtens einmal mit sich, daß ein Mensch ohne Chrie nicht die

summos in Philosophia honores erlangen fonte. —
Wir faßen in diesem Zimmer, verschloffen, und
nur mit Schreibmaterialien versehen, bis gegen
Mittag, wo Ernesti wieder kam, jedem seine indes
gefertigte Ausarbeitung abnahm und die Herren
Kandidaten des Magisterthums entließ. Ich war
mit meiner Chrie zuerst fertig und sahe schon zum
Fenster hinaus, da mancher noch den Angstschweiß
von den gelehrten Schläfen sich wischte.

Nachmittags um zwei Uhr mußten wir uns
wieder einfinden und nun erblikten wir die sämtlichen neun Professoren der philosophischen Fakultät, welche der felige Stifter als die neun Musen
sich geträumt haben mochte. Da ward denn aus
Logik, Metaphysik, Physik, Moral, Mathematik und Geschichte, bald leicht bald schwer, nachdem der Herr Professor des Fachs selbst ein leichter oder schwerfälliger Kopf war, examinirt. Jeder Professor hatte das Recht, eine bis anderthalb
Stunden uns zu ängsten und in seinem Fakultäts-
fache umherzujagen. Dann kam Ernesti und ließ
aus einem griechischen und lateinischen Autor uns
ein Stük interpretiren und zulezt (am dritten

Tage nachmittags) wurden die Chrien von ihm gemuſtert.

Wie ich durchgekommen bin, werden meine Leſer räthſelhaft finden. Aber es ging ohne Zauberei zu. Das meiſte that meine Dreiſtigkeit. Ich antwortete immer promt, und was ich nicht wuſte, ſuchte ich zu errathen oder wenigſtens meine Antwort dunkel und zweideutig auszudrükken, daß entweder der Herr Examinator ſie für richtig hielt, oder wenn er mich korrigirte, mir eine Ausflucht laſſen mußte, mit der ich meine Blöße dekken konte.

Den zweiten Vortheil verſchaften mir zwei Eigenſchaften der meiſten examinirenden Fakultiſten. Die eine war eine gewiſſe Trägheit, welche machte, daß ſie ihre aufgeſchriebenen Fragen nicht gern abänderten und daher mit einer Antwort, wenn ſie nur halben Wegs ſich zu ihrer Frage paßte, Zufriedenheit bezeugten oder, wenns ihnen ganz falſch dünkte, d. h. nicht ſo, wie ſie geantwortet haben wolten, ſogleich die wahre Antwort herſagten und zu einer neuen Frage übergingen. Die andere Eigenſchaft war die grauſame Höflichkeit, welche durch die vierzig Thaler in Golde erzeugt wurde, die jeder Kandidat fürs Examen bezahlen mußte. Denn um dieser schönen Glodstükke willen, die alle Frühjahr ihnen zuflogen, philosophirten sie so: fahren wir die Herren um ihrer Ignoranz willen an, oder weisen gar einen ab; so werden die Ignoranten alle scheu und die goldnen Zugvögel bleiben aus, oder werden mit jedem Frühjahre seltner: Also —

Endlich das dritte, was mir zu statten kam, war mein lieber Nachbar, der Famulus des D. Crusius, H. Tittmann. Dieser hatte wirklich sechs Jahr mit unermüdetem Fleiße studiret und neben seinem Crusius aller Fakultisten Weisheit rein aufgezehrt, und war also im Stande, alles zu beantworten, was die Herren fragten. Wenn demnach eine Frage an mich kam; so murmelte er sie, meinem Ohre vornehmlich, schnel her, und ich wiederholte sie eben so schnel mit lauter Stimme, als wenns mein Eigenthum gewesen wäre.

Vater Ernesti, der mich aus einer gewissen Liebe zu meinem Vater und guter Meinung von meinen Talenten, am schärfsten beobachtete, schüttelte freilich oft mit dem Kopfe, wenn er die Spu-

ren meiner Ignoranz entdekte, und striegelte am
dritten Tage des Examens meine Chrie ziemlich
scharf; allein das hatte weiter keinen Einfluß auf
die Hauptsache. Ich nahm zulezt dennoch Antheil
an den Elogiis, welche der H. Dekan uns machte,
da er uns als juvenes digniſſimos, doctiſſimos
u. ſ. w. abkanzelte.

Nun ging die Promotion vor ſich. Herr Hofrath Bel, als der berühmte Profeſſor der Dicht-
kunſt kündigte uns in einem Programma der Welt
als die gelehrteſten Männer an, erzählte unſre
Lebensläufe und beſang, Gott weiß was, in den
ſchönſten lateiniſchen Verſen, welche ihm der Ge-
heimderath Kloz gemacht hatte: denn er ſelbſt
verſtund nicht einmal die Proſodie, geſchweige, daß
er hätte Verſe machen können, ob er gleich alle
Tage ein paar Flaſchen des beſten Ungarweins zu
ſich nahm und dieſes köſtlichen Getränks ſo lange
genoß, bis — er ſelbſt für gut fand — ſeinem
Faſſe den Boden auszuſchlagen.

Vor der Promotion muſten wir nicht nur
dem Kurfürſten Treue, und den ſymboliſchen Büchern Gehorſam ſchwören, ſondern auch dies zu

gleich eidlich bekräftigen, was wir alle nicht
wußten, sondern nur glaubten, daß wir (legiti-
mis parentibus ortos esse) aus rechtmäßigem Ehe-
bette wären.

An unserm Hochzeittage, wo wir mit der
Jungfrau Philosophie feierlich vermählt werden
sollten, führte man uns in Procession, durch den,
von einer mit Hermelin aufgeschlagnen roth samt-
nen Mantille beschabrakten Dekan aufgeführt,
nach dem schwarzen Bret, ins große Auditorium,
wo das Heer der Musensöhne unser erwartete.

Die Subsellien waren sämtlich wie Katheder
gebaut, über welche der große Katheder des Pro-
motors hoch hervorragte, und mit rothem Tuche
ausgeschlagen. In diese prachtvolle Schranken
schichtete man uns ein, so daß wir zwei Reihen
formirten, und um eine Elle höher stunden, als
die mit Neid auf uns blikkenden Studenten.

Nachdem das ganze gelehrte Regiment aufmarschirt und in Ordnung gestelt war, begannen
ein paar Orationen, welche der Dekan und der Promotor ablegten und sodann erfolgte die Trauung
selbst, mit folgenden Ceremoniel.

Jeder Kandidat der Magisterschaft hatte einen Folianten vor sich liegen: (Meiner war ein Lexikon; Mein Nachbar hatte eine alte Chronik: ein andrer brachte einen Band Leichenreden;) welcher den Aristoteles vorstellen solte: ingleichen einen Ring und ein Baret, oder Spanier. Und dies waren die Vermählungssymbole.

Der Promotor stieg so fort herab, und sezte einem nach dem andern das Baret auf, stekte jedem den Ring an, gab jedem einen Kuß, machte jedem seinen Aristoteles auf, und sprach dabei verschiedene lateinische Worte, welche die Vermählung mit der Matrone Sophia andeuten solten. — Bei Oefnung des Buchs sprach er: aperio tibi librum — und ermahnte uns fleißig den Aristoteles zu studiren, und Weisheit zu lernen.

Nach allen diesen getriebnen Kinderpossen, ging er aufs hohe Katheder zurük, und schrie nun sein: Ego Carolus Augustus — Metaphysices Professor ordinarius et Philosophiae Doctor rite promotus — Te Carolum Friedricum Bahrdt, philosophiae doctorem, et liberalium artium Magistrum creo, creatum renuncio, renunciatum proclamo: — ut omnibus utaris privilegiis &c.

Und nun war ich's! — Ich will's nie vergessen, was für eine Seligkeit ich gefühlt habe, da ich das Auditorium verließ, und auf der Gasse von den Leuten, in meinem gelehrten Anzuge daher schwänzend, besehen, und von meinen Bekanten zum erstenmale Herr Magister gescholten wurde. Cicero hat so viel stille Himmelswonne nicht empfunden, da er die Nachricht von Katilina's Flucht erhielt, als ich empfand, da das kahle, Herr, oder wol gar, Musge — Bahrdt, so plözlich verbannet und ein, Herr Magister, an dessen Stelle getreten war. Wie oft sah ich diesen Tag nicht in meinen Spiegel! Wie oft blikte ich nach meinem Degen, ob er auch gehörig folgte! wie oft fragte ich das Gesinde etwas, um die Antwort zu hören: ja — nein — gleich — mein Herr Magister!

Der Abend war über alles feierlich: Ein Magisterschmaus, welchem ein und zwanzig Personen beiwohnten, krönte die Freuden dieses Tages, und volle Pokale machten sie laut.

Bei diesem Schmaus erzählte, wo mein Ge= dächtniß mich nicht täuscht, einer der Geselschaft die Geschichte des berühmten Keinerts, welcher, um sein Haus von der alzustrengen Aufsicht der Leipziger Rathsherren zu befreien, (die sämtlich auf reine Junggeselschaft hielten) die juristische Doktorwürde in Erfut annahm, und sich dadurch unter die mildere Jurisdiktion der Universität ver= sezte. Keinert nämlich fand einen Freund unter seinen Kunden, der ein sehr geschikter Candidatus iuris war, welcher es übernahm, seine Stelle zu vertreten. Sie reißten nach Erfurt, und der Kan= didat präsentirte sich, als Keinert, zum Examen, be= stand vortreflich, disputirte mit Beifal, ward pro= movirt, und erhielt das Diplom. Und nun wech= selten beide vor dem Thore ihre Namen, und Kei= nert erschien in Leipzig mit einem Doktordiplom, das seinen Namen enthielt, und kam dadurch un= ter die Gerichtsbarkeit der Akademie. — Diese Geschichte fand so viel Beifal, daß die Geselschaft, durch die Pokale wizig gemacht, sogleich beschloß, meinen achtzigjährigen Holzhaker Andres, wel= cher als ein noch sehr munterer und drolligter Mann die Aufwartung mit hatte, zum Magiste=

zu machen. Wir gaben Mann für Mann einen
Thaler, pakten eine Chrie als Specimen ein, sand=
tens nach Wittenberg, und erhielten für Andrees
das Diplom: — dafür wir freilich einen Armen
hätten glüklich machen können, wenn wir nicht
durch den Wein zu Kindsköpfen geworden wären.

Drei und zwanzigstes Kapitel.

Disputationen.

Ich eilte izt eine Disputation zusammenzuschrei=
ben, (das eigentliche Wort!) mit welcher ich mich
habilitiren d. h. bei der Fakultät, die Licenz phi=
losophische Vorlesungen zu halten, und solche öf=
fentlich am schwarzen Brete anzuschlagen, erlan=
gen wolte.

Ich weiß nicht mehr genau, worüber ich
schrieb. Mich deucht es war die Materie über
den wahren Begrif der fundamentellen Lehren der
Religion: de eo, quod constituit essentiam articu=
lorum fidei fundamentalium — ohngefähr. Ge=

wiß weiß ich, daß ich diese Disputation bald nach
meiner Promotion vertheidiget habe. Sie war
ganz orthodox, und nach meines Vaters Heften
gemacht. Ich legte Christum als das fundamen-
tum salutis zum Grunde, und erklärte daher alles
für Fundamentelle oder Grundartikel der Religion, was nach meiner Dogmatik eine wesentliche
Beziehung auf Christum hatte. Und diese Beziehung hatten natürlicherweise alle die Lehren, welche die orthodoxen Theologen für Hauptlehren gehalten wissen wolten: die Inspiration der Bibel,
die Dreieinigkeit, die übernatürlichen Gnadenwirkungen des h. Geistes, die Erbsünde, die ewi-
gen Höllenstrafen u. s. w.

Der Ruf, den ich aus meinen Privatübun-
gen als der erste Disputirgeist schon hatte, wurde
jezt ausserordentlich vermehrt, da ich nun öffentlich mich gezeigt, und in Angesicht so vieler hundert Studenten, mit dem geschwindesten lateinischen Mundwerke, alle meine Opponenten zu Boden gestrekt hatte.

Mein Vater hielt damals in einem Sommer
zehn Disputationen, über die sonderbare Materie

de dispensatione divina a legibus decalogi. Er
führte in jeder Disputation, welche junge Leute
zur Uebung und zu ihrer Empfehlung bei Hofe,
(weil damals viel aus solchen akademischen Spie-
gelfechtereien gemacht wurde) vertheidigten, eines
der heiligen zehn Gebote aus und untersuchte, ob
Gott nach der Geschichte der h. Schrift jemals von
einem derselben dispensirt habe? diese Frage ne-
girte er nun von allen zehn Geboten, und plagte
sich dabei mit denjenigen Anekdoten herum, welche im Alten Testamente besonders von den heiligen
Vätern erzählt werden, und offenbare Uebertre-
tungen der heiligen zehn Gebote enthalten. So
bemühte er sich z. B. bei dem sechsten Gebote zu
zeigen, daß zwar Abraham eine Magd geschwän-
gert, Loth mit seiner Tochter zu thun gehabt, Da-
vid Maitressen gehalten habe, daß aber Gott diese
Unarten an seinen Heiligen blos geduldet, keinesweges aber von dem Gebote selbst irgend einen
Menschen dispensirt habe. — Eben so behauptete
er beim siebenten Gebote, daß die von dem jüdi-
schen Volke verübten Diebereien in Egypten, und
Plünderungen und Ermordungen der friedlichen
Völker in Palästina, von dem Majestätsrechte
Gottes

Gottes über aller Menschen Leben und Eigenthum,
herzuleiten seyn, keinesweges aber eine Dispensa-
tion Gottes vom siebenten Gebote erweislich
machen. — Eine dieser Disputationen habe ich
ebenfals vertheidigen helfen.

Ich selbst schrieb und vertheidigte hernach
eine Menge Disputationen, nachdem meine Reputation so hoch gestiegen war, daß junge Leute
mein Präsidium suchten und bezahlten, welche vor
ihrem Abschiede von der Universität sich dieses
stärkste Mittel, sich als geschikte Kandidaten gel-
tend zu machen, zu erzeugen, und zugleich einen
Präses zu haben wünschten, der sich überal durch-
schlagen konte, und sie nie in die Verlegenheit
kommen ließ, von einem Opponenten geängstet zu
werden. Die meisten dieser Disputationen waren
exegetisch, und enthielten Erklärungen verschiedner
Psalmen. Einige darunter waren ziemlich gut
gerathen: wie sich denn nach und nach meine Kentnisse wirklich mehrten. Auch war mein Latein
erträglich. Die über Ps. 2. und Ps. 8. waren
die besten.

I. B. Q

Eine schrieb ich wider den bekanten Febro=
nius, in welcher ich zu zeigen suchte, daß uns Pro=
testanten damit gar nicht geholfen und folglich
gar keine Vereinigung der getrenten Kirchen da=
mit zu erreichen sey, daß der Primat des Pabstes
zerstört würde, weil ja noch immer die Menge
Grundstürzender Irthümer dabei stehen blieben,
welche jeder ehrliche Protestant verabscheuen
müßte. Diese Schrift war äußerst armselig gera=
then, und natürlich, weil ich sie nicht, wie jene
exegetischen, mit freiem Nachdenken schrieb, son=
dern aus meines Vaters dogmatischen Heften zu=
sammenwebte. Sie hatte den Titel: de eo, an
fieri possit, ut sublato Pontificis primatu et im=
perio reuniantur dissidentes in religione Christiana.

Eine sehr gute Disputation verfertigte selbst
ein gewisser Unselt von Danzig, ein junger Mann
von schäzbaren Talenten, und dem vortreflichsten
Karafter, wobei ich präsidirte. — unter dem Ti=
tel: De accommodatione locorum vet. Testamen=
ti in novo orthodoxa, in welcher die Meinung be=
hauptet wurde, daß im N. Testament die Stellen
des A. Testaments zwar nicht nach der Vorstellung

der Schreiber derselben, die freilich nicht immer
durchgeschaut hätten, aber doch nach dem Sinn
des h. Geistes angeführt würden, welchen derselbe
neben dem nächsten, und damals verständlichen
Sinne hätte ausdrükken wollen.

Ausserdem, daß ich bei vielen Disputationen
präsidirte, war ich nebst dem jungen Hebenstreit,
einer der fleißigsten Opponenten. Denn in Leip=
zig ist es nicht wie auf andern Universitäten, wo
der Disputirende sich seine gewissen Opponenten
wählt, und expres dazu einladet; so daß diese
ordentlichen Opponenten auf jeden Fal erst ihre
präparirten, und mit dem Respondenten meist
verabredeten Oppositionen vortragen, ehe irgend
ein anderer Akademikus dazu gelassen wird; son=
dern es kan bei allen Disputationen im philosophi=
schen Auditorio kommen, wer da wil, und sich
auf den Subselien zeigen. Und der Respondent
muß, nach der Rangordnung, jeden einladen,
und seine Oppositionen annehmen, welcher sich
hinsezt und durch sein Sizenbleiben sich als Oppo=
nenten ankündigt. Daher erschien ich fast bei allen
öffentlichen Disputationen, und machte mirs zum

Geschäft auf scharfe, und dabei wo möglich la=
chenerregende Oppositionen zu studiren. Und da,
wegen der Rangordnung, meistentheils Magistri
nicht eher als nachmittags daran kamen, so ging
ich gewöhnlich erst nach der Mahlzeit, und sezte
mich auf die Warte. Und wenn dann der Respon=
dent sich, von früh neun Uhr bis um ein Uhr,
müde und matt disputirt hatte, so fiel ich ihm noch
mit meiner leichten Reuterei in die Flanken, und
trieb oft mein Wesen bis gegen drei Uhr. Und
meine ganze Freude wars, wenn ich dabei die La=
cher beständig auf meiner Seite hatte.

Es war auch so weit gediehen, daß, wenn ich
ans Opponiren kam, der ganze Haufe der Zuhö=
rer seine Pläzze verließ, und sich im Trippel um
meinen Plaz herumstelte, um mich recht zu hören,
und meine Pantomime in Augenschein zu nehmen.

Einmal disputirte ich gegen einen gewissen M.
Freisleben, welcher als ein ausschweifender Wol=
lüstling bekant, und beinahe berüchtiget war.
Dies war ein gelehrter, scharfsinniger und mir völ=
lig gewachsner Disputant, allein es gelang mir,
ihn gleich anfangs aus der Fassung zu bringen,

und dadurch den eklatantesten Sieg davon zu tra=
gen. Ich fing nämlich in meinem vorrednerischen
Complimenten an, ihm große Lobsprüche zu ma=
chen, wegen der erstaunenden Kraft, die er bereits,
bei so viel erfochtenen Siegen, verschwendet hät=
te: ich gestand ihm hierauf, daß es unbescheiden
schiene, ihn noch jezt von der Mahlzeit zurükzu=
halten, und seine Riesenstärke auf die Probe zu
sezzen: zulezt aber sagte ich, daß mich das alles
nicht abhalten könte, noch mit ihm zu disputiren,
weil ich gewiß überzeugt wäre, daß seine Kraft nie
erschöpft würde, und daß es ihm, im Disputiren,
gehe, wie der Messalina in gewissen Leibesübun=
gen, von welcher der Dichter sage,

Haec lassata viris, sed non satiata recessit.

Bei dieser Vorrede entstund ein so plözliches
und algemeines Gelächter und Gescharre, daß der
gute Freisleben alle Gegenwart des Geistes verlor,
und seine Argumente ihm verunglükten.

Bald kams so weit, daß jeder Disputirende
mich scheute, und ein und anderer, mir drohte,
daß er mich nicht invitiren würde, wenn ich käme,
oder — daß er mit Grobheit sich meiner entledi=

gen müßte. Das bewog mich, wie den jungen
Hebenstreit, nach und nach von diesem Handwerk abzustehn, und das Auditorium von Studen-
tengelerm, und die Respondenten von einem
schweißtreibenden Mittel zu befreien.

Vier und zwanzigstes Kapitel.

Der angehende akademische Docent. Erstes Licht.

Ich habe im vorigen Kapitel einen Zeitraum von
drei Jahren umfaßt. Ich kehre also jezt in das
Jahr meiner Magisterpromotion zurük, und erinnere meine Leser daran, damit sie nicht die hier
vorkommenden Bekentnisse meiner Unwissenheit
mit den Merkmalen der Geschiklichkeit im Wider-
spruch finden, welche das vorige Kapitel aufstelte.

Das höchste Ziel meines Ehrgeizes, war der
akademische Katheder. Und wirklich war die Er-
reichung dieses Ziels zugleich das einzige Mittel,
welches mich für die Welt zum nuzbaren Manne
machen konte. Denn bei meinem feurigen Tempe-

ramente würde ich nimmermehr mich haben fixiren, und zu einer soliden Lebensart bringen können, wofern ich nicht die Laufbahn des akademischen Lehrers betreten hätte. Hier allein war es möglich, mich fest zu machen, und zur Arbeitsamkeit zu gewöhnen. Hier war es die Ehre, die nur Fesseln anlegte, und meine Flüchtigkeit minderte. Hier war ich gezwungen, zu arbeiten, wenn ich mich nicht selbst vor der Welt zu schanden machen wolte.

Mit Warheit kan ichs sagen, daß ich in meinem Leben alles durch lehren — gelernt habe. Ich war überal Ignorant, und ward überal meiner Wissenschaft mächtig, sobald ich einmal darüber Vorlesungen gehalten hatte. Denn nun sezte ich mich vor jeder Stunde, in welcher ich Dociren solte, vier bis fünf Stunden hin, und las und dachte und studirte, mit der allergrößten Anstrengung, über die Materie, welche ich in der Stunde vortragen solte. Und natürlich bekam ich sie nun durch jenes Studium der Materie, und dieses Bestreben, sie ordentlich, deutlich, fliessend, und mit Lebhaftigkeit vorzutragen, (man bringe immer den guten Kopf mit in Rechnung) so völlig in meine Gewalt, daß ich sie am Finger hersagen konte. Und so ward durch das Dociren das bewirkt, was durch alles Kollegienhören nicht zu erzwingen gewesen war.

Was meinen Lesern hierbei am sonderbarsten vorkommen wird, ist gewiß dis, daß ich mit der theologischen Dogmatik den Anfang machte. Allein das ging sehr natürlich zu. Erstlich schien es mir nach meinen damaligen Begriffen, die ich mir von den Erfordernissen eines Gelehrten meiner Art machte, mein höchstes Bedürfniß zu seyn, daß ich vor allen Dingen meiner Dogmatik mächtig seyn müßte. Zweitens war ich gar nicht im Stande, etwas anders zu lesen, weil ich die philosophischen Wissenschaften, bei aller der Zeit und dem Fleiße, den ich darauf verwendet hatte, noch nicht zu verdauen vermögend gewesen war. Was ich von theoretischer Philosophie wußte, und selbst, was ich gründlich wußte, waren vereinzelte Ideen. Manche Materien verstand ich noch gar nicht, und das Ganze war ich nicht im Stande so zu übersehen, daß ich mir hätte ein System bilden können.

Ich fing also mit Dogmatik an, weil mir diese am leichtesten wurde. Und ich hatte das seltsame Glük, ohngeachtet ich nicht öffentlich anschlagen, und sie nur als Repetition der Vorlesungen meines Vaters ausbieten durfte, dreißig Zuhörer zu bekommen: wobei ich die Merkwürdigkeit nicht übergehen darf, daß in diesen meinen ersten Vorlesungen sich Zuhörer befanden, welche noch in der Fürstenschule meine Obern gewesen waren, und mich mit Ohrfeigen beehrt hatten. Dies ist so zu enträthseln. Die Zeit, welche ein Alumnus eigentlich in der Pforte bleiben muß, beträgt sechs Jahre. Nun blieb ich nur zwei Jahre. Folglich hatten viele der Obersekundaner, und jüngsten Primaner meiner Zeit noch drittehalb **und drei** Jahre zu bleiben, da ich die Schule verließ. Daher kam es, daß einige z. E. Eisenhut, Deutrich, (jezt ein Prediger im Merseburgischen) Senf (jezt Pastor und Consistorialrath in Halle) und verschiedene andere, damals erst von der Schule angelangt waren, da ich mein erstes Collegium las. Ich habe sie auch selbst, da sie sich zur Dogmatik meldeten, daran scherzend erinnert, daß sie mich noch vor vier Jahren als

Ω 5

einen Tertianer ihre schwere Hand hätten fühlen lassen.

Aber noch erinnere ich mich mit Lachen an den greulichen Kohl, den ich damals meinen dreißig Zuhörern auftischte. Ich las in meines Vaters Auditorium, welches neben seiner Studierstube war. Mein Vater also stand, jede Stunde, wenn ich las, hinter der Thür, um mir zuzuhören, und hatte eine Schreibtafel zur Hand, in welcher er meine Schnizzer notirte, um mich nach der Stunde zu belehren. Und leider mußte er jede Stunde mehrere Seiten vollschreiben und bald besondere Klassen formiren, um die dogmatischen, exegetischen und grammatischen Fehler von einander zu sondern. Denn es war fürchterlich, was ich mitunter für Ignoranzen beging. Es verfloß keine Stunde, wo der gute Vater nicht ein paar Duzzend Donatschnizzer aufzeichnen mußte, welche mir im Sprechen entwischt waren: denn ich docirte alles lateinisch: was damals noch in Leipzig mode war. Und eben so häufig sündigte ich bei Entwiklungen dogmatischer Begriffe oder Erklärungen der biblischen Beweisstellen. Am häufigsten schlegelte ich im N. Testament, wo ich so sehr Idiot war, daß ich mich erinnere, einmal μελλειν mit μελεταν verwechselt zu haben.

Und doch gingen meine dogmatischen Vorlesungen ohne Prostitution ab. Ich sprach mein Latein so fertig, daß viele Schnizzer nicht bemerkt und die bemerkten dem neunzehnjährigen Docenten verziehen wurden. Und in meinem Vortrage selbst war, der vielen Fehler ungeachtet, dennoch auch viel Gutes, in Absicht auf Ordnung, Deutlichkeit, Entwiklung der Begriffe, lichtvolle Darstellung der Argumente u. s. w. was ich meinen mühsamen Präparationen zu verdanken hatte; gnug meine Auditoren waren mit mir zufrieden und hielten aus bis ans Ende. Und ich — hatte den sehr wichtigen Vortheil, nun meine Dogmatik volkommen inne zu haben. Denn mein von Ehrgeiz erzwungnes Studium, mit denen täglichen Nachbesserungen meines Vaters, war natürlich, bei einem guten Kopf und zugleich glüflichem Gedächtnisse, das entscheidende Mittel, mich von meinem theologischen System Meister zu machen. — Ich kan auch betheuern, daß ich in meinem Leben

weiter kein theologisches System, weder groß noch
klein gelesen, viel weniger studiret habe. Ja ich
habe nie einen Kemniz, Buddäus, Holmann und
wie alle die orthodoxen Systematiker heissen, in
meinem Hause gehabt.

Nachdem ich die nach meiner Vorstellung
hauptsächlichste Wissenschaft hinter meinen Rükken
hatte, ging ich aufs Hebräische los, welches mir
Bosek so sauer und folglich so zum Ekel gemacht
hatte, daß ich ganz unwissend darinnen geblieben
war. Ich machte den Anfang mit einem sogenanten Fundamentali, und verfuhr, wie mit der
Dogmatik. Zu halben Tagen saß ich und studierte
die Subtilitäten der Punktveränderungen und
lernte Regeln und Exempel auswendig, um in
jeder Stunde als ein Mann auftreten zu können,
der seiner Wissenschaft mächtig ist. Und so war
ich am Ende des halben Jahres so firm in der
hebräischen Grammatik, daß ich meinen Kodex so
gut wie Bosek analysiren konte.

So hab' ich zwei Jahr fortgefahren. Alle
halbe Jahre nahm ich ein, in der Folge auch zwei
Fache vor, die ich als Docent bearbeitete, um sie

mir eigen zu machen. Und dadurch lernte ich
nicht nur, sondern ich gewöhnte mich zugleich
ans Studiren und bekam, mit der Lust zum ge=
lehrten Fleiße (welche das täglich sichtbare Wachs=
thum meiner Kentnisse erhöhte) auch immer mehr
Kraft und Reise des Geistes.

Das erste in mir aufgehende Licht, dessen ich
mich aus diesem Zeitpunkte erinnere, schien im
exegetischen Fache. Ich stieß, schon bei meinen
Vorbereitungen auf die dogmatischen Vorlesungen,
auf so viel Stellen des N. Testaments, welche
Anführungen des A. Testaments enthielten, und
wurde bei etwas genauerer Vergleichung derselben
oft stuzzig, wenn sie im Alten das gar nicht zu
enthalten schienen, was sie im Neuen Testamente
bezeugen solten. Als ich hernach über den Esaias
und Hoseas las und diese dichterischen Schrift=
steller zum erstenmale im Zusammenhange studirte,
so fand ich mehr als einen Spruch so augenschein=
lich verschieden von dem Sinne des Anführenden
im N. Testament, daß ich mich zu der Kezzerei ge=
drungen fühlte, im N. Testament bloße Akkom=
modationen anzunehmen, und zu behaupten, daß

die Propheten an das gar nicht gedacht und mit
ihren Worten angedeutet hätten, was die Schriftsteller des N. Testaments bei Anführung derselben
hätten sagen wollen. So hielt ich es Ef. 7. für
offenbar albern, eine Weissagung vom Messias
finden zu wollen, da der ganze Zusammenhang
lehrt, daß von lauter Gegenständen der damaligen Zeit die Rede ist. Selbst bei Kap. 53. wurde
ich zweifelhaft, und hielt die Deutung desselben
auf Hiskias für die wahrscheinlichere, ohngeachtet meine damals noch hohe Idee von der theologischen Satisfaktionstheorie mich zurükhielt, die
herkomliche Meinung ganz zu verwerfen. Am
stärksten bewegte mich die Stelle Hos. 11. wo es
heist: Da Israel jung war (d. h. da die Israeliten erst anfingen, einen Staat zu formiren) hatte
ich ihn lieb und führte ihn, meinen Sohn,
(mit der Zärtlichkeit eines Vaters für seinen Sohn)
aus Egypten. Aber wenn ich ihn jezt rufe
(wenn ich ihn jezt leiten und führen wil) so huret
er andern Göttern nach. 2c. Denn da war es
aus dem Gegensazze: jezt huret er 2c. alzuklar,
daß der Prophet und (was ich damals noch glaubte) der durch ihn redende h. Geist ganz ohnmöglich

an Christum gedacht und von seiner Rükkunft
aus Egypten geweissagt haben konte.

Und diese erste Einsicht, die ich durch eignes
Prüfen erlangte, verursachte denn, daß ich jezt
um so emsiger studirte und mit meinen eignen Augen zu untersuchen strebte, ob auch alles so sey,
wie man mits überredet hatte. Venema und
Grotius waren damals die Bücher, die ich gebrauchte und die mir manches Licht gaben und
manche alte herkomliche Schriftauslegung von mir
verscheuchten.

Indessen blieb ich im ersten Jahre meines
forschenden Fleißes der erlernten Dogmatik völlig
treu und glaubte eisenfest alle Lehrsäzze derselben,
mit allen ihren Bestimmungen, welche meines Vaters Hefte enthielten. Ja, ich hielt es für unmöglich, daß in den Lehrsäzzen selbst irgend etwas
falsch seyn könte, gesezt auch daß die Theologen
in den Beweissprüchen manches übersehn und
nicht überal ihrem wahren Sinne gemäs sie angeführt hätten. Daher fiel mir es auch noch gar
nicht ein, die Lehrsäzze selbst zu prüfen. Und ich

würde mir vor Gottes Angesicht einen Vorwurf
darüber gemacht haben, wenn mir ein Zweifel
dagegen aufgestoßen wäre.

Fünf und zwanzigstes Kapitel.

Meine Bekehrung, oder, Durchbruch des Lichts.

Viele Pietisten haben behauptet, der Mensch
müsse die Stunde, ja den Moment seiner Bekehrung angeben können. Denn sie meinen, es sei
ein gewisser Augenblik, wo der h. Geist, wie ein
Küchlein das Ei durchbricht, gleichsam die harte
Sündenkruste durchbreche, und wo der Mensch es
ganz genau fühlen könne, wenn, nach langem
Kampfe mit der Liebe zur eignen Gerechtigkeit,
endlich das Gnadenlicht plözlich eindringt und das
völlige Hinsinken in die Wunden Jesu und das
alleinige Ergreifen derselben bewirkt und damit
zugleich die selige Empfindung der geschehenen
Rechtfertigung hervorbringt.

Ich

Ich kan wirklich auch den Moment meiner
Bekehrung, nach meiner Art angeben. Denn ich
weiß genau die Stunde, wo das Licht meiner Ver=
nunft die harte Kruste meiner Steifglaubigkeit auf=
riß, und der Durchbruch erfolgte, so daß das
neugeborne Kind der Aufklärung — freilich nur
nach und nach und sehr langsam — wachsen, und
zum Manne reifen konte.

Gott hatte mir einen Freund beschert, welcher
das Werkzeug dazu ward, und dadurch den Na=
men des Freundes im erhabensten Sinn des Worts
verdiente. Er ist jezt, wo ich nicht irre, Lehrer
an der Leipziger Thomasschule. Sein Name ist
Topf. Dieser redete mir nicht nur beständig von
den herrlichen Dingen vor, die man bei Ernesti
und Fischern lernen könte, sondern er reizte und
beschämte mich auch fast täglich durch das Beispiel
seines unermüdeten Fleißes. Wir waren vertraut
und spielten fleißig ein Lhomberchen mit einan=
der — ein Spiel, welches mein Vater liebte und
das ich, in seinen Gesellschaften, durch Zusehen
frühzeitig gelernt habe. Er tadelte daher sehr oft
und freimüthig meine blinde Anhänglichkeit an

Crusius, und bedaurete mich, daß ich bei all meinem Kopfe ein armer Ritter werden würde, wenn ich weiter nichts lernte.

Eines Tages war ich schon auf seiner Stube, und hatte die Karten zurechte gelegt, als er auß den Vorlesungen des Prof. Fischer nach Hause kam, und mich mit einer mitleidigen Mine ansah. O wie daurest du mich, lieber Bahrdt, sprach er, indem er seine Hefte mit einem Seufzer auf den Tisch warf, daß du solchen Unterricht entbehrest, wie ich jezt genieße. Warlich Bruder, der Fischer sagt uns Sachen, die man bei all den großen Fakultätsperükken nicht zu hören bekomt. Das heist doch Bibelerklärung! Da lernt man doch seine Bibel verstehn, und gewiß werden, daß man den rechten und einzig wahren und möglichen Sinn gefunden hat. Bei deiner Crusianischen Methode ist die Bibel eine wächserne Nase, die sich nach jeder Philosophie und nach jedem System drehen läßt. Bruder, du mußt warlich mit zu Fischern, wenn du gleich schon Magister bist. Es ist Winter, und in den Abendstunden, wo er liest, ist's so ziemlich dunkel, daß dich niemand gewahr wird. Du wirſts bei Gott nicht bereuen, mir gefolgt zu haben.

Bei dieſen Worten ſah mir der gute Topf ſo herzlich ins Geſicht, und ſchien ſo gerührt, daß ich ohnmöglich ohne Rührung bleiben, und der ſo gutgemeinten Ermahnung widerſtehen konte. — Mein ganzer Ehrgeiz wachte auf, all meine Wiſsbegierde wurde rege, und der Gedanke, daß ich das vermeinte Licht, was mir ſchon aufgegangen war, vergrößern würde, beſtimte mich zur Folgſamkeit. — Weiſt du was, Bruder, ſprach ich auf eine ihn überraſchende Art, morgendes Tages geh' ich mit. — Er fiel mir um den Hals, und eine Thräne zitterte in ſeinem Auge. Denn es war eine weiche Seele. — „Nun hab' ich dich „erſt recht lieb; Und nun glaub' ich, daß du den „Weg zum großen Mann finden wirſt.‟

Ich ging. Fiſcher las über den erſten Brief an die Korinther, und war am Ende des zweiten Kapitels. Ich hörte einige Stunden aufmerkſam zu, war aber wie ein Menſch, der aus Oberſachſen zum erſtenmale nach Niederſachſen komt. Ich verſtand wenig. Erſtlich las er lateiniſch. Dann

räsonnirte er gar nicht über den Text, demonstrirte
den Sinn nicht a priori, zog keine Dogmata,
keine Porismata heraus: kurz es war gar nicht
die Küche, die ich gewohnt war. Er redete von
grammatischer Erklärung, von Sprachgebrauch,
von Gewohnheiten gleichzeitiger Schriftsteller —
sprach von Septuaginta, Aquila, Symmachus,
Theodotion, Hierichuntina — Philo, Josephus —
erläuterte aus diesen Schriftstellern den Apostel —
kurz er redete von Dingen, die mir neu und un=
erhört waren: und vor denen mich Crusius in der
Folge (wie ich oben schon erzählt habe) sehr an=
dächtig, ob schon zu spät warnte.

Doch die ungewohnte Kost schrekte mich nicht
ab. Meines Topfes brüderliche Ermahnungen
hatten mir den Magen so weit zubereitet, daß
Lüsternheit da war, ohngeachtet ich noch dem
Dinge den Geschmak nicht abgewinnen konte. Es
ging mir wie einem, der zum erstenmale Austern
vorgesezt bekomt. Der Gedanke, daß es ein vor=
nehmes Essen ist, macht ihn lüstern. Er kostet.
Es schmekt nicht. Er zwingt sich. Endlich lernt
er sie hundertweise mit Wollust verschlukken.

Fischer kam aufs dritte Kapitel, wo Paulus die Korinther ausschilt, daß sie unter der Gemeine Spaltungen machten, und einige sich Kefisch, andere Apollisch, andere Paulisch, andere Christisch nanten, und wo er den sehr vernünftigen Grund von der Thorheit und Ungereimtheit dieser (bis anno 1789 beibehaltenen, und durch Landesgesezze privilegirten) Mode angiebt, daß ja Paulus und Apollo und Kephas eins sind — εν ειßι — d. h. einerlei Religion vortragen, für einerlei Zwek arbeiten.

Bei dieser Stelle führte Fischer verschiedene Stellen aus andern so wol guten als Hellenistischen Schriftstellern an, in welchen das Eins seyn von Personen prädicirt wird, und allezeit eine moralische Einheit d. h. eine Uebereinstimmung der Lehre, der Grundsäzze, der Absichten, der Endzwekke — andeutet. Und er erinnerte uns dabei, daß es auch hier, vermöge des Zusammenhanges, nichts anders bedeuten könne, als — eine moralische Verbindung, und Uebereinstimmung der Lehren: da der Apostel die Absicht habe, zu sagen, daß es ungereimt sey, von irgend einem Lehrer sich

einen Namen zu geben, und eine Parthei zu for=
miren, weil ja alle Lehrer einerlei Religion predig=
ten oder doch predigen solten, und für einerlei
Zwek, nämlich für die Veredlung und Beseligung
der Menschen durch die Lehre Christi, bestimt und
angestelt wären.

Nachdem er nun so uns den Sinn des Eins=
seyns augenscheinlich gemacht hatte, sezte er mit
seinem ihm eignen austeren und barschen Tone hin=
zu: „und nun seht ihrs ja, was das Diktum
„1 Joh. 5 7. für Eure Dreieinigkeitslehre bewei=
„sen kan, wenns auch genuin wäre.”

Hier wars, als wenn ein Donnerschlag mich
erschütterte. Ich erblaßte, und das Herz fing mir
an zu schlagen, als wenn ich meinen Freund in
Feuersgefahr erblikt hätte. „Gott, dachte ich bei
„mir selbst, nicht genuin? und wenns auch genuin
„wäre, nichts beweisend? das dictum classicum
„primi ordinis pro adstruenda Ss. Trinitate,
„welches dir bisher das stärkste und unwider=
„sprechlichste geschienen hat, um dieses heilige
„Geheimniß aus der Schrift klar zu machen, sol
„nicht genuin seyn? Was ist das, nicht genuin?

„Und fol auch keine Beweiskraft haben? Warlich,
„wenn das Diktum nichts mehr gilt, so siehts um
„die andern noch schlechter aus, da wanket meine
„ganze Dogmatik, und verdient eigne Prüfung."

Ich hatte für die ganze übrige Lektion meine
Aufmerksamkeit verloren. Ich ging schwermüthig
nach Hause, und verfiel in tiefes Nachdenken.
„Nicht genuin? Nicht beweisend?" Das lag
mir auf dem Herzen, wie ein Stein. Denn so
was in meinem Leben zu hören, hatte ich mir
nie vorgestelt.

Mein Gewissen wolte mich anfangs gar nicht
zur Untersuchung lassen. Es war mir immer, als
wenn mich eines warnte: gieb den Zweifeln keinen
Raum, damit du nicht zum Unglauben verführt
werdest, und dein Heil verscherzest. Und doch
wolte mirs nicht aus dem Sinne, daß das Diktum
nichts beweisen solte. Auch war mir der Grund
davon so einleuchtend, daß ich mirs gar nicht erwähren konte, ihn zu sehn. Einsseyn, von Personen gesagt, heißt doch überal — selbst bei Pau-
lo — moralische Einheit; warum sols hier beim
Johannes Einheit des Wesens seyn? Das lag

mir unaufhörlich vor der Stirn. Ich mochts nicht los werden.

Endlich ging ich zu meinem Vater. „Ich komme heut mit schwerem Herzen zu Ihnen, hub ich an, der Fischer hat mich in meiner ganzen Dogmatik irre gemacht."

Er. Wie so? Das wird wol so ernstlich nicht gemeint seyn. Das sol der Fischer wol bleiben lassen. Die Lehre Christi, mein Sohn, ist ein Fels, den die Pforten der Hölle nicht überwältigen können.

Ich. Das weiß ich, bester Vater. Aber ich wanke wirklich. Und ich komme, bei Ihnen Hülfe zu suchen. Sagen Sie mir doch vor allen Dingen, was das heißt, ein Diktum der Bibel sey nicht genuin?

Er. (verweisend) Ja, es ist nicht gut, daß du nie ein Collegium über die Kritik der Bibel gehört hast. Du mußt das jezt durch Privatfleiß nachholen. — Nicht genuin nent man ein Diktum, welches in den neuern gedrukten Ausgaben der Bibel zwar steht, von dem aber behauptet wird, daß es in den ältesten und besten Handschriften nicht gestanden habe, und also irgend einmal in den Text sey eingeschoben worden.

Ich. Also wäre ein solches Diktum nicht vom Apostel, sondern von einem Betrüger?

Er. Eben nicht, Betrüger. Aber man sagt häufig, daß in den alten Zeiten auf den Rand der Abschriften des N. Testaments mancherlei geschrieben worden sey, welches hernach durch Versehn der Abschreiber, manchmal auch absichtlich, zum Behuf eines Dogma, mit in den Text gesezt worden wäre. Aber wie komst du denn jezt auf die Frage?

Ich. Ich war gestern ganz des Todes, da Fischer sagte, daß das Hauptdiktum 1 Joh. 5, 7. Drei sind, die da zeugen rc. nicht genuin sey.

Er. O darüber laß dir keine grauen Haare wachsen. Das ist schon ein alter Streit, wo die Gegner hinlänglich widerlegt sind. Wenn du einmal den Myll, Wettstein und andere kritische Werke studiren wirst, da wird sich schon mehr Licht für dich finden. Das Diktum fehlt freilich in manchen alten Handschriften, und patristischen Allegationen (beiläufig, lieber Sohn, an Patri-

R 5

stik haſt du wol auch noch nicht gedacht?) aber
es ſteht auch gegenſeitig in vielen Codicibus, und
wird von ſehr alten Kirchenvätern allegirt. Zu=
dem hats alle mögliche argumenta interna für ſich.
Alſo hats keine.Noth. Das Diktum iſt genuin.

Dieſes Geſpräch ward unterbrochen, und ich
verließ meinen Vater doch mit halber Beruhigung,
weil ichs ihm=glaubte, daß der Spruch wenig=
ſtens genuin ſey, und weil das nun gehoben ſchien,
was mich am meiſten geängſtet hatte. Aber des
andern Tages ſtunds wieder mit mir auf, und
meine Unruhe nahm von neuem überhand. Es fiel
mir ein, daß es doch in vielen — alten — be=
währten Handſchriften nicht fehlen könnte, wenns
genuin wäre: und — daß wenigſtens, aus jenem
Fehlen, ſo viel ſich folgern ließe, daß der Spruch
kritiſch zweifelhaft ſey, und folglich als entſchei=
dender Beweisſpruch nicht gebraucht werden könne.
Denn wenn es nicht ganz gewiß, ganz unwider=
ſprechlich wahr iſt, dachte ich bei mir ſelbſt, daß
ein Spruch wirklich vom h. Geiſte iſt: wenn es
noch Gründe für die Möglichkeit giebt, daß er
untergeſchoben ſeyn könte; ſo kan ich meinen

Glauben, auf einen solchen Spruch nicht mehr gründen: so kan ich mich dessen gegen keinen Gegner bedienen: — und so ist mir, selbst nach dem, was mein Vater zugestund, das Diktum 1 Joh. 5, 7. nun doch so gut als verloren. Und gewiß wird es nicht das einzige Diktum in der Dogmatik seyn, gegen welches sich dergleichen Einwendungen machen ließen, wenn man sie genauer untersuchte.

Sechs und zwanzigstes Kapitel.

Fortsezzung.

In diesen Gedanken des Unglaubens bestärkte mich die Fortsezzung des Gesprächs mit meinem Vater, statt daß sie mich hätte beruhigen sollen. Er konte mich auf keine Weise befriedigen.

Gleich meinen Hauptzweifel, mit dem ich am folgendem Tage ihn antrat, schien er mir nicht recht lösen zu können. Ich stelte ihm nämlich vor, daß, wenn er zugeben müsse, daß die Fischersche

Erklärung des Einsseyns der drei Zeugen möglich
sey, die alte Auslegung von der Einheit des Wesens so gut als widerlegt sey. Dies erklärte er
für eine unstatthafte Folgerung. Aber ich beharrte
dabei, und entwikelte ihm meinen Schluß so:
„wenn ich, bei meinem Glauben an die Lehrsäzze
der Religion, Beruhigung haben, und gewiß seyn
sol, daß die h. Schrift sie wirklich enthält, und
Gott sie in derselben gelehrt, und sie mir zu glauben befohlen habe; so muß der Spruch, auf welchen ich diesen Glauben gründe, einen so ausge-
machten Sinn haben, daß kein anderer Sinn
reelle Möglichkeit hat. Denn so lange ein Gegner auftreten und sagen kan, sein Sinn sey möglich d. h. er stimme mit Grammatik, Sprachgebrauch, und Kontext überein, so lange habe ich
bei meinem Sinn keine Gewißheit. Denn das ist
nicht völlig gewiß, dessen Gegentheil eben so wol
möglich ist, d. h. eben so wol Gründe für sich hat.
Wenn ich also annehme, daß die Worte, Drei
sind, die da zeugen — und diese drei sind eins,
eben so gut nach den Regeln der Auslegung von
einer moralischen Einheit verstanden werden können, als von einer wesentlichen; so ist die leztere

insofern nicht gewiß, und mein Glaube kan sich auf diesen Spruch nicht mehr mit Beruhigung gründen. Und der Gegner, der nun die Dreieinigkeit leugnet, hat eben dadurch diesen Beweisspruch widerlegt, daß er eine andere gleich mögliche Erklärung desselben angezeigt hat. Denn mir liegt es ja ob, wenn ich den Gegner bekehren und seinen Irthum benehmen wil, daß ich ihm Beweissprüche bringe, in denen das Dogma, das er glauben sol, so entscheidend vorgetragen wird, daß gar kein andrer Sinn, nach den Gesezzen der Interpretation, stat findet. Wenn also der Gegner mir bei einem Beweisspruche zeigen kan, daß allerdings ein andrer stat findet; so bin ich eben damit widerlegt. Denn der Orthodoxe muß Gewißheit geben, der Kezzer aber braucht nur Möglichkeit des Gegentheils zu beweisen."

Er. Mit solchen Räsonnements, mein Sohn, wirst du die Ruhe deines eignen Glaubens zerstören.

Ich. Ohne meine Schuld, bester Vater. So lange mir dies Räsonnement einleuchtet, kan ich ja nicht widerstehn. Ich bin ja gezwungen, zu zweifeln. Helfen Sie selbst mir heraus.

Er. Das kanst du selbst, wenn du nur nicht vorsezlich der Wahrheit widerstrebest. Denn du weist doch, daß die Lehre von der h. Dreieinigkeit eine herschende Lehre der Schrift ist. Du hast also gar keinen Grund, unter den möglichen Erklärungen des Einsseyns, gerade die zu wählen, welche dich zum Unglauben führt.

Ich. Es fält mir auch nicht ein, bester Vater, die herschende Lehre der Schrift zu verwerfen und an ihr ungläubig zu werden: sondern es scheint mir nur, daß durch die mehrgedachte Möglichkeit, dieses schöne Diktum probans verloren gehe.

Er. Warum sol es aber verloren gehen: da du die Wahl hast?

Ich. Für den Gegner gehts doch verloren: und insoweit auch für mich, insofern ich dem Gegner nichts mehr damit beweisen kan, weil er sich darauf beruft, daß seine Erklärung eben so wol möglich sey. Und er hat noch überdies einen wichtigen Grund seiner Wahl. Er kan sagen, ich bin verbunden, unter zwei möglichen Erklärungen eines Spruchs, die zu wählen, welche

der Vernunft am gemäßesten ist. Nun aber ist
die orthodoxe Erklärung über alle Vernunft und
ganz unbegreiflich: hingegen die meine, von der
moralischen Einheit oder Zusammenstimmung der
Zeugen ist vernünftig und einleuchtend, also muß
ich die meinige verziehn.

Er. Aber wenn du ihm zeigen kanst, daß
die Einheit des Wesens der drei Personen herschende Schriftlehre ist; so hast du ihm ja einen
entscheidenden Grund angegeben, unter den zwei
möglichen Erklärungen, hier die zu wählen, welche der herschenden Schriftlehre gemäs ist.

Ich. Ja, bester Vater, aber so ist doch
vor der Hand dieses Diktum verloren, weil es
eher keine Beweiskraft hat, als bis ich bewiesen
habe, daß die Dreieinigkeit herschende Schriftlehre ist. Und die Frage wär' es, ob ich eine
einzige Stelle der Bibel für die Dreieinigkeitslehre fände, welche mir der Gegner nicht eben so
zurükschiffen könte wie diese, nämlich durch Dar-
legung eines andern eben so möglichen Sinnes.

Er. Und dennoch wäre das Diktum nicht
verloren, denn ich würde dem Gegner zeigen, daß

er nicht nur durch den herschenden Schriftvortrag,
sondern selbst durch den gewöhnlichen Sprachgebrauch bestimt werde, die orthodoxe Erklärung
zu wählen, und die Einheit des Wesens gelten
zu lassen.

Ich. Ja, da hätten wir gewonnen Spiel,
wenn wir zeigen könten; daß das Eins seyn, gewöhnlich, die Einheit des Wesens bedeute. Denn
ich habe immer gedacht, daß sich diese Bedeutung
gar nicht beweisen lasse. Wenn Sie mir nun
zeigten, daß es sogar die gewöhnliche sey, so
wäre mein Glaube freilich beruhigt und das Diktum gerettet.

Er. Ich weiß nicht, wie du mir vorkomst.
Du hast über meine Dogmatik gelesen und wilst
nicht wissen, daß das Einsseyn hundertmal in den
Reden Jesu von der Einheit des Wesens vor-
komt? Wie oft sagt Christus auf das nachdrük-
lichste, ich und der Vater sind eins?

Ich. Diese Stellen, mein Vater, habe ich
nicht vergessen. Aber ich weiß nur nicht die orthodoxe Bedeutung des Einsseyns damit zu beweisen. Denn aus einer Stelle etwas beweisen,
heist

heist ja soviel als zeigen, daß der angegebne Sinn
der einzig mögliche sey, und daß jeder andere
Sinn mit den Regeln der Auslegung streite und
also keine reelle Möglichkeit habe.

Er. Richtig. Und so darfst du ja nur alle
die unzähligen Beweisstellen der Dogmatik, für
die wesentliche Gottheit Christi zusammennehmen,
so ists ja klar, daß Christus sich in keinem andern
Sinne eins mit Gott nennen kan.

Ich. Verzeihen Sie mir, wenn ich mich
beklage, daß Sie damit die Untersuchung verlän-
gern, und mich überal in derselben Noth sizzen
lassen. Ich solte ja dem Gegner, um das Diktum
1 Joh. 5, 7. zu retten, beweisen, daß das Einsseyn in der h. Schrift eine Einheit des Wesens
anzeige, und daß das gewöhnlicher Sprachgebrauch sey. Da ich das nun nicht zu können schien,
führten Sie mich auf die vielen Reden Jesu, wo
das Einsseyn Jesu mit dem Vater behauptet wird.
Und da ich nun hier wieder frage: wie ich aus diesen vielen Stellen den gewöhnlichen Sprachgebrauch beweisen solle; so verlangen sie, daß ich
erst wieder alle andern Beweisstellen für die Gott-

1. B.   S

heit Christi zu Hülfe nehmen sol. Wie nun, wenn
es uns bei allen so gienge, daß der Gegner eine
andere mögliche Deutung fände? Und zudem hät=
te ich damit nicht einmal etwas bewiesen. Denn
wenn auch die Gottheit Christi, wie ich fest glaube,
aus hundert Stellen sich erweisen läßt, so folgt ja
noch gar nicht, daß darum das Einsseyn eine
Einheit des Wesens anzeigen muß. Des Ge=
gners moralische Einheit bleibt ja immer noch
möglich.

Er. Nimmermehr. Besinne dich nur, daß
Christus diese Redensart meistentheils in der Ver=
bindung braucht, wo von der Hoheit seiner Per=
son die Rede ist, welche die Juden bezweifelten.
Wie wäre es möglich, daß Christus auf die Frage,
bist du Gott? antworten könte: ich und der Vater
sind eins, wenn er damit eine blos moralische Ein=
heit anzeigen wolte. Das wäre ja widersinnisch.
Denn, moralisch eins, können und sollen ja alle
Menschen mit Gott seyn: sind sie darum Gott?

Ich. Nein. Aber gleichwol scheint Christus
selbst nichts als eine moralische Einheit seiner Per=
son mit Gott lehren zu wollen, weil er ausdrük=

lich sein Einsseyn mit Gott und das Einsseyn der Menschen mit Gott als einerlei vorstelt.

Er. Wie? Als einerlei?

Ich. Mich deuchts. Betet Christus nicht im Johannes: Vater, ich wil, daß meine Jünger mit dir und mit mir eins seyn, wie ich mit dir eins bin? Hier deucht mich, ist offenbar der Sinn dieser: Vater, gieb, daß meine Jünger eben so mit mir, und dir Ein Herz und Eine Seele werden, und sich mit uns zu dem großen Zwekke der Beseligung der Menschheit durch Warheit vereinigen, wie ich mit dir zu diesem großen Werke vereiniget bin.

Er. Du nimst die Vergleichung zu streng. Es sol nur so viel heißen: Laß meine Jünger moralisch mit uns eins seyn, in einem eben so festen Bande, wie das ist, was uns wesentlich eins macht.

Ich. Das läßt sich hören. Aber der Gegner wird immer sagen, daß diese Vergleichung gezwungen und — nicht bewiesen sey.

Er. Ei, so beweise ich sie ihm eben damit, daß Christus die Redensart, wie ich oben dir sagte,

da braucht, wo ausdrüklich von seiner Gottheit
die Rede ist.

Ich. Aber sagt denn Christus in irgend einer solchen Stelle ausdrüklich, wenn die Juden
ihn fragen: ja, ich bin Gott? Ich erinnere mich
keiner. Einmal weiß ich, schikten die Juden (ich
glaube nach Joh. 10) eine Deputation an ihn,
und ließen ihn ausdrüklich fragen, wofür er sich
denn eigentlich ausgebe? Und da braucht er blos
die Worte: ich und der Vater sind eins. Aber
er sagt nicht, ich bin Gott.

Er. Gut, daß du selbst diese Stelle bringst.
Hier ist ja das Einsseyn mit Gott ganz offenbar
die wesentliche Einheit, die seine Gottheit beweist.
Denn die Juden wolten ihn ja steinigen, weil er
sich mit dieser Redensart selbst zu Gott mache.
Also muß es ja damals Sprachgebrauch gewesen
seyn, das Einsseyn mit Gott von wesentlicher Einheit zu verstehen. Bist du denn noch nicht beruhigt?

Ich. Ermüden Sie nicht, bester Vater.
Aus dem, was Sie sagen, folgt nur, daß ihn
die Juden so verstanden haben, nicht aber, daß er
sein Einsseyn mit dem Vater für eine Einheit des

Wesens genommen habe. Vielmehr scheint er dieses als eine Misdeutung anzusehn. Denn er ent-
schuldigt sich ja mit dem herschenden Sprachge-
brauche des alten Testaments, vermöge welchem
alle solche Redensarten, und selbst das Wort,
Gott, als Prädikat, von blossen durch den Geist
Gottes erleuchteten Menschen gesagt werden. Die
Schrift, spricht er, kan ja nicht gelößt d. h. eines Irrthums beschuldiget werden. Nun aber
nennt ja die Schrift so gar die Menschen
Gott, zu welchen das Wort des Herrn geschehen ist, d. h. welche göttliche Erleuchtung hatten.
Scheint es hier nicht offenbar, daß Christus sich
die wesentliche Einheit, und folglich die Gottheit
verbitte, indem er die Juden auf diesen Sprachgebrauch des A. Testaments führt? Denn wenn er
hier die Deputation wirklich hätte belehren wollen,
daß er wahrer Gott sey, und wenn er folglich die
Worte, ich und der Vater sind eins, von einer
Einheit des Wesens verstanden hätte, so mußte ers
ja lieber gerade heraussagen: ja, ich bin Gott!

Mein Vater wendete hier ein, daß Christus
aus weisen Absichten nicht für gut gefunden habe,

S 3

sich jezt noch gegen die Juden, und besonders gegen eine pharisäische Deputation so ganz deutlich
und kategorisch zu erklären, und führte mich und
sich, in der Folge des Gesprächs, in immer ver-
wikkeltere Labyrinthe, dergestalt, daß ich zulezt ihn
verließ, ohne das mindeste für meine Beruhigung
gewonnen zu haben.

Ich ward nunmehro — nicht ungläubig
(denn das ließ mein Gewissen nicht zu — da Orthodoxie zu tief in mir eingewurzelt war) aber
doch zweifelhaft. Und ich faßte den ernstlichen
Entschluß, Fischern fortzuhören, mich mit seiner
Methode zu interpretiren vertraut zu machen, und
eigentlicher Philolog zu werden, ganz in der Absicht, um meine Dogmatik von Anfang bis zu Ende
der schärfsten Prüfung zu unterwerfen, und nicht
eher zu ruhen, bis ich die Lehren meiner Kirche
mit der vollen Rüstung des gelehrten Philologen
vertheidigen, und für jeden Glaubensartikel solche
Beweisstellen aufbringen könte, in welchen das
zu beweisende Dogma so einzig der Sinn der
Stelle sey, daß kein andrer Sinn, vermöge Grammatik, Sprachgebrauch und Kontext möglich bliebe.

Und von Stund an gab ich meinem Crusius
den Abschied. Ich studirte seine Philosophie nicht
mehr. Ich achtete seine Warnungen vor den
Buchstaben (wie er die Sprachgelehrsamkeit
nennte) nicht mehr. Ja, ich besuchte ihn nicht anders, als wenn ich auf Befehl meines Vaters zu
ihm gehen, und etwas ausrichten mußte.

Ich studirte nun mit unermüdetem Fleiße Geschichte und Sprachen. Und ich suchte besonders
alle Hülfsmittel der Philologie zusammen, um in
meiner Bibel mit eignen Augen sehen zu lernen.
Und so war nun, bei allem meinen fortdauernden
Glauben an die Grundartikel des Systems, dennoch in mir der unerschütterliche Grund zum Unglauben gelegt, und meine Bekehrung vollendet.
Denn ein Mensch, der einmal erst entschlossen ist,
die Kirchentheologie zu prüfen, und auf den Pro-
bierstein der Vernunft und Philologie zu bringen,
der kan, wenn er die nöthigen Talente und Stätigkeit hat, bei dem Glauben nicht ausharren,
der muß, auf diesem Wege, zulezt ein Unglaubi-
ger werden: d. h. es kan ihm am Ende der Untersuchung nichts als vernünftige Religion übrig

bleiben, und der positive Kram muß ihm zulezt wie Seifenblasen zerstieben. — Doch, mein Weg war lang, und meine Laufbahn mühsam! Erst in meinem vierzigsten Jahre habe ich sie geendet.

Sieben und zwanzigstes Kapitel.

Kandidaten=Examen.

Ich kan michs wirklich nicht genau mehr erinnern, ob ich mich kurz vor oder gleich nach meiner Promotion zum Kandidatenexamen in Dresden präsentirt habe. So viel weiß ich, daß es um diese Zeit ohngefähr geschehen ist, und daß ich damals schon eine große Fertigkeit im Lateinreden hatte und, mit der größten Dreistigkeit, einige Funken des Vernunftlichts in mir verbunden waren.

D. Herrmann war Oberhofprediger und Am=Ende Generalsuperintendent. Lezterer war ein sanfter Mann und hatte ganz das fromme Air meines verabschiedeten Crusius. Ersterer aber war

lauter Feuer und — ein volkomner Hofmann.
Seine Lebhaftigkeit war vermögend, einen jungen
Menschen zu erschrekken. Er sprach mit solcher
Hastigkeit, mit solchem Geschrei, mit solchen Ge-
stikulationen, und fuhr, wenn er vor mir saß,
mit dem Stuhle so hin und her, daß ich alle Augenblikke fürchten mußte, daß er mit dem Stuhle
auf mir zu sizzen kommen oder mit den Händen
mir in die Perükke gerathen würde. Er war aber
dabei sehr gefällig, höflich und, nach Art der
Hofleute, bereit, alles in der Welt zu thun, was
man sich nur von ihm wünschen konte.

Das Kandidatenexamen in Dresden wurde
öffentlich gehalten, so daß ein Schwarm von dreißig alten und jungen Kandidaten einen Kreis schloß,
von welchem die armen Sünder, welche auf der
Schwizparade stunden, umgeben waren. Die
Examina sind auch da, ihrer Form nach, eben so
verkehrt, und unzwekmäßig, wie ich sie überal
gefunden habe. Sie bestehn in bloßen Fragen und
Antworten. Da sizzen denn die beiden furchtba-
ren Examinatoren, die durch ihre hohen Aemter
und großen Perükken schon Angst einflößen, (wel-

che natürlich durch die Gegenwart des Präsidenten
und der übrigen Konsistorialen so wie durch die
Menge der oft ganz laut lachenden Zuschauer ver=
mehrt wird,) und legen den armen Kandidaten
Fragen vor, die sie vorher sich aufgeschrieben ha=
ben, und verlangen, daß man ihnen gerade so
antworte, wie sie die Antwort erwarten d. h.
wie es ihre Vorstellungsart erfodert, nach welcher
sie schon wieder die folgenden Fragen eingerichtet
haben. Ists wol möglich, bei diesem albernen Ver=
fahren einen jungen Menschen zu prüfen? Mag
ein Mensch aus dem Stegreif alles beantworten,
was die präparirten Herren fragen? Und mag er
es in dieser Lage, wo sich alles vereinigt, ihn aus
der Fassung zu bringen?

Wann wird man denn einmal einsehen ler=
nen, daß die Prüfung eines Menschen gar nicht
anders angestelt werden kan, als wenn das, was
er von sich giebt, Folge seines ruhigsten Nachden=
kens ist? Das Amt, wozu er bestimt ist, erfo=
dert ja keinen Schwäzzer aus dem Stegreif: wa=
rum stelt man denn also die Prüfung so an? Man
wil wissen, ob der Kandidat die Religionswahr=

helten gefaßt und die Fertigkeit sich erworben hat,
sie zusammenhängend, gründlich, lichtvol und po=
pulär vorzutragen: erfährt man das wol, wenn
man ihn ein paarhundert Fragen in abgebrochnen
Redensarten beantworten läßt? Man schließe ihn
doch in ein Zimmer ein, man gebe ihm verschiedene
Materien aus Religion, Moral, Geschichte, —
lasse ihn Zeit zum Nachdenken, heisse ihn sie in
schriftlichen Aufsäzzen bearbeiten — dann kan man
wissen, ob der Mensch Talente und Kentnisse deß
Lehrers besizt. Und dann führe man ein paar
Kinder zu ihm, und lasse ihn ein Stük mit ihnen
durchkatechisiren, um zu sehen, ob er auch Be=
griffe leicht entwikkeln und sich zu Kinderfähigkei=
ten herablassen kan. Aber — neue Erfindungen
für sinliche Lust oder, neue Finanzprojekte, sind
unsern Großen wichtiger als Vorschläge zum Be=
sten der Menschheit. Weg damit!

Bei dem Oberhofprediger kam ich am leichte=
sten durch. Der Mann spricht fast immer selbst.
Er hat kaum eine Frage gethan, so treibt ihn sein
Feuer schon wieder zu neuen Fragen, so daß der
Kandidat nur nöthig hat, hier und da, promt,

ein paar recht passende Worte dazwischen zu werfen, so schreit er bene, bene, und fährt immer
wieder fort, zu schwadroniren.

Ich erwarb mir ein paarmal ein bene und
egregie auf eine recht lächerliche Art, indem ich
zu Bedeutungen griechischer Worte, von denen die
Rede war, mit meiner gewöhnlichen Dreistigkeit,
ein paar Stellen aus dem Homer und Plutarch
allegirte, ohne sie je da gefunden zu haben, blos
in der Voraussezzung, daß er doch nicht nachschla-
gen und mich auf der Täuschung ertappen konte.

Am=Ende war ein erbärmlicher Frager. Er
verstand gar nicht, bestimt sich auszudrükken. Insonderheit war er so erstaunend reich an Divisio-
nen und Distinktionen und gab doch, bei keiner
einzigen Frage, den Grund der Eintheilung (fun-
damentum dividendi) an, so daß man immer die
Eintheilung nur errathen mußte. So fragte er
mich z. B. wie vielerlei ist die Gnade? Da waren nun funfzig Antworten möglich. Denn die
Dogmatik hat in dem Kapitel de gratia bekantlich
gerade die gröste Menge von Eintheilungen. Ich
war also schnel mit der Antwort: est vel univer-

salis vel — er ſchüttelte mit dem Kopfe — eſt vel
praeveniens vel operans vel — er ſchüttelte mit
dem Kopfe — eſt vel vocans vel illuminans vel
convertens, vel — er ſchüttelte mit dem Kopfe:
und ſo durchwühlte meine Phantaſie noch alle die
Eintheilungen, welche meines Vaters Syſtem ſo
reichlich enthielt; und vermochte doch die nicht zu
treffen, die er haben wolte, weil zufälligerweiſe
mein Vater ſie nicht hatte, oder vielmehr, weil
er ſie nicht wörtlich ſo hatte, wie ſie Am-Ende
haben wolte. Da er ſahe, daß ſein Kopfſchütteln
nichts fruchtete, wolte er mir helfen und fing an:
eſt vel medicinalis vel — und nun ſolte ich foren-
ſis hinzuſezzen: Aber ich war auch das nicht im
Stande, und mußte mir gefallen laſſen, daß er
Zeichen der Verwunderung über meine Unwiſſenheit gab, und daß alle Zuſchauer hohnlächelten,
weil ihnen, aus dem beſtändigen Zuhören, die
Am-Endiſchen Floskeln ſo bekant worden waren,
daß ſie kaum begreifen konten, wie ein Kandidat
ſie nicht wiſſen ſolte. Und wahrhaftig, ich konte
meine Dogmatik auswendig (denn es iſt ja nur
Memorienwerk) und hatte doch von ſeiner medi-
cinellen und gerichtlichen Gnade kein Jota in

meinem Kopfe. Zwar enthielt meine berufende, erleuchtende, bekehrende, wiedergebärende und rechtfertigende Gnade eben daßelbe. Denn meine vier ersten Glieder der Eintheilung umfaßten seine medicinelle, und mein leztes, seine gerichtliche. Aber wie konte ich das wissen, daß er den h. Geist bei seinen Gnadenwirkungen gerade als D. Medicinä und Justizrath abgetheilt haben wolte?

Meine verunglükten Antworten bei dem guten Am-Ende verursachten, daß meine Censur geringer ausfiel, als mir sie der Oberhofprediger schon vorläufig versprochen hatte. Er sahe sich, wie er mir hernach selbst sagte, genöthiget, seines Kollegens halber, das recte wegzulassen und mich mit einem bloßen promte respondit abzufertigen.

Auf das Examen folgte die Kandidatenpredigt, welche ich, zwar in der Kirche, aber blos vor den Examinatoren und dem Küster ablegen muste. Ich hatte das Evangelium vom ungläubigen Thomas, und bekam den Einfal, welcher in der That von der in mir keimenden Aufklärung meines Geistes zeigte, eine Apologie des Thomas zu übernehmen.

Mein Thema war, die nöthige Vorsicht des
Christen bei den Gegenständen seines Glaubens.
Ich bewies, daß der Christ große Vorsicht und
Behutsamkeit nöthig habe bei seinem Glauben, aus
der Wichtigkeit der Sache, indem, von der Religion und der Richtigkeit unsers Glaubens an dieselbe, unsere ganze Moralität und Glükseligkeit
abhange, und beide in der größten Gefahr wären,
wenn man sich zum leichtsinnigen Fürwahrhalten
verleiten ließe. Ich folgerte daraus die Pflicht,
alles, was man uns als Religionswahrheit vor-
trägt, zu prüfen, und mit eigensinniger Strenge
zu untersuchen. Und nun gründete ich darauf die
Rechtfertigung des Thomas und zeigte, daß ihm
gar nicht der Beiname des Ungläubigen zukomme,
sondern, daß er vielmehr uns allen zum Muster dienen müsse, nach welchem wir mit gleicher Vorsicht
verfahren und Dinge der Religion nicht eher fürwahrhalten müßten, bis wir, so zu sagen, uns, wie
Thomas, gedrungen und genöthiget fühlten, der
Stärke der Gründe nachzugeben und sie für wahr
zu halten.

Ich erwartete von einem meiner hohen Patrone und Vorgesezten über diese Predigt eine Cen-

sur, aber keiner sagte mir etwas. Herrmann allein ließ mich die wenigen Worte vernehmen: nun, Herr Kandidat, Sie haben heute ein intrikates Thema gewagt. Es ließ sich recht gut hören. — Das war alles

Das ganze nuzzenlose Ceremoniel kostete mich mit den Reisespesen über vierzig Thaler. Ists nicht arg, daß so viel arme Leute ums Geld gebracht werden, die zu Hause der Pastor ihres Orts eben so klug fragen könte? Und wie sind erst die Kandidaten zu bedauren, von denen Dresden zu meiner Zeit überschwemt war, welche ohne Patrone und gehoßte oder geschürzte Vorsprecher dahin kommen, und erst ihr Geld verreisen, dann ein paar Monate warten und zehren müssen, ehe sie zum Examen gelangen, und hernach doch wol zwei, drei — ja wol sechs, acht Jahr laufen und (wenn sie dem Registrator, oder Protonotar nicht Goldstükken zeigen) vor allen Kammerlakeien tiefe Verbeugungen machen und sich wie Bettelbuben hudeln lassen müssen, ehe ihnen eine elende Pfarre zu Theil wird, welche die Vergütung ihrer Universitäts = und Kandidaten = Jahre seyn sol.

Um

Um diese Zeit fing mein Vater die undankbarste Arbeit seines Lebens an. Er bekam den unglüklichen Gedanken, das Buch Hiob zu kommentiren, und sich an einen Schriftsteller zu wagen, dem er weder in Absicht auf erforderliche Sprachkenntuisse, noch dichterischen Geist gewachsen war. Wie er darauf gefallen ist, weiß ich nicht. Ich vermuthe, daß eine dogmatische Idee ihn begeistert, und zu diesem Entschluß verführt hat, dessen Schwierigkeiten er nicht kante.

Die Hauptlehre, für die sein Herz am meisten glühte, und welche er mit dem wärmsten Eifer und am fleißigsten predigte, war die kirchliche Lehre von der Gerechtigkeit des Menschen vor Gott, ohne Werke, durch den Glauben, welche er die Glaubensgerechtigkeit nennte. Und diese mochte, bei einer einsamen Meditation, mit denjenigen Stellen des Buchs Hiob zusammengetroffen seyn, wo die Freunde Hiobs den Werth seiner Tugend herabsezzen, und ihm vorwerfen, daß sein Vertrauen, das er auf sie gesezt habe, eitel sey, indem er ja jezt aus seinen schreklichen Schiksalen sehe, daß ihn Gott nichts achte, son-

I. B.   T

dern, alles seines Tugendeifers ohngeachtet, im
Elende verschmachten lasse. Dabei mochten ihm
nun die Reden Hiobs aufgestoßen seyn, wo sich
dieser gegen jene Spöttereien vertheidigt, und be=
hauptet, daß Gott doch gewiß endlich noch, seines
moralischen Werthes eingedenk, ihn aus seiner
Noth retten, und seine Tugend krönen werde.
Und nun associirte damit meines Vaters Phantasie
die Rede Gottes im Wetter, und — da schoß ihm
der Gedanke ein, daß Hiobs Fehler daran gelegen
haben müsse, daß er zu sehr auf seine guten Werke
getrozt habe, und daß Gott die ganze Geschichte
veranstaltet, und vielleicht auch das ganze Buch
absichtlich deswegen inspirirt habe, um den Hiob
so wol als die Schauer und Leser seiner Geschichte
auf die Glaubensgerechtigkeit zu führen, und
diese große Warheit zu versinlichen.

So dünkt mich, war in ihm die Hypothese
entstanden, welche er nun mit demjenigen Enthu=
siasmus festhielt, welchen die Liebe zu einer neuen
Erfindung, in feurigen Seelen, nur alzuleicht zu
erzeugen pflegt.

Ganz lebhaft denke ich mirs, wie da sein
Geist glühen mochte, da er diesen Gedanken auf=
gefaßt, und das Große des Unternehmens em=
pfunden hatte, eine neue Sonne für die Forscher
der Dunkelheiten Hiobs aufzustekken, welche zu=
gleich die ihm erhabenste Lehre des Christenthums
mit neuem Glanze verherrlichte.

Aber er hat leider für diese voreilige Hizze in
Ausführung eines so unreifen Entschlusses büssen
müssen. Bei sieben Jahre lang hat er alle seine
Stunden darauf verwendet, die ihm seine Aemter
übrig ließen, hat von seinem Schlafe sich abge=
brochen, hat seine Seelenkräfte angestrengt, und —
manchen, manchen Angstschweiß vergossen, wenn
die Hypothese in die Fugen des Gedichts nicht pas=
sen oder, in den Dunkelheiten einzelner Stellen
sich nicht aufhellen wolte.

Dazu kam noch das Unglük, daß er seinen
Hiob schlechterdings ganz aus der arabischen
Sprache erläutern wolte, und doch gleichwol erst
kurz vorher, mit mir, bei Reisken diese Sprache
erlernt hatte. Da hatte der gute Mann nun wei=
ter keine Hülfsmittel als seinen Golius, und wuste

auch weiter nichts vorzunehmen, als hebräische
Worte, nach der Aehnlichkeit der Buchstaben, im
Golius aufzusuchen, und mit den arabischen zu
vergleichen. Da habe ichs oft gesehen, wie er
über einem Worte stunden lang suchte, bis er end=
lich ein gleichlautendes arabisches auffand, und
eine Bedeutung erhaschte, die ihm in seine einmal
festgesezte Erklärungsart taugte: und wie er sich
da den Schweiß troknete, und frohlokte. Kurz,
ich weiß, daß der liebe Hiob, den hernach die
algemeine deutsche Bibliothek, zu seiner äußersten
Kränkung, noch obendrein so mishandelte, der
erste Nagel zu seinem Sarge war.

Acht und zwanzigstes Kapitel.

Kuhl.

Ich kehre zu meinem akademischen Leben zurük,
um meinen Lesern eine Geschichte zu erzählen, wel=
che unter die traurigen Denkmale des Fanatismus
gehört, und uns zu erkennen giebt, wie weit sich

der Mensch verirren kan, wenn der Aberglaube einmal über die Vernunft gesiegt, und sich der Herrschaft über die Seele bemächtiget hat.

Nur eben hatte ich durch meine Vorlesungen mir einige Reputation erworben, welche ich damals gewiß nicht der Güte des Inhalts, sondern blos dem Feuer meines einnehmenden Vortrags verdanken mußte; als ein Mensch sich bei mir zu einem Privatissimo in der hebräischen Sprache meldete. Er war vorher bei meinem Vater gewesen, der ihn aber wegen überhäufter Arbeit an mich verwiesen hatte. Dieser Mensch war seines Handwerks ein Kirschner, hatte eine Frau und fünf Kinder, besaß ein Vermögen von sechs bis acht tausend Thalern, und lebte im Thüringschen. Sein Name war, Kuhl. Es war eine lange, rappeldürre Figur, mit einem schmalen und übermäßig langen Gesicht, kleinen Augen, stumpfer Nase, breitem Maule, und kohlenschwarzen Haaren. Stupidität kündete seine Stellung, sein Gang, und jede Mine seines Gesichts. Und in seiner Seele lag jede, ihm lebhaft gewordne, sinliche Idee, wie Blei.

Mein Herr Magister, so war ohngefähr seine Anrede, die Gnade Gottes hat mich ergriffen, daß ich der Welt Buße predigen sol. Und Gott der Herr hats mir eingegeben, daß ich bei Ihnen hebräisch lernen sol. Ich gebe funfzig Thaler, wenn sie mich fertig machen, daß ich predigen kan. Ich bitte Sie sehr, nehmen Sie mich an. Ich wil Tag und Nacht sizzen und lernen.

Ich wuste anfangs nicht, was ich zu dieser Erscheinung sagen solte. Denn ein Narr dieser Art war mir noch nicht vorgekommen. Ich fühlte meine Pflicht, diesen Menschen von seiner Schwärmerei zu heilen, fühlte aber auch auf der andern Seite den Reiz der funfzig Thaler, welche in meiner Lage eine sehr wichtige Summe ausmachten. Dies bewog mich, mit dem Menschen mich einzulassen, mit dem Vorsaz, alles zu versuchen, um ihm seine Narrheit auszureden, aber auch, wenn er unheilbar seyn solte, die funfzig Thaler mir nicht entschlüpfen zu lassen, weil ich voraussezzen konte, daß ein anderer doch den Vogel einnehmen würde, wenn ich ihn fliegen ließe. Und so began unter uns ohngefähr folgendes Gespräch. Man sezze vor=

aus, daß die Fragen, die seine Person betrafen, schon vorausgegangen waren.

Ich. Sein Vorhaben befremdet mich, mein lieber Kuhl. Ich wolte Ihm wol rathen, daß Er es erst noch reiflicher überlegte.

Er. Der Mensch muß nicht überlegen, wenn der Geist ihm Gottes Willen kund gethan hat. Fleisch und Blut kan das Reich Gottes nicht ererben. Der natürliche Mensch vernimt nichts von dem, was des Geistes Gottes ist.

Ich. Ja, ich gebe zu, daß wir mit unserer Vernunft Gott selbst nicht meistern müssen, wenn er uns seinen Willen einmal offenbaret hat. Aber weiß Er auch gewiß, das es Gottes Wille ist, daß Er ein Prediger der Buße werden sol?

Er. (freudig, mit einem lebhaften Aufblik zu Gott) Ja, das weiß ich gewiß.

Ich. Aber woher weiß Er das so gewiß? Hat Er Gott gesehn, und mit ihm geredet?

Er. Eben daher, woher es die Apostel wußten, die Gott auch nicht gesehn, und mit ihm geredet hatten. Der Geist Gottes hat mirs eingegeben, und dieses innere Licht fühl ich, und sein Drang ist unwiderstehlich.

(Ich bitte meine Leser vorauszusezzen, daß ich damals noch orthodox war, und daß sie sich daraus die Verlegenheiten erklären müssen, in die ich hier gerieth, und welche mich nöthigten, da, wo mich der Schwärmer gepakt hatte, abzuspringen, und auf etwas anders überzugehen, ohne ihn gründlich widerlegt zu haben.)

Ich. Die Apostel waren freilich ihrer göttlichen Eingebung gewiß. Aber Er hat doch keinen Grund. —

Er. (hizzig einfallend) Eben so viel wie die Propheten, und Apostel. Jeremias klagt dort, daß er nicht habe predigen wollen, daß er aber ein Brennen in seinem Leibe gefühlt habe, dem er nicht widerstehen konte. Das hab ich auch. Aber so was kan man niemanden sagen, wie einem da zu Muthe ist. Die Apostel kontens auch nicht, und habens niemanden gesagt, und haben doch behauptet, daß sie den Geist Gottes hätten. Die heiligen Männer Gottes haben geredet, getrieben vom heiligen Geist.

Ich. Aber, lieber Freund, solte denn hierbei kein Irthum möglich seyn? Wie wenn Ihn seine Einbildung getäuscht hätte?

— Er. So könte man auch bei den Aposteln fragen.

Ich. Ja, aber die Apostel haben sich durch Wunder legitimirt.

Er. Die könte ich auch thun, wenns Gottes Wille wäre.

Ich. Wie aber, wenn ich Ihm zeigte, daß es gar nicht Gottes Wille seyn kan, daß Er ein Prediger werde? Wie alt ist er?

Er. Vierzig Jahr.

Ich. Nun seh Er einmal, in diesem Alter ists ja gar nicht möglich, das alles noch zu erlernen, was zum Predigtamte erfodert wird. Und unmögliche Dinge kan ihn ja Gottes Geist nicht geheissen haben?

Er. (lächelnd) Ei, bei Gott ist kein Ding unmöglich.

Ich. Aber es ist doch über alle Kräfte der Natur, die der weise Gott weder zerstört, noch verändert, noch gewaltsam vermehrt.

T 5

Er. Der Glaube ist auch über die Kräfte der Natur. Und wissen Sie nicht, daß Gott ihn den Kindern durch die Taufe schenkt?

Ich. (erröthend und stokfend) Ja — aber — der Glaube — ist doch. —

Er. (einfallend) Kan Gott den Kindern ohne Naturkraft den Glauben schenken; so kan er auch mir in meinem Alter so viel Gelehrsamkeit schenken, als ich brauche, ein Prediger der Buße zu werden. Also machen Sie sich darüber keine Sorge, sondern nehmen mich nur getrost in die Lehre. Trauen Sie es Gott zu, daß er durch Sie mehr ausrichten wird, als Sie natürlicherweise im Stande seyn würden.

Ich. Aber wozu wil Er erst hebräisch lernen? Ein Prediger hat das so nöthig nicht. Er macht sich den Weg zu seinem Ziele lang, und beschwerlich.

Er. Thut nichts, Herr Magister. Hebräisch muß ich lernen. Der Geist hat michs geheißen. Er hat mir gesagt, daß ich, wie die alten Propheten, reden, und Königen und Fürsten die Wahrheit sagen sol.

Ich. Lieber Kuhl, Er wirds sehen, daß das Ding nicht geht. Er ist warlich nicht im Stande, alles das zu lernen, was das alte Testament zu verstehen nöthig ist. Und dann braucht Er ja vor allen Dingen auch Philosophie, um richtig und ordentlich denken zu lernen.

Er. Nicht daß wir tüchtig sind, etwas gutes von uns selber zu denken — verstehen Sie das Herr Magister? — sondern unsere Tüchtigkeit ist von Gott — Lehren Sie mich nur hebräisch. Ich bezahle funfzig Thaler. Und Philosophie werd ich auch schon lernen. Der h. Geist wird mich alles lehren.

Ich. Aber wozu wil Er sein schönes Brod verlassen, sein Handwerk vernachläßigen, das Ihn zum nutzbaren Mann machte, sich seinem Weibe und Kindern entziehn?

Er. Wissen Sie wol, was Christus sagt? Wer nicht verläßt Vater und Mutter, und Weib und Kind, und Häuser und Aekker um meinet willen, der ist mein nicht werth? —

Ich. Wir haben ja aber schon Lehrer gnug, lieber Kuhl, welche Buße predigen. Und Gott hat doch seiner Kirche die Macht gegeben, ordentliche Prediger zu berufen und anzustellen, warum wil er sich eindrängen?

Er. Ich dränge mich nicht ein. Gott hat mich berufen. Und Prediger genug, sagen Sie? O das sind stumme Hunde, wie Esaias sagt. Deswegen schikt mich Gott, daß ich reden sol, weil diese schweigen.

Ich. Aber lieber Kuhl, Er wird schwerlich Erlaubniß erhalten zum Predigen. Nach Kurfürstlicher Verordnung wird Ihm die Kanzel nicht gestattet werden können.

Er. O, o, der Kurfürst wird wol müssen! Kein Kurfürst und kein Kaiser kan der Macht Gottes widerstehen. Gott wirds ihnen schon lehren, wenn er seinen Knecht sendet. Dafür sorge ich nicht. Der Gott, der mich berufen hat, wird auch die Kanzel mir öfnen. Christus hats seinen Jüngern allen und also auch mir verboten, sich vor Königen und Fürsten zu fürchten. Hat nicht Johannes dem Herodes zum Troz geprediget?

Jezt sahe ich, daß mit dem Menschen nichts anzufangen war. Er war in seiner Bibel so bewandert, daß er mich mit Sprüchen ängstigte, und alles, was ich ihm sagte, sogleich mit einer Schriftstelle widerlegte. Und meine Orthodoxie selbst brachte mich dabei in die größte Verlegenheit. Denn da mußte ich immer selbst die albernsten Dinge zugestehn, aus denen er hernach folgerte.

Da ich also den Menschen inkurabel fand, dachte ich, es sey besser, daß ich die funfzig Thaler nähme, als ihn einem andern Docenten in die Hände spielte. Denn noch nie hatte ich für ein Kollegium Bezahlung erhalten, sondern war froh gewesen, wenn ich Zuhörer bekam, die mich umsonst hören wolten.

Aber was für ein schrekliches Stük Arbeit hatte ich mit diesem Stoknarren! Ich solte ihn hebr. Grammatik lehren und er verstand nicht, was Grammatik, was Nomen, was Verbum, was Regel hieß. — Vier volle Wochen brachte ich mit ihm zu, ehe er die Buchstaben begrif. Und doch lernte er nie richtig lesen, und zum analysiren kam es gar nicht. Ich analysirte ihm selbst beständig vor, ohne je von ihm verstanden zu werden.

Sein eigner Fleiß war unbeschreiblich. Aber er war auch ganz nuzzenlos. Denn alles, was er vermochte, bestand im Vokabellernen. Und das trieb er mit einer Geduld, die alle menschliche Erwartung übertraf. Er saß gewöhnlich auf einer Kammer, wo wir unser Holz hatten, am Fenster und memorirte an einem halben Duzzend Worte ganze Tage so, daß er die Worte Millionenmal laut wiederholte. Da saß er stundenlang und betete, Af der Vater, der Vater Af, Em die Mutter, die Mutter Em, Af der Vater, der Vater Af, Em die Mutter, die Mutter Em. — So trieb's der arme Thor, bis das halbe Jahr zu Ende und die funfzig Thaler verdient waren.

Indessen hat der Mensch, bei aller der unglaublichen Mühe, die ihm jeder Schrit zu seinem Ziele kostete, dennoch ausgehalten. Er gerieth hernach zu Crusiussen, welcher ihn in seiner Schwärmerei bestärkt haben mochte. Denn er nahm bald alle Kollegia bei Crusius an und stopfte von dem philosophischen und prophetischen Krame des Mannes so viel Brokken in sich hinein, als hinein wolten. Und man hat mir sogar gesagt, daß der Mensch jezt auf Leipziger Kanzeln sich hören lassen darf.

Neun und zwanzigstes Kapitel.

Mein Rükfal.

Beinahe wäre ich selbst wieder an die Ketten der Schwärmerei angeschmiedet worden, welche ich seither nur stükweise an den Händen getragen hatte, die aber doch die Macht der Vernunft schon zerbrochen zu haben schien.

Mein ehemaliger Obergeselle in der Fürstenschule, Pallmann, kam jezt unvermuthet nach Leipzig, nachdem ich seit mehrern Jahren gar keine Nachricht von ihm gehabt hatte. Er war in dieser Zeit in Klosterbergen gewesen und hatte da als Lehrer gearbeitet, unter der Leitung des bekanten Abt Steinmez. Man kan sich die Freude nicht groß genug vorstellen, die ich empfand, da mein Pallmann in mein Zimmer trat und mich umarmte. Es war, als wenn ein Engel Gottes mir erschien.

Ich hatte auf der Schule diesen Mann ausserordentlich geliebt, und seine unverkenbare Geschiklichkeit, vorzüglich aber seine Tugend, sein

sanftes, liebevolles, edelmüthiges Betragen, seine
feinen Sitten, und seine merkliche Pietät und Got=
tesfurcht hatten mir ein so unbegränztes Ver=
trauen zu ihm eingeflößt, daß seine Worte für
mich Orakel waren. Was Pallmann sagte, glaub=
te ich, was Pallmann that, hielt ich für recht,
was er mir rieth, befolgte ich, wofür er mich
warnte, das verabscheute ich.

Man denke sich diese Liebe und dieses Zu=
trauen, und sezze nun, daß Pallmann bei Stein=
mezzen ein volkomner Schwärmer geworden war,
und jezt anfing, auf mich zu wirken. Was muste
da wol auf ein so weiches Herz und auf einen so
feurigen und zur Schwärmerei gestimten Geist,
wie ich hatte, für ein Eindruk entstehen?

Pallmanns Mine, war die Mine eines En=
gels. Ein sanftes Schmachten lag in seinen Au=
gen, welches jezt die Schwärmerei erhöht hatte.
Die Liebe und Wahrheit selbst glaubte man zu
hören, wenn er sprach. Und nun stelle man sich
vor, wie dieser Mann, gleich nach den ersten Be=
grüßungen, mich mit den Worten anredet. „Aber
„mein Herzensfreund, wie siehts um das Heil

» Ihrer

„Ihrer Seele? Sie kennen mein zärtliches Herz:
„Sie wissen, daß ich Sie wie meine Seele liebe:
„Sie begreifen also, daß ich ohnmöglich gleich-
„gültig bei Ihrem Seelenzustande seyn kan. Ha-
„ben Sie mich noch so lieb, wie ehemals, so schlie-
„ßen Sie mir Ihr Herz auf und reden ohne Scheu
„mit mir. Vielleicht bin ichs, den Gottes Gnade
„Ihnen sandte, Sie als eines seiner schönsten
„Werkzeuge vollends auszubilden."

Er sah bei diesen Worten mich zärtlich an
und harrte meiner Antwort. — Ich verfärbte
mich. Mein Herz glühte von dem Wunsche, ein
guter und gottgefälliger Mensch zu seyn: aber
mein Gewissen sagte mir auch, daß ich nicht volkommen war. Blizschnel dachte ich jezt meinen
Leichtsin im Handeln, meine Nachlässigkeit im Studiren, meine oft übermäßige Munterkeit in Geselschaften, und — meine zuweilen, obgleich äusserst selten vorgefallenen Fehltritte in puncto puncti. Indem das alles im Moment mir vor Augen
schwebte, antwortete ich ihm getrost: Freund, ich
hoffe, daß ich, obgleich kein volkomner, doch noch
wol ein guter Mensch bin. Wenigstens bin ich

jezt auf gutem Wege. Ich werde immer fleißiger
und arbeitsamer, und kämpfe mit aller Macht ge=
gen gewisse Versündigungen, welche der Jugend
eigen sind.

Hier zitterte merklich eine Thräne in seinem
Auge. Mein Bruder, sprach er, mit kummer=
vollen Tone, Sie sind noch nicht auf gutem Wege.
Es wird Ihnen noch manchen Kampf kosten, das
sehe ich schon. Aber ich wil Ihnen meine Hand
reichen, wenn Sie sie nicht verschmähen. Sie
kennen den einzigen Weg noch nicht, der zur Vol=
kommenheit führt. Sie hängen noch an sich selbst,
wollen noch ihren Werth in eignen Tugendwerken
finden: da werden Sie nie zu derjenigen Ruhe
und Freudigkeit gelangen, welche uns hier schon
so selig macht.

Ich hatte eine dunkle Vorstellung von dem,
was er mir hier sagen wolte. Aber ich wünschte
volles Licht. Mein Herz schlug mir — vor Freu=
den, daß er mir über meine verliebten Thorheiten
keine sonderlichen Vorwürfe machte, — aber auch
vor Verwirrung über seinen Tadel, der gerade
das traf, worauf ich bisher am meisten gehalten,

wornach ich mich am heftigsten gesehnt, was ich
aus allen Kräften zu vermehren getrachtet hatte,
nämlich meinen Fleiß und mein Bestreben, recht
viel gutes zu thun. Ich bat ihn also um nähere
Erklärung.

Es thut mir leid, mein Bester, fuhr er fort,
daß Sie mich nicht verstehn. Ach, wie fern ist die
Gnade noch von Ihnen, da Sie ihre ersten Winke
nicht einmal kennen. Wissen Sie, mein Bruder,
daß Ihr einziges, einziges, einziges Heil in Jesu
ist? Und haben Sie dies Heil nicht, dessen Quelle
aus seinen Wunden Ihnen ströhmt; so mögen Sie
der fleißigste, der sittsamste, der gelehrteste Mann
in der Welt seyn: und Sie sind in Gottes Augen
ein Nichts — ein Kind des Satans, ein ewig verlorner Mensch.

Diese mit Rührung gesprochnen Worte un-
terbrachen eine Thräne, die mir durch Mark und
Bein ging. Ach mein Bruder, sprach er weiter,
verlassen Sie den löcherichten Brunnen, der kein
Wasser giebt. Unsere Gerechtigkeit ist ein unflätig
Kleid. Unsere Tugend ist Kehricht. (σκυβαλα, Phi-
lipp. 2.) Wenn Sie je die Seligkeit schmeffen

wollen, die im Gefühl der Liebe Gottes enthalten
ist, so müssen Sie erst ganz nakkend und blos
werden, sich ganz, ganz des Unflats der eignen
Gerechtigkeit entschlagen, nichts haben, nichts
wünschen, auf nichts achten, als auf Jesum und
seine Wunden. Jesum haben, heist Alles haben.
Aber das sag' ich Ihnen, Sie können Jesum nie
haben, wenn Sie ihn nicht allein haben. Wer
nichts hat, als Jesum, hat Alles. Wer neben Jesu
nach eigner Tugend und Werkgerechtigkeit trach-
tet, hat nichts, und komt in Ewigkeit zu keiner
Ruhe, zu keinem Genusse der göttlichen Liebe.

Ich stand sprachlos und hörte den Mann mit
bangem Herzen. Er war mir wie ein Prophet,
der sein sündiges Volk zur Buße ruft. Ich verstand etwas, aber nicht alles. Die Versöhnungslehre kante ich, und die Rechtfertigung des Sün-
ders vor Gott, durch den Glauben allein, glaubte
ich. Aber so hatte ich mir beide noch nicht ans
Herz legen hören. Es war beides bisher bloße
fahle Dogmatik gewesen d. h. Formeln, die ich
mit großer Ehrfurcht festgehalten, aber noch nie
so auf mich angewendet hatte, wie sie hier mein

Pallmann anwendete und zwar mit einer Herzlich=
keit und Wärme, die mir seinen Vortrag unwi=
derstehlich machte.

Mit der ganzen Aufrichtigkeit meines Her=
zens gelobte ich sezt meinem Pallmann, den bessern
Weg zu betreten. Aber er bat, mir nicht zu
schmeicheln, als ob es ein leichtes sey. Er be=
schrieb mir die Fesseln der eignen Gerechtigkeit,
die ich bisher getragen hatte, fürchterlich fest. Er
beschwor mich, nicht auf eigne Kräfte zu bauen.
Die Gnade Jesu allein, sprach er, muß Sie ret=
ten. Beten, flehen, winseln Sie ohne Aufhören,
bis Ihr Jesus komt, und Ihr Herz besiegt. Ihre
Krankheit ist hartnäkkig. Es sizt nichts fester im
Sünder, als der Stolz auf eignes Gute. Das
Herz sträubt sich gegen die Entäußerung und Weg=
werfung alles eignen Verdienstes. Sie dürfen
also gar nicht hoffen, daß es so geschwind gehen
wird. Sie können nichts thun, als beten. Und
ich wil, ach mein Bruder (mich umarmend) ich
wil mit Ihnen beten, daß die Gnade Sie er=
greife und durch Jesu Blut reinige von allen Ih=
ren Sünden.

Pallmann ging. Ich verschloß mich in mein Zimmer. Ich betrachtete meinen Zustand als gefährlich. Ich faßte die heiligsten Entschließungen. Ich betete mit Inbrunst über eine Stunde. Nach dem Gebet schien mirs leichter ums Herz. Im Grunde wars freilich nur meine natürliche Stimmung, welche schwermüthige Gedanken nicht lange wirken ließ. Ich hatte mehr Muth als Pallmann wolte, daß ich haben solte. Ohne es selbst zu wissen, war mein Vorsaz, alle meine Kräfte anzustrengen, um ein noch besserer Mensch zu werden.

Aber nun war mein Kopf in einer Art von Verrükfung. Die Idee, Jesus allein: ich nichts — verließ mich nicht mehr. Ich that, was alle Schwärmer thun. Mein ganzes übriges Leben blieb, was es war, im Fleiße, in der Art des Studirens, in geselschaftlichem Umgange u. s. w. nur daß alle meine Religionsideen sich auf die hernhutischen Floskeln jezt einschränkten und von meiner Phantasie täglich und stündlich wiederholt wurden. Jesus allein: ich nichts!

Ich war schon, was ich meinen Lesern unten erzählen werde, Katechet an der Peterskirche ge-

worden, und hatte angefangen, ganz vernünftig zu
predigen. Aber nun began ich zu schwärmen. Nun
handelten von Stund an alle meine Predigten von
Jesu, so wie in meinem Herzen, oder vielmehr in
meiner Phantasie nichts war, als Jesus und seine
Wunden. Nun ermahnte ich meine Gemeine mit
dem dringendsten und rührendsten Flehen und Bitten, nichts zu haben, nichts zu wollen, als Jesum. Nun schrie ich, mit wirklich redlicher Gut-
meinung, auf sie hinein, daß sie um Gotteswillen,
alles von sich werfen und nirgends, nirgends als
in Jesu ihre Ruhe, ihren Werth, ihre Seligkeit
suchen möchten. Nun eiferte ich gegen den Werth
der Tugend und prieß allein den Werth des Verdienstes Jesu.

Mein Pallmann lobte mich, und dieses Lob
war mir süßer, als alles. — Er war meine täg-
liche Gesellschaft und bereicherte mich immermehr
mit der Sprache der Wundenschwäzzer und erwärmte meinen Eifer, sie in der Welt überal er-
schallen zu lassen. Und so trieb ich mein Wesen,
vol des hohen Frömmigkeits- und Weisheitsdün-
kels, der allen Schwärmern eigen ist, ziemlich ein
halbes Jahr lang.

Endlich aber kam ein Zufal, der den Strohm der Thorheit, der mich ergriffen hatte, ein wenig hemte. An der Peterskirche, wo ich Katechet war, diente ein Bettelvogt, welcher algemein in dem Rufe stand, daß er ein exemplarisch frommer Mann sey, Tag und Nacht bete, und sich beständig mit Predigern über sein Seelenheil bespreche. Dieser Mensch hatte den unglüklichen Gedanken gefaßt, der bei der Pallmannschen Theorie, zumal in einem schwachen Kopfe, sehr leicht entstehen konte, daß die Gnade ihn noch nicht ergriffen habe, ohngeachtet er schon viele Jahre lang darum gefleht und gewinselt hätte, und er war dadurch auf die Grille gekommen, daß ihn Gott gänzlich verstoßen habe. Dieser Mensch ward endlich schwermüthig und ersäufte sich.

Diese Geschichte machte erstaunend viel Eindruk auf mich. Ich unterfing mich, darüber zu philosophiren. Ich trug meinem Pallmann allerlei Bedenklichkeiten vor. Er konte mir sie nicht befriedigend heben. Kurz, meine Wundentheorie gerieth in Stokkung und — da Pallmann bald darauf Leipzig verlies und seine Unterredungen

mich nicht mehr in Odem sezten, so fieng ich bald
an, gemacher zu gehen und — die Quelle meiner
Schwärmerei schien almälig zu versiegen.

Ich hatte den Mann nachher immer bedauret,
daß sein gutes Herz und sein gesunder Kopf von
dem Steinmez verhunzt worden war. Freilich
hatten auch körperliche Beschaffenheiten, wie bei
allen Schwärmern, die es von ganzem Herzen sind,
einigen Antheil. Seine Gesichtsfarbe gab es schon
zu erkennen, daß er ein dikkes Blut und zähe
Säfte hatte. Und bei solchen Personen wird man
allemal dies finden, daß sie Hang zur Schwermuth und schwermüthigen Vorstellungen haben.
Denn dikke Säfte machen ein Drängen und Stok-
ken des Bluts, davon die sinlichen Ideen, welche
ich mir ziemlich materiel denke, kompakt, dik und
schwer beweglich werden, welches alsdann verursacht, daß diese Ideen die übrige Maße der Vorstellungen niederdrükken, ein kralles Licht erhalten, und das herschende Triebwerk der Gefühle,
Neigungen und Handlungen des Menschen werden,
so daß die reine Vernunft gar nicht mehr zur
Wirksamkeit gelangen kan.

Dieser Pallmann ist wenig Jahre darnach, in seiner Heimath, bei seinem Vater gestorben. Er hat nie eine Beförderung gesucht, weil ihm die Kirche Christi zu verwildert, und ihre Lehrart zu verdorben schien, als daß er mit Wolgefallen in ihr ein Lehramt hätte verwalten können. Denn wirklich verachtete er alle Orthodoxie, und ärgerte sich über die Menschen, die in dem theologischen Krame ihrer Glaubensartifel wühlten, und solchen Plunder zur Seligkeit für nöthig hielten. Denn nach seiner Meinung musten alle Prediger eben so wol allen ihren theologischen Flitterstaat wegwerfen, und Jesum allein haben, wie er von jedem Christen verlangte, den Flitterstaat der eignen Gerechtigkeit von sich zu stoßen, und — Jesum allein zu haben.

Dreißigstes Kapitel.

Beförderung, Schriftstellerei, und Inquisition.

Ohngefähr im Jahr 1762 wurde ich Katechet an der Peterskirche. Dieses Amt war das reizen=

de Ziel aller jungen Männer in Leipzig, welche sich
der Gottesgelahrheit gewidmet, und nur einigen
Muth hatten, sich, über den gemeinen Weg der
Kandidaten zur Pfarre, emporzuschwingen. Es
waren zwar nicht mehr als vierzig Thaler Besol=
dung damit verbunden, und dafür muste man oft
ein Jahr lang den Burgemeistern und Rathsherrn
hofiren, den stolzen und beim Vorsteher sehr hoch
angeschriebenen St. Petri=Küster kascholiren, die
Ausreuter komplimentiren, und dann — wenn
man die hohe Ehrenstelle endlich errungen hatte,
alle sechs Wochen eine Predigt, und alle vierzehn
Tage eine Kinderlehre halten, und — alle Neu=
jahrstage in corpore herumziehen, und den Kon=
suln, Prätoren, Aedilen und Kirchenvorstehern
einen Neujahrwunsch beten. Auch mußte man
von diesen vierzig Thalern, sich stäts in feiner
schwarzen Kleidung und netten Stuzperükke hal=
ten, und im Mantel und Schleppchen einhergehen.
Dennoch aber war diese Stelle der süsseste Gedan=
ke, und heisseste Wunsch so manches jungen Man=
nes, weil er in derselben sich geehrt, in allen Fa=
milien zutrittsfähig, und bei jeder Schönen der
Aufmerksamkeit würdig sahe.

Es waren solcher Katecheten sechs, welche die Nachmittagspredigten zu versehen hatten, und über die ganze Bibel von Mose an, bis zu Johannis hoher Offenbahrung, predigen, d. h. alle Sonntage ein Kapitel nach dem andern, in Form einer Predigt, kommentiren mußten.

Ich erwarb mir gleich anfangs Beifal, und meine Kirche war gewöhnlich so vol, wie die Frühpredigten meines Vaters. Aber eben dies verursachte bei meinen Kollegen Neid, weil die Kirchenstühle bei ihnen meistentheils leer blieben. Wir versuchten zwar, die unter uns entstandenen und von mehrern Ursachen erzeugten Mishelligkeiten dadurch zu heben, daß wir ein Kränzchen errichteten, und uns verbanden, einander freundschaftlich alle vorfallende Gelegenheiten zum Misvergnügen zu eröfnen, und gemeinschaftlich sie abzuthun, allein die gute Absicht wurde durch Einen und Andern schlechthin vereitelt. Ein gewisser Kühnöhl, war besonders auf meinen Kanzelapplausus so erbittert, daß er so gar auf meinem Zimmer, da ich das Kränzchen hatte, über meinen Beifal spottete, und mir ins Gesicht sagte, daß ich meine Predig=

ten aus dem Maſſillon ausſchriebe. Das iſt der
Mann, den ich hernach in meinen rhetoriſchen
Vorleſungen immer zum Muſter der guten Kanzel-
exegeſe angeführt habe, beſonders einer Predigt
halber, in welcher er das Evangelium von der
Speiſung der 4000 Mann erklärte, und erſt weitläuftig unterſuchte, (aus den Alterthümern: de
tritura et piſtura veterum) wie groß die Brode
geweſen ſeyn könten, mit denen Jeſus ſo viel Menſchen geſpeiſet hat, und zuletzt das große Reſultat
heraus brachte, daß, wenn man auch (ſtatt Gro-
ſchen- und Viergroſchen-Brode — nach Leipziger
Maasſtab) Guldenbrode annehmen müßte, es
dennoch ein wahres göttliches Wunder verbleibe.

Ich fing als Katechet auch ſchon an, Schrift-
ſteller zu werden. Zwar hatte ich ſchon vorher,
noch als Student, ein paar Bogen drukken laſſen,
unter dem Titel: de uſu linguae arabicae, worinnen ich auf eine höchſt armſelige Art zeigte, daß
die arabiſche Sprache zur Erläuterung des Hebräi-
ſchen brauchbar ſey und, neben bei, den Ritter
Michaelis beleidigte, indem ich äußerte, daß man
in Leipzig eben ſo gut arabiſch lernen könte, als in

Göttingen: welches auf zwei junge Männer an-
spielte, die eben damals nach Göttingen gereist
waren, um das Arabische bei Herrn Michaelis zu
lernen: dafür der brave Göttinger Ritter über
den Leipziger Knaben sich hermachte und, in einer
Recension, so blutrünstig schlug, daß alle Welt
das Maul auffperte, den Knaben für einen Dum-
kopf hielt, und nichts mehr von ihm lesen wolte. — Aber der Beifal, den das Leipziger Publikum meinen Predigten schenkte, schien mir jezt
für den Beifal zu bürgen, den das deutsche Publikum meinen Schriften schenken würde. Und so
faßte ich, dem Göttinger Ritter zu Truz, wieder
Muth, hervorzutreten, und zu versuchen, ob ich
auch als Schriftsteller glänzen könte.

Ich hatte damals viel Umgang mit dem berühmten Friedrich Teller, mit dem ich bei Crusius alle meine Collegia gehört hatte. Dieser
Mann war wirklich Genie, und hatte dabei einen
eigen beissenden, und dabei ganz eigentlich frechen
und unverschämten Wiz. Und ohngeachtet er zu
der Zeit noch keine Kazzen leiden konte, deren er
hernach, als Prediger in Zeiz, sechs und zwanzig

hielt, bis ein Konsistorialbefehl sie auf zwölf her=
unter sezte (intemal er sogleich in Ohnmacht sank,
wenn ein dergleichen Thier, auch ihm unwissend,
im Zimmer war) so hatte doch seine Seele die al=
lergrößte Aehnlichkeit mit den Kazzen. Denn er
schonte seinen besten Freund nicht, wenn ihn die
Spottlaune überfiel: und in allen Geselschaften
ergoß sich sein Uebermaas von Galle in ein bitteres
Losziehn auf alles, was nur irgend eine tadelhafte
Seite hatte. Ich hörte also fast täglich seinen
Wiz belachen, und fand daran so viel Wolgefal=
len (denn den bösen Grund des Herzens bemerkte
ich nicht) daß ich meinem Wiz eine gleiche Richtung
zu geben begann. Und wirklich habe ich, von die=
ser Zeit an, in meinem Karakter diesen Zug erhal=
ten, daß ich an der persönlichen Satyre Wolgefal=
len fand, und gern Andere über menschliche Thor=
heiten zu lachen machte: was mich in der Folge
zu mancher Ungerechtigkeit verleitet, und manchen
Feind mir zugezogen hat.

Die erste Erfahrung davon machte ich schon
in Leipzig, ohne dadurch abgeschrekt zu werden.
Ich haßte den Hofrath Bel, als meines Vaters

älteſten Feind, und verachtete den Prof. Gott=
ſched, als einen ſtolzen Idioten. An dieſen bei=
den Kleinmännern verſuchte ich zuerſt mein ſatyri=
ſches Talent, um zu ſehen, ob ich in Friedrich
Tellers Geiſte zu ſchreiben, und das Publikum
zu amüſiren vermöchte.

Das Produkt hieß: Zwei Briefe an den
Magiſter Carl Friedrich Bahrdt. Ich ſchrieb
dieſe Briefe, mit Tellers Beihülfe, an mich ſelbſt,
um mich deſto beſſer als Autor zu verbergen. Der
ſatyriſche Inhalt, und beſonders die kleinmeiſteri=
ſchen Sticheleien auf Bel und Gottſched, verdie=
nen keiner weitern Erwähnung. Aber das wich=
tigſte dabei war, daß ich durch dieſen erſten Aus=
tritt ins Gebiet der Satyre, der Inquiſition in die
Hände fiel. Und das ging ſo zu.

Ich hatte mit möglichſter Behutſamkeit den
Druk in Delizſch, einem Landſtädtchen ohnweit
Leipzig, ſelbſt veranſtaltet, hatte dem Verleger,
Herrn Heinſius, kein Wort davon wiſſen laſſen, das
mit er mit gutem Gewiſſen ſagen könte, daß ihm
der Drukort unbekant ſey: hatte den Druker durch
den damaligen Superintendent v. Wichmannshauſ=
ſen

sen zum Schweigen verpflichtet: Kurz, ich hatte
mich, meiner Einbildung nach, von allen Seiten
gesichert. Aber die Brochüre war kaum drei Tage
in Leipzig, und hatte einige Sensation erregt, als
Herr Bel, damaliges Mitglied der Bücherkom-
mission, das Ding sogleich in Untersuchung zog,
und, aus der Besichtigung des Papieres, und dessen Zeichens, den Papiermüller, und, durch
den, den Drukker herausbekam. Und so wurde
der H. M. Bahrdt mit leichter Mühe aus seiner
Verborgenheit ans Licht gezogen und — citirt.

Mein Schrekken war erschütternd. Ich hatte
noch nie vor Gericht gestanden. — Ich wolte
leugnen. Aber die Verhöre der Drukkers, und
selbst des H. Tellers, der mich ganz kazzenmäßig
verrathen hatte, überführten mich. — Was war
zu thun? Ich mußte, um mir die größere Demüthigung einer öffentlichen Bestrafung zu ersparen,
zu der kleinern mich entschlüssen, und gute Worte
geben. Und so gelang es mir, da Bel und Gottsched, der Genugthuung entsagten, dieser ersten
Gefahr zu entrinnen, welche die leidige Schriftstellerei mir zugezogen hatte. — Wolte Gott, es

I. B.

wären nie größere gefolgt! — Aber, wie gesagt, ich wurde durch diesen unglüklichen Vorfal nicht muthlos gemacht, und lebenslang bliebs mein Wahlspruch: tu contra audentior ito!

Bald nachher erschien der berühmte Christ in der Einsamkeit, eine der vortreflichsten Erbauungsschriften, welche den Fürstl. Karoladischen Hofprediger, Herr Crugott, zum Verfasser hatte. Weil es den Titel, Christ, führte und damals noch die Aufklärung nur wie die Pest im Dunkeln schlich, und jeder helle Kopf in ecclesia pressa sebte, so entstand in Deutschland augenbliklich ein algemeines Kazzengeheul über dieses Buch — nicht, weil es schlecht geschrieben war, nicht, weil es Irthümer enthielt, nicht, weil es den Kirchenlehren widersprach, sondern — blos weil es die Kirchenlehren nicht — alle enthielt. Man fand darin die allerherrlichsten Gedanken, im schönsten und kräftigsten Ausdruk, von Gott, Vorsehung, Unsterblichkeit und Tugend. Aber die Priester fanden nicht. — Erbsünde, übernatürliche Gnadenwirkungen, Gottheit Christi, Rechtfertigung durch den Glauben ohne Werke u. s. w. Und das ver-

ursachte damals — noch ein Zetergeschrei, davon
alle gottselige Matronen hysterische Zufälle bekamen.

Merkwürdig wars, daß in Leipzig ein gewisser
D. Eichler, Pastor an der Nikolaikirche, dessen
Leibe Gott der Herr einen Umfang von fünftehalb
Ellen bescherr hatte, und der wegen seines Phlegma
das Kirchenärar mit den Unkosten belastet hatte,
welche ein Siz für ihn auf der Kanzel erheischte,
auf den er seine Predigten ablas — gerade zuerst
die Stadt Leipzig auf das höllische Produkt des
preußischen Naturalisten aufmerksam machte, und
vor seinen Gifte warnte.

So bald ich davon hörte, überfiel mich der
Feuereifer des Pinehas, und ich beschloß, gegen
den Verfasser zu Felde zu ziehen. Als ich aber das
Buch las, siegte leider die Natur über die Gnade.
Ich konte mich nicht enthalten, das Buch in allem
Betracht schön zu finden. Alsbald also stekte ich
mein Schwerd in die Scheide, und nahm mir vor,
statt den Verfasser zu widerlegen, ihm sein Gift
zu nehmen, und das schönste Buch — zu verschönern d. h. mit allen fehlenden Kirchenlehren es

X 2

auszuschichten, und auf diese Art es der Christenheit genießbar zu machen.

So erschien denn: der Christ in der Einsamkeit verbessert, und mit neuen Abhandlungen vermehrt, von M. C. F. Bahrdt, Leipzig bei Heinsius. — Es waren aus sieben Bogen zwei starke Bände geworden, wie wenn die liebe Christenheit einen weitern Magen hätte, und reichlicher aufgeschüsselt haben müßte, als die Naturalisten.

Meine Arbeit bestund darinnen. Ich schaltete fast in alle Perioden einige Worte, oft aber auch zwischen die Perioden ganze halbe Seiten ein, welche die Schrift des Hrn. Crugott christlich machen solten d. h. welche bald die Versöhnungslehre, bald die übernatürliche Gnade, bald etwas ähnliches enthielten, und so nach das blos vernünftige Christenthum mit dem kirchlichen, und zwar lutherischen Christenthume verschmolzen. Alsdann arbeitete ich selbst noch verschiedene Abhandlungen aus, und zwar in einem höchst verunglükten poetischen Style, welcher die Orthodoxie begünstigte z. B. von der Hölle.

Daß ich mit meiner Arbeit das Buch verhun=
zen mußte, war unvermeidlich. Daher fanden sich
eine Menge vernünftiger Leute, welche meine Kna=
benfrechheit tadelten, und unter andern wagte es
Herr Lavater, mir, in einem anonymischen Briefe,
einen derben Verweis zu geben, daß ich fremde
Arbeit gemißhandelt hätte. Aber ich war damals
zu sehr ein schnaubender Saulus (wie auch meine
Vorrede bewieß, in welcher ich den vortreflichen
Abraham Teller seines Lehrbuchs halber, zum
Scheiterhaufen verurtheilte) als daß mich solcher
Tadel hätte bessern sollen. Ich entbrannte vielmehr
in heiligem Eifer, und schrieb meines Christen
zweiten Theil, in welchem ich Herrn Lavaters
Brief abdrukken ließ, und ihn weidlich andonnerte,
daß er sich unterstanden hätte, meine Gott gehei=
ligten Absichten zu tadeln, und mich in meinen Be=
mühungen, für die Erhaltung der reinen Lehre,
zu stöhren.

Und siehe, beide Theile dieses meines elende=
sten Produkts fanden ein so ungeheures Publikum,
daß Herr Heinsius mehrere Auflagen nach einan=
der machen, und damit seinem Jahrzehend ein

Monument der Barbarei stiften mußte. Ich selbst
aber erwarb mir dadurch in der Christenheit so viel
Ruhm (das Achselzukken der wenigen Vernünftigen abgerechnet) daß ich als ein aufgehendes Licht
der Kirche betrachtet wurde, und einige Jahre
darauf von dem Hrn. Pastor Götze aus Hamburg
einen Brief erhielt, den ich noch besizze, in welchem er mir meldete, daß die Wahlherren mich
mit zu der von Hrn. Archidiakonus Zimmermann,
erledigten Stelle erkieset hätten, und ich daher
mir gefallen lassen möchte, in Hamburg eine
Wahlpredigt zu halten. — Ich schlugs ab.

Ein und dreißigstes Kapitel.

Ernsthaftere Liebschaften.

Noch zu früh war es: und doch dachte ich schon
an eine Verheirathung. Ja ich hatte bereits vor
ein paar Jahren daran gedacht, und — großen
Gewinn von der Thorheit gehabt.

Noch ehe man mich als Magister begrüßte, (ich gehe in der Chronologie rükwärts, und vorwärts, weil ich in diesem Kapitel alle meine Begekenheiten zusammenfassen wil, die in dieses Fach gehören) erlangte ich die Bekantschaft mit einem Gegenstande, welcher vermögend war, alle meine Wünsche auszufüllen. Es war die älteste Tochter eines Predigers in Rochliz, Namens Schulz, bei welchen mich dessen Sohn einführte, der in der Fürstenschule mein Freund geworden war. Sie war wirklich schön, und hatte dabei Verstand und, was mich immer am meisten gereizt hat, einen edlen Stolz, welcher sie den seltenen Mittelweg zwischen ermüdender Sprödigkeit, und übereilter Hingebung halten lehrte. Dieses vortrefliche Geschöpf bestimte ich in allem Ernst zu meiner künftigen Gattin, und fühlte mich in den zwei Jahren volkommen selig, in welchen ich ihren Umgang genoß (ich ging des Jahres wenigstens viermal nach Rochliz, und blieb zuweilen acht, zuweilen vierzehn Tage da) und das entzükkende Vergnügen schmekte, mich von ihr eben so ernstlich geliebt zu sehn.

Der Gewin, den ich von dieser ersten ernsten Liebe hatte, war dieser, daß mir jede andere Person ihres Geschlechts gleichgültig wurde, weil meine Phantasie einmal sie, als das Ideal der Volkommenheit gefaßt hatte, und. daß ich folglich — was man bei unverdorbnen Menschen allemal finden wird — durch den Gedanken, daß ich ihm schon ganz und allein gehöre von aller Lüsternheit nach thierischem Genuße auf eine Zeit lang geheilet, und selbst von den seltensten Unregelmäßigkeiten, deren ich mich bisher schuldig gemacht hatte, zurükgehalten wurde.

Und wolte Gott, ich hätte dieses Band nie zerreißen dürfen, das mich so heilsam an ein liebenswürdiges Mädchen gefesselt hatte. Aber schon ihre Vermögensumstände, die den meinigen gleich waren, lehrten mich hernach die Unmöglichkeit, bei dieser Verbindung unserer Herzen zu beharren. Ich sahe auf viele Jahre voraus, daß ich bei allen Ehrenstellen, zu denen ich mir Hofnung machen konte, ohne Besoldung und folglich außer Stande bleiben würde, eine Frau zu ernähren. So bald ich also Magister war, und Aussicht zu ei-

ner Katechetenstelle und extraordinairen Professur
hatte, erkante ich die Nothwendigkeit, entweder
unbeweibt zu bleiben, oder durch eine reiche Heirath meiner Armuth zu Hülfe zu kommen.

Ich brach sonach den Umgang nicht nur ab,
sondern war auch so ehrlich, es meinem Muth-
chen in einem Briefe zu verstehen zu geben, daß
auf mich keine weitere Rechnung zu machen sey.
Und nun blikte ich in den Familien, wo ich Zutritt
hatte, umher und suchte den Gegenstand, der
mich fesseln konte.

Ich fand ein Mädchen, ganz so wie Muth-
chen war, mit dem Gesicht eines Engels, mit einem überaus sanften Karakter, mit dem reifsten
Verstande und Hofnunglassender Sprödigkeit.
Auch mit dieser, sie war die Tochter eines reichen
Kaufmanns, hatte ich einige Jahre lang Umgang,
gestand ihr oft meine Liebe, die sie so volkommen
verdiente, erhielt häufige Merkmale einer gegen-
seitigen Zuneigung, konte aber dennoch nie zu
meinem Ziele kommen, weil der leidige Geiz der
Mutter Frankin, Gott habe sie selig, sich immer
daran stieß, daß ich, ohngeachtet meiner glän-

zendsten Aussichten, bei der Akademie so wol, als im Predigtamte, doch jezt noch nicht Einkünfte genug hatte, welche ihrem Vermögen das Gleichgewicht hielten.

Mein Vater, der in der Familie fast vergöttert wurde, wagte es endlich selbst, seine Worte für mich bei der Mutter anzubringen, (denn sie war Herr im Hause) aber seine sonst überal unwiderstehlige Art zu bereden und zu bitten, konte die Batterien nicht erobern, welche Barbiel um das Herz der Alten aufgeworfen hatte.

Ich war die entzükkendste Hofnung meines Vaters und, der Gedanke an mein steigendes Glük, das er zu erleben und mit anzusehen sich schmeichelte, war für ihn wahre Begeisterung. Da er also sahe, daß der Kaufmannsgeist seinen Wünschen zuwider war, so rieth er mir zu einer Parthie, bei welcher freilich die Sinnlichkeit sehr wenig, aber der Beutel destomehr seine Rechnung fand. Und ich war wirklich entschlossen, weil er es wünschte, und weil seine Wünsche ohne Ausnahme die meinigen waren, ihm zu Liebe meine Sinlichkeit zu verleugnen, und ein Frauenzimmer zu heirathen, welches körperlich und geistig kein Frauenzimmer war.

Ich solle die Tochter des großen und reichen Ernesti lieben — welche in Mine, Gang, Rede= tönen, Talenten, Kentnissen, kurz, überal — Mann war. Sie sprach Latein und verstand griechisch wie ihr Vater: ob sie zu lieben verstand, weiß ich nicht.

Mein Vater beschloß, Vater Ernesti'n ge= rades Weges um sie zu begrüßen: weil er Jahre lang seine Freundschaft erprobt und unzählige Be= weise hatte, daß er auch mir ausserordentlich ge= wogen war und mich schäzte. Aber der Freund und der Gönner hatte für diesen Antrag keine Ohren. Auch Ernesti dachte kaufmännisch. Oh= ne Bedenken hieß es, sol ihr Sohn meine Tochter haben, wenn er eine ordentliche Predigerstelle er= hält, davon er leben kan. Kurz Vater Ernesti fürchtete, daß sich seine alten Rheinweine mindern oder sonst ein kleiner Abgang sich irgendwo äußern dürfte, wenn er einem ausserordentlichen Professor (der ich damals war) seine Tochter gäbe. Und das zerstörte meines guten Vaters Projekt abermals.

Ueberhaupt muß ich sagen, daß ich jezt, wenn ich den Gang meiner Schiksale in Leipzig erwäge und die vielfältig mißlungnen Anschläge betrachte, die meinen Vater unaufhörlich beschäftigten, um mich in Leipzig zu erhalten und da zum großen Manne emporsteigen zu sehen, es ganz augenscheinlich finde, daß die Vorsehung mit Absicht alle diese Anschläge vereitelt und alle Versuche mich (wie mans nennt) in Leipzig glüklich zu machen, gehindert hat. Denn es ist mir wenigstens einleuchtend, daß ich in Leipzig nie zu der Aufklärung und folglich nie in den großen Wirkungskreis gekommen seyn würde, in welchen sie mich durch und unter so vielen Widerwärtigkeiten geleitet und (wie ich vor Gottes Angesicht freudig gewiß bin) zum nuzbaren Mann gemacht hat. — Man wird in folgender sehr merkwürdigen Begebenheit dieses bestätiget finden.

Ich gerieth in die Familie des Kammerrath Hoe, welchem mein Vater mit mir sehr viel Proben der herzlichsten Freundschaft verdankt, mit einer Mamsel Mittlerin in Bekantschaft, welche die Frau Kammerräthin absichtlich veranstaltet hatte.

Dieses liebe Mädchen war minder schön als die obgedachten Leipzigerinnen, aber sie war im höchsten Grade angenehm und reizend. Ihr Auge war Liebe und alle ihre Minen sanfte Güte. Wenn sie sprach, bezauberte sie, und wenn man sie handeln sahe, flößte sie Ehrfurcht ein. — Und — daß ich die Schilderung ihrer Reize kurz und gut vollende — sie hatte ein reines Vermögen von 80000 Thalern und war — Waise.

Ich glaubte nichts gewisser, als daß ich hier Sieger werden würde. Alles vereinigte sich für meine Wünsche. Sie schien, gleich bei der ersten Zusammenkunft, mir gewogen und gab mir Merkmale ihrer Zuneigung. Sie wohnte mit ihrer Schwester allein und erlaubte mir, ihr Besuche zu geben. (Ich trug schon, als Substitut meines Vaters, die Leipziger Priesterkrause) Sie empfing mich, wenn ich kam, mit ihrer heitersten Laune. Sie wandelte selbst, sehr bald, den Ton des ceremoniösen Umgangs, in den Ton der vertraulichen Freundschaft. Sie gestattete mir bei jedem Abschiede einen Kuß. Sie ward krank, und ich durfte alle Abende vor ihrem Bette sizzen und von meiner

Liebe zu ihr sprechen. Konte wol eine Hofnung gründlicher seyn, als die meinige? Aber man erstaune.

Nach einigen so mit ihr verlebten Monaten, machte ich ihr einen förmlichen Antrag und — mit sichtbarer Bekümmerniß ihres Herzens antwortete sie mir, daß sie mich wirklich recht sehr liebte, aber daß gewisse Umstände es ihr selbst unmöglich machten, mir ihre Hand zu überlassen.

Alle meine Vorstellungen, alle meine Bitten, alle meine Zärtlichkeit blieb ohne Wirkung. Ich eilte zu meinem Vater, und klagte ihm das Räthsel meiner Liebe. „Sorge nicht, mein Sohn, da du so weit bist, sol sie dir nicht entgehn."

Mein Vater ging selbst und sammelte alle Macht der Reize seiner sanften und unvermerkt hinreissenden Beredsamkeit, Lisetten zu besiegen. Und auch er — kam ohne Hofnung zurük.

Und was in aller Welt, werden meine Leser sagen, konte das Herz dieser Schönen so unbesiegbar machen? Ich denke noch mit Schmerzen daran; denn ich liebte sie so innig, als ich noch keine geliebt hatte. Ihr Vater hatte auf seinem Ster-

bebette, ihr befohlen, ja keinen Gelehrten zu hei=
rathen, sondern sich, was er selbst war, einen
Kaufmann zu wählen. Und die gute verständige
Lisette hielt ein so unverständiges Gebot, aus ir=
rendem Gewissen, für so verbindend, daß sie ihrer
eigenen Neigung entsagte und allen Gründen wi=
derstand, mit welchen mein Vater sie wegen dieses
Punktes aufzuklären suchte. — Kurz, es solte
nicht seyn, daß ich in Leipzig mich festsezte. Die
Vorsicht hatte mir eine andere Laufbahn bestimt,
die mein guter Vater mehrere Jahre nachher mit
voller Resignation für weise Fügung erkante, die
aber meiner guten Mutter, noch jezt manche kum=
mervolle Stunde verursacht.

Zwei und dreißigstes Kapitel.
Ein origineller Geizhals.

Der Ruhm, den mir der verbesserte oder viel=
mehr verstümperte Christ in der Einsamkeit erwor=
ben hatte, machte mich kühn genug, auf der

Schriftstellerbahn fortzuwandeln, und weder die
Censuren der algemeinen Bibliothek noch die
Geißelungen der Klozzischen Zeitungen und Jour=
nale zu achten.

Zwar fühlte ich innigst die Schmach, welche
Kloz mir in dem befanten triumviratu theolo-
gico, anthat, die er seinen actis litterariis einver=
leibte, und worinnen er mich mit Göz und Zie=
gra und Friedrich Teller zusammenstelte, und als
einen orthodoxen Einfaltspinsel dem Hohngelächter
des Publikums preiß gab. Und ich bin gewiß,
daß diese Züchtigungen unbemerkt ihre heilsame
Wirkung bei mir gethan und die ersten Keime des=
jenigen Ehrgeizes in mir hervorgebracht haben,
durch welchen ich in der Folge immer mehr und
mehr mich gewöhnte, das Erniedrigende der Fes=
seln des Kirchenglaubens zu empfinden, und zu
einem freyen Gebrauche der Vernunft emporzustre=
ben. Indeß war vor jezt die Wirkung aller Cen=
suren nur schwach und bestand, mehr in einem ge=
wissen Eifer, Korrektheit und Geschmak in meine
Schriften zu bringen, als ihren Inhalt vernunft=
mäßiger einzurichten.

Ich

Ich schrieb noch eine Samlung heiliger Reden, die, wo ich nicht irre, auch noch H. Heinsius, als die erste Hebamme der rechtgläubigen Produkte meines Geistes, ins Publikum befördert hat: und bald darauf gab ich zwei einzelne Predigten über den Frieden der Seele heraus. — Aber ich wil mit allen diesen Dingen meine Leser nicht aufhalten, weil sie kein Interesse haben, und weder die Geschichte meiner Schiksale noch meiner Seele erläutern. — Unterhaltender wird ihnen folgende Erzählung seyn.

Es lebte damals ein alter D. Laurenzius in Leipzig, welcher als ein reicher Mann bekant war. Er hatte weder Weib noch Kind noch nahe Verwandte und ließ daher jederman die Möglichkeit — sein Erbe zu werden. Es begreift sich, daß der Wunsch, diese Möglichkeit zu realisiren, manches fromme Herz erwärmt und theils zu Erweiterungen des Morgen- und Abendsegens theils zu Liebkosungen des alten Rechtsgelehrten verleitet haben mag.

1, B.   D

Aber der D. Laurenzius erregte und erhizte selbst diese Wünsche. Er erleichterte jedem seine Bekantschaft. Wer ihn haben wolte, zu dem kam er. Und jedem, der ihn mit einer guten Mahlzeit erquikte, sagte ers geradehin, mit der andächtigsten Mine, daß ihn Gott mit Vermögen gesegnet habe und daß er — ihn, den wolthätigen Wirth — im Testament bedenken werde.

Ich habe in meinem Leben keinen scheuslichern Heuchler und sklavischern Filz gesehen als diesen Mann. Er ist mir in beiden Lastern so sehr Original geworden, daß ich von ihm stäts die Begriffe und Zergliederungen der Heuchelei und des Geizes abstrahirt habe, wenn ich als Moralist sie zu schildern hatte.

Es reichen nicht zwanzig Familien, die ich kenne, denen er seine Erbschaft mit den größten Eidschwüren zugesagt hat, blos, um von ihnen recht fleißig traktirt und mit Kuchen und Wein, den man ihm noch ins Haus schikte, versorgt zu werden. Denn der Mann war so Sklav seines Geldes, daß er zitterte, wenn er einen Groschen für seine Nothdurft ausgeben solte. Die Geld=

säkke stunden, wie der Gott der Israeliten, vor
ihm, der ihn auf der Stelle niederdonnern wil,
sobald er sich ihm nähert und mit einem Blik oder
einer Berührung ihn entheiligt.

Zu Hause lebte **er** wie der ärmste Mann. Er
hielt weder Magd noch Bedienten, weil er theils
sie nicht ernähren zu können glaubte, theils in beständiger Angst war, bestohlen zu werden. Er
wohnte in einem der größten Häuser (Amtmanns-
hof genannt) welches sein eigen war, im Hofe, in
einem schlechten Seitengebäudchen, hatte vier kleine Zimmer in der Reihe und hielt stäts alle vier
Thüren verschlossen, welche er von dem hintersten
Zimmer bis an seine Treppenthür zu passiren
hatte, damit die Diebe, die seiner Phantasie im-
merdar vorschwebten, doch erst vier Thüren sprengen müßten, ehe sie zu seinen Mammon kommen
könten. Selten ließ er sich eine Portion Essen
bringen: und von der lebte er wenigstens drei Tage. Er genoß weder Bier, noch Wein, noch
Koffe. Kurz, sein Leben zu Hause war ein beständiger Fastag. Aber wenn er zu seinen Erbschafts-
Laurern gebeten wurde (die man im Juvenal ge-

zeichnet findet) so aß er wie ein Scheundrescher
und trank wie ein Domherr.

Dieser Mann ließ sich einst in unserm Hause
anmelden. Mein Vater kante ihn noch nicht ein=
mal dem Namen nach und verwunderte sich höch=
lich, über diesen unerwarteten Besuch. Der Dok=
tor erschien in einem schwarzen Kleide und einer
ganz krausen, weissen, und ungeheuren Allongen=
perüke mit drei Zipfeln. Die Treppe herauf
keichte er, als ob er eben im Begrif wäre, ins
Reich der Todten zu wandern. Bei seinem Ein=
trit bedekte Andacht sein Gesicht und sein Auge
war schmachtend, wie wenn er vor dem Kommu=
nionaltare stünde. Beim Niedersezzen wolte er
durchaus an der Thür bleiben, wie wenn er sich
für den unwürdigsten Diener unsers Hauses hielte
und einem so heiligen Diener Gottes, wie mein
Vater war, sich nicht alzusehr nähern dürfte.
Kurz, der ganze Mann war Gottesfurcht und De=
muth. Mein frommer Vater ward für ihn einge=
nommen, aber meine Mutter hatte mindern Glau=
ben an ihn.

Ich habe mich lange gesehnt, hub er endlich
devot und seufzend an, noch vor meinem Ende
einmal so viel Kräfte zu sammeln, um Ihnen, ver-
ehrungswürdiger Mann, meine unbegränzte Ver-
ehrung an den Tag zu legen. Ich bin gewiß, daß
Sie eines der theuersten und schäzbarsten Werkzeuge der göttlichen Vorsehung sind, und über
unsere Stadt Leipzig ganze Ströhme des geistlichen Segens ausgießen. Ich habe oft über das
viele Gute nachgedacht, welches Sie an so viel
tausend Seelen durch ihr Amt stiften, und ich
komme heute, es Ihnen zu gestehen, daß mirs Gott
in den Sinn gegeben hat, einen kleinen Theil derjenigen Vergeltung zu übernehmen, welche unsere
ganze Stadt ihnen schuldig ist. Die unbegreifli-
che Vorsehung hat mich unwürdigsten mit einigem
Vermögen gesegnet und es ist ein gewiß göttlicher
Drang in meinem Herzen, dem ich nicht widerstehen kan, Ihnen allein dieses zuzuwenden, und
Ihnen damit den Rest ihrer Tage zu erleichtern,
und Ihre lieben Kinder zu versorgen u. s. w.

Mein Vater erstaunte ob dieser Rede. Sein
Herz fühlte kindlichen Dank gegen Gott, der in

seiner sorgenvollen Lage, ihm einen Wolthäter er-
wekt hatte, welcher ihn aus so manchen Verlegenheiten retten und seinem lastvollen Leben Erleichterung schaffen solte. Er bezeugte also dem ehr-
würdigen Greise (Laurenzius gab sich für einen
zwei und siebziger aus) für seine gute Meinung
seine Dankbarkeit und erkante es für ein Merkmal
seines vortreflichen Herzens, daß er dem Winke
Gottes folgen und eine Familie beglükken wolle,
welche eine Verbesserung ihrer Umstände so sehr
bedürfte.

Von Stund an also ward eine zärtliche und
feste Freundschaft geschlossen, und wir alle wett-
eiferten, den Alten zu liebkosen und uns seiner
Liebe zu versichern. Wir behielten ihn zum Abend-
essen. Er ward nach und nach munter. Er that,
als wenn er weder essen noch trinken könte, und
ließ sichs doch, auf stätes Nöthigen, vortreflich
schmekken. Er sezte sich zu meiner Schwester: er
nannte sie seine Braut: und bat um Erlaubniß,
diese im Testamente besonders bedenken zu dürfen.

Hätte mein guter Vater andere Leute gefragt,
so würde er bald den Heuchler entdekt haben.

Aber weil er den Neid fürchtete, so hielt er die
neue Bekantschaft geheim und erfuhr erst spat,
daß er geäft worden war.

Es vergingen mehrere Wochen, in welchen
wir den alten Geizhals mehrmals recht köstlich fut-
terten, ohne daß er der Erbschaft wieder gedachte.
Endlich aber nahm sichs mein Vater heraus, ihn
mit der Beichtvatermine zu erinnern, daß, wenn
er einmal die redliche Absicht gefaßt habe; er sie
auch, durch Abfassung seines Testaments, volzie-
hen möchte. Der Alte machte Einwendungen, gab
Ursachen des Aufschubs an, mußte aber doch endlich einen Termin sezzen, binnen welchen das Testament aufgenommen werden solte.

Der Termin verstrich: mein Vater bat ihn
zum Essen und schärfte ihm das Gewissen: und nun
fing der alte Heuchler an, zu fokern und neuen
Aufschub zu erschleichen. Und da mein Vater mit
Nachdruk in ihn drang, quengelte er endlich mit
tiefen Seufzern gewisse Verbindlichkeiten heraus,
die ihn nöthigten, Gewissens halber, einen Theil
seines Vermögens anders anzulegen und erbietet
sich zu 12000 Thalern, welche binnen vier Wo-

Y 4

chen meinem Vater zugesichert werden solten, vermittelst Schenkung unter Lebendigen. Mein Vater nahm gern diesen kleinen Theil der ganzen Summe von 80000 Thalern an, und entließ ihn mit religiösen Ermahnungen zum Worthalten.

Nach vier Wochen bestelt mein Vater eine Commission vom Rathhause, welche das Instrument verfertigen solte, und bat die Commissarien nebst dem Laurenzius zum Essen. Aber an dem Tage der Bestellung schifte der Alte ganz frühe, und ließ uns sagen, daß er todt krank sey, und heute nicht kommen könne.

Nun merkte mein Vater seine Tükke. Denn er hatte in dieser langen Zeit doch hie und da geforscht, und gehört, daß dieser Mann mehreren schon seine Erbschaft versprochen hatte. Er ging also noch an demselben Tage zu ihm, und fuhr ihm mit dem ganzen groben Geschüz des mosaischen Gesezzes auf den Hals. Er recitirte ihm alle Stellen der Bibel, worinnen über die Lügner und Heuchler Flüche ausgesprochen, und sie vom Himmelreiche ausgeschlossen werden. Kurz, er ängstete den alten Bösewicht dergestalt, daß er in

Bußthränen zerfloß, und — auf 8000 Thaler
herunter akkordirte.

Es ward nun ein neuer Termin gesezt, wo
vor einer Commission die Schenkung volzogen werden solte. Und siehe, vier Tage vorher komt der
alte Sünder, dem Trennung von seinem Mammon mehr als Todesangst kostete, und zittert und
weint, und jammert wie ein Unsinniger, und klagt
über Gewissensangst, und wil meinen Vater überreden, daß sein ganzes Vermögen, bei genauer
Untersuchung nicht mehr als 4000 Thaler betrage.

Hier, fieng mein Vater erhizt an, Sie
sind der schändlichste Heuchler, den je die Sonne
beschienen hat. Gehen Sie mit ihrem verfluchten
Gelde, wohin Sie wollen, und kommen mir nicht
mehr vor meine Augen. Ich habe Sie nie darum
gebeten; ich habe mich nicht, wie andere Narren,
um Ihre Bekantschaft beworben. Sie sind selbst
mit der Mine der Gottesfurcht in mein Haus gekommen, und haben mir ihren Hundsvoigtschen
Mammon angeboten. Aber ich sehe nun, daß sie
mich, wie andere ehrliche Leute, betrogen haben,
um von meiner Armut sich manchmal satt zu fres-

Y 5

sen, weil Ihr verfluchter Geiz Sie wie der Teufel besessen hat, und an Sklavenketten führt, daß Sie sich zu Hause nicht satt essen. Ich wil nun nichts mehr von Ihnen wissen: aber ich wil alle Menschen öffentlich, und von der Kanzel vor Ihnen als vor einem Diebe warnen, der den Leuten Wein und Braten stiehlt, und sie mit seiner Erbschaft blendet, damit sie die Dieberei nicht merken sollen.

Mit diesen Worten stand mein Vater auf, und wolte den Schurken sezzen lassen. Aber nun fing der Mensch an, ärger als vorhin zu zittern, und zu beben, that meinem Vater einen Fußfal, und bat ihn um Gottes willen, ihn nicht zu verstoßen, und die 4000 Thaler anzunehmen. Das erbärmliche Winseln des Alten, in welchem jezt Scham, Gewissensbisse, und Furcht, vor öffentlicher Beschimpfung, so wie vor der Beendigung aller bisherigen Schmarozereien, mit demjenigen Geizze kämpften, der ihm die Trennung von seinem Gelde so folternd und qualvol machte — bewog meinen Vater, sich noch einmal erbitten zu lassen, unter der Bedingung, daß noch an dem heutigen Tage alles volzogen würde. Und das geschah denn end=

lich. Den Nachmittag erschien der Alte in unserm Hause, vor einer Commission, und volzog die Schenkung eines Kapitals von 4000 Thaler, welche als erste Hypothek, auf einem Hause stunden.

Ich werde nie diesen Menschen vergessen, der mir so oft durch den Anblik der Wirkungen seines Geizzes Schaudern verursacht hat. Denn ich habe selbst, ein Vierteljahr, in seinem Hause gewohnt, ohngefähr zu Anfange der Zeit, in welcher er mit meinem armen Vater seine Komödie zu spielen begann. Da habe ichs mit Augen gesehn, wie unglükselig ein Geizhals ist, und wie ohnmöglich für die Laster es noch positive Strafen geben kan, welche die Theologen Hölle nennen, wenn alle Laster sich so bestrafen, wie der Geiz.

Es ist schreklich, wie elend dieser Mensch lebte. Es war nicht anders als wenn ein Satan ihn leiblich besäße, und seine Phantasie zwänge, an nichts zu denken, als an sein Geld, nichts zu wünschen als Geld, nichts zu lieben als Geld, nichts zu fürchten als den Verlust seines Geldes. Tag und Nacht war der Mann in unaufhörlichen Sorgen. Jedes Rauschen eines Blattes, jedes Knarren einer

Thür, jeder Luftstos schrekte ihn auf, daß er
horchte, ob Diebe kämen und, nach seinen Geld=
säkken sahe, ob sie noch da wären. Sein Schlaf
war halbes Wachen. Er schlummerte nur und
fuhr hundertmal auf, und horchte, ob etwas sich
bewege. Ja er stieg alle Nächte wenigstens einmal
auf, ging durch alle seine Zimmer, und sahe nach,
ob sie verschlossen waren: ging so gar in seine alte
Küche, deren Inhalt nicht zwanzig Thaler werth
war, und zählte das Zinn und Steingut durch.
Kurz, er lebte ohne allen Lebensgenuß, in ewiger
Furcht und Aengstlichkeit.

Beim größten Hunger, den er mir ein paar=
mal klagte, getraute er sich nicht, einen Groschen
anzurühren, und ihn seinen Säkken zu rauben.
Er kam mehr als einmal, wenn ich mein Früh=
stük aß und bat — nur um einen einzigen Bissen
Semmel: er esse sonst nie, nie: nur eben jezt stoße
ihm eine kleine Uebligkeit zu: ein einziger Mund=
bissen sey genug: mehreres würde ihm tödlich seyn:
er würde sich gern eine Semmel holen lassen, aber
er habe bei Gott keinen Heller Geld im Hause,
und es würde auch Sünde seyn, weil doch das

übrige hernach liegen bleiben, und umkommen müste. Und wenn ich ihm eine halbe Semmel aufdrang, so verschlang er sie, mit dem seligsten Wolgeschmak.

Zwanzigmal hab' ichs mit angehört, wenn Domestiken kamen, und ihm Geschenke brachten, wie er da erst ängstlich an die Gatterthür schlich, und nachsahe, obs Diebe waren: wie er dann andächtig freundlich die Thür öfnete, den Kuchen und Wein in Empfang nahm, und nun anfing: ach liebes Kind, sage sie ihrer Herrschaft viel tausend Dank, daß sie einen armen Mann so erquikt: — ach — wie gern wolt ich ihr ein paar Groschen Trinkgeld geben, aber sieht sie, ich wil keinen Antheil an Gott haben, ja warhaftig, ich wil ewig verdamt und verloren gehn, wenn ich einen Dreyer Geld im Hause habe, aber — sag sie mir doch ihren Namen, ich wil sie in meinem Testamente bedenken: gewiß, ich wil sie nicht vergessen.

So hat der Mensch sich tausendmal in seinem Leben verschworen, und vermessen, und — was wirklich merkwürdig ist — er war dennoch dabei ein äußerst religiöser Mann, der ganz nach seinem Catechismo, Teufel und Hölle und Zorn Gottes, und alles das glaubte, womit die Prediger die Leute von wissentlichen Sünden abzuhalten meinen. Man sieht also hier abermals, daß positive Religion nicht den mindesten Einfluß auf Moralität hat.

Der Mann starb bald hernach, eben so, wie er gelebt hatte. Er lag ohngefähr vierzehn Tage, und war nicht im Stande, einen andern Gedanken zu fassen, als sein Geld. Alle Augenblik fragte er die Wartfrau, ob auch die Küche zu, ob auch die Treppe schon verschlossen sey? Das einzige könte er denken. Was man sonst mit ihm sprach, und selbst, was der Priester ihm vorsagte, war wie zum Stein geredt. Seine Seele hatte für alles andere Sinn und Fassungskraft verloren. Der Geistliche verließ ihn auch gar bald, und er starb ohne Communion.

Drei und dreißigstes Kapitel.

Lohn der Gutmüthigkeit.

Ich kan vor Gottes Angesicht mir das Zeugniß geben, daß meine ganze Seele für Menschenliebe gestimt ist. Einem Menschen Freude machen, ist mein schmakhaftestes Vergnügen. Und ein Leiden mindern oder abwenden, macht mir wahre Seligkeit. So war ich von Jugend auf gesint. Und ich habe diesen Carakter durch mein ganzes Leben nicht verleugnet, so oft ich auch, durch die traurigsten Folgen, von der schnellen Entschlossenheit, jeden Leidenden zu helfen, abgeschrekt worden bin.

Es ist ermüdend, gemeine Beispiele zu lesen, sonst würde ich viele von noch lebenden Zeugen bestätigte beibringen können, welche diesen besten Zug meines Herzens augenscheinlich machen würden, auf den ich selbst am stolzesten bin, und dessen Wirkungen ich nie bereut habe, ohngeachtet noch nie mich erinnere, dafür mich belohnt gesehn zu haben.

Indessen eines kan ich nicht übergehen, weil es mir wenigstens das merkwürdigste meines Lebens geworden ist, wo mein Herz in seinem Eifer zu helfen sich erschöpfte, und mit dem scheußlichsten Undanke belohnt wurde.

Ein gewisser M. H.... (ich nenne ihn nicht, weil er noch lebt, und ein hochberühmter Professor ist:) war mein Freund, so wie ich der seine. Dieser H.... hatte einen Stiefvater, welcher ihn filzigt behandelte, und sein eignes Vermögen verzehren half. Er klagte mirs oft, aber ich konte seiner Noth nie abhelfen, denn ich war ärmer, als er selbst.

Durch seine Bekantschaft mit Kloz, erhielt er endlich, nach vielen vergeblichen Versuchen, sich in der Welt anzubringen, den Ruf zu einer ausserordentlichen Professor der Geschichte in .... über welche er eben so sehr sich freute, als seine auf ihn haftende Schuldenlast ihm dabei Kummer machte.

Eines Morgens kam er auf meine Stube, und erzählte mir mit Thränen und Händeringen sein Glük und seine Verlegenheit. „Liebster Bahrdt,
was

was fang ich an, sprach er, ich habe eine Vo=
kation, und kan nicht aus Leipzig. Ich habe
leider fünfhundert Thaler Schulden, und muß
fürchten, daß wenn mein Abzug ins Ausland rucht=
bar wird, daß meine Kreditoren mich festhalten,
und durch eine öffentliche Prostitution mich meines
Glüks berauben. Schaffe um Gottes willen Rath,
daß ich das Glük nicht verliere, welches vielleicht
das einzige ist, was mir den Weg zu größern Aus=
sichten bahnt." — H.... war von Schmerz
und Unruhe durchdrungen.

Mich rührte sein Anblik. Ich fühlte die in=
nigste Theilnehmung an seiner Verlegenheit. Mei=
ne Freude über seine Versorgung war so groß als
die seinige; wie konte mein Kummer über seine
Gefahr geringer seyn? Und doch half mein Mit=
leid zu nichts, als daß ich sein Leiden nur desto
stärker empfand, und seine Klagen vermehrte. —
„Wie kan ich lieber H.... dich retten, antwor=
tete ich, da ich selbst nichts habe, als meine vier=
zig Thaler Katecheten=Besoldung?"

Aber H.... ließ nicht ab, mir anzuliegen,
und mit den Schilderungen seiner Noth mir das

I. B.   3

Herz immer schwerer zu machen. — Wir bera-
theten uns lange, und konten kein Mittel entdekken. Er hatte keinen Kredit und, wer solte mir
Geld anvertrauen? Und doch — half ich.

Das erste, wozu ich mich erbot, war dieses,
daß ich bei seinen Schuldnern gut sagte. Und
diese waren froh, statt eines schlechten und un-
sichern Zahlers einen Bürgen zu erhalten, welcher
wegen seines Amts und wegen seiner Familie ihnen
sicher gnug schien. Alsdann ging ich in einige Familien, wo ich Freundschaft genoß, und borgte
Kleinigkeiten zusammen. Und so brachte ich es
nach und nach dahin, daß mein Freund mit allen
seinen Gläubigern aus einander gesezt war, und
mit Ehren seine Stelle antreten konte.

Die Versicherungen seines Danks waren rührend, und seine Versprechungen, mich ein halbes
Jahr nachher meiner Bürgschaft zu entledigen,
und das Geborgte wieder zu bezahlen, waren so
feierlich, als sie je gegeben worden sind. Das
geschah zu Michael.

Ostern kam heran. Ich schrieb ihm. Er
antwortete mir nicht. Ich beklagte mich über seine

Kälte, und zeigte Aengstlichkeit. Endlich antwortete er und — warf mir Grobheit und Zudringlichkeit vor. Mit einem Worte, Herr H.... ließ mich sizzen und, durch seine auf mich eindringenden Gläubiger in eben die Verlegenheit gerathen, aus welcher ihn meine thörigte Gutmüthigkeit gerettet hatte.

Aber nicht genug, H.... verließ mich nicht nur, sondern er ward sogar mein Feind. Er vermehrte Blozens Feindschaft gegen mich, indem er meinen Karakter bei ihm schwarz zu machen suchte. Und da er jezt Mitarbeiter seiner Zeitungen und Journale war, so ergrif er jede Gelegenheit, mich im Publikum herabzuwürdigen, und die Ehre dessen zu schanden zu machen, welcher für die Erhaltung der Seinigen sich aufgeopfert hatte.

Mag man da wol Muth behalten, sich für seine Mitmenschen zu verwenden, und in Unglük ihnen beizustehen, wenn man durch solchen Undank abgelohnt wird? Aber ich verlor den meinigen nicht. Man erlaube mir eine Begebenheit anzuschließen, welche sich einige Jahre später ereignete.

Ich war Professor in Erfurt, als eben dieser
H.... in neue Verlegenheit wegen seiner Leipziger
Schulden gerieth. Einer seiner Kreditoren hatte
ihn in .... verklagt, und eine Schuldfoderung
anhängig gemacht, welche durch meine Vermit-
telung bereits getilgt worden war. H..... schrieb
an mich, bezeugte die aufrichtigste Reue über seinen ehemals bewiesenen Undank, und schmeichelte
mir mit der Betheurung, daß er mein edles Herz
für unfähig hielt, ihn seiner vorigen Vergehungen
wegen zu hassen, und mich durch Verweigerung
einer Gefälligkeit zu rächen, durch die ich ihm jezt
den allerwichtigsten Dienst leisten könte, und welche er von meiner Großmuth mit zuversichtlichem
Vertrauen erwartete.

H.... hatte sich nicht geirrt. Mein Herz
war keiner Rache empfänglich. Ja, ich fühlte eine
heimliche Freude darüber, daß ich jezt Gelegenheit
hatte, ihn zu beschämen, und mich ihm von einer
Seite zu zeigen, von welcher er vieleicht nie einem
Sterblichen bekant worden ist.

Bereit, seine Bitte zu erfüllen, erhielt ich einen Besuch vom Professor R...., dem ich meine

ehemahligen Verhältnisse gegen H .... erzählte
und meinen Vorsaz entdekte, großmüthig an den
Undankbaren zu handeln, und ihm aus der Noth
zu helfen. R.... widerrieth mirs. Trauen
Sie dem Menschen nicht, sagte er. Es ist keine
gute Ader in ihm. Er ist ein Epicuri de grege
porcus, das mit Klozen säuft, und ihn durch seine
Unverschämtheit liederlicher macht, als er war.
Seine Seele kennt kein Wolwollen, und wird hin=
terher über eben die Gutmüthigkeit spotten, um
die er sie jezt so schmeichelnd angesprochen hat.

Aber R.... Warnungen machten wenig
Eindruk auf mich. Verdient ers nicht, dacht ich,
so bedarf ers doch. Und es wäre schlecht, wenn
ich ihm eine Gefälligkeit verweigerte, welche ich
mit so geringer Mühe und Aufwand ihm erzeigen
kan. Er wird wenigstens, wenn er auch nie mein
Freund wird, doch aufhören, mein Feind zu seyn.

Ich ging vor Gericht, bat um Abnehmung
eines Eides, wegen der durch mich geschehenen
Tilgung der gedachten Schuld, ließ ein Protokol
darüber aufnehmen, bezahlte einige Thaler Unkos=

sten, und schikte dem H .... alles, was er nöthig
hatte, sich seinen Kläger vom Halse zu schaffen.

Mit den wärmsten Ausdrukken dankte mir
H .... und bat mich inständig, ihm eine Gelegenheit zu verschaffen, wo er mir seine Freundschaft
erproben könte. — Der ganze Brief war mit
Schmeicheleien und Versprechungen, und sehn-
suchtsvollen Wünschen angefült, mir dienen
zu können.

Ich traute diesen blendenden Liebkosungen,
und schrieb ihm, daß ich von einem Freunde ein
Manuscript geschenkt bekommen hätte, dazu ich
mir einen Verleger wünschte; (denn ich war damals noch in so armseliger Reputation, daß es
schwer hielt, ein Honorar für meine Schriften zu
erhalten:) und bat ihn also, mir dazu behülf-
lich zu seyn.

Augenbliklich antwortete H...., daß er einen Verleger für mich habe, welcher mir zwei
Thaler für den Bogen geben wolle. Das Buch
hieß: Freimüthige Betrachtungen über die Religion für denkende Leser, und war von einem
gewissen Herrn v. Gerstenberg, einem privati-

firenden Philofophen in Erfurt. Der Verleger
war der Buchdrukker F.... in Halle.

Ich fandte an H.... das Manufcript, und
machte nun froh die Rechnung auf etliche dreißig
Thaler, die mir bei meiner damaligen fehr großen
Armuth zu ftatten kommen folten. Das Buch
wurde gedrukt. Und ich fand fchon Recenfionen
davon in Zeitungen, ohne noch felbft ein Exemplar,
gefchweige Geld, erhalten zu haben. Ich fragte
bei H.... an, und erhielt keine Antwort. Ich
fchrieb an F.... felbft, und — diefer erwiederte in einem ziemlich plumpen Briefe, daß ich ja
felbft Herrn H.... geftanden hätte, daß das
Buch nicht meine Arbeit fey: wie ich denn für
fremde Arbeit Geld fodern könne? er lege alfo
hiermit für meine Bemühung einen Luisd'or bei,
nebft einem Exemplare von der Schrift, die ich
ihm zum Druk gefchikt hatte: damit könte ich zufrieden feyn. —

Das war das Ende von der Gefchichte. Herr
H.... hatte das Geld, (vielleicht mehr, als er
mir verfprochen,) in Empfang genommen, und
dem Wein oder H.... wirth zu löfen gegeben,

und F . . . ., mit dem er in Verbindung stand,
beredet, mich auf die gedachte Art abzuferti=
gen. — Verdiente der Mann nicht, daß ich
ihn nennte?

Vier und dreißigstes Kapitel.

Angenehme Aussichten.

Ohngeachtet aller mißlungenen Versuche, mich
durch eine reiche Heirath in Leipzig festzusezzen,
vereinigte sich doch alles, für meine und meines
Vaters Wünsche, und begründete die froheste Hof=
nung, daß ich in Leipzig seiner Bahn folgen, und
nach und nach zu den größten Ehrenstellen hinauf=
steigen würde.

Der Beifal, den meine Predigten fanden,
(ich rede jezt vornehmlich von den Jahren 1764
bis 66,) war ausserordentlich. Es leben noch
Leute in Menge, welche mich ehemals gehört
haben, und sich des erstaunenden Zulaufs erin=
nern, der meine Kirche fülte. Eine Stunde vor=

her zogen schon Menschen nach der Peterskirche,
die keine festen Plätze hatten, um bequemer sizzen
oder stehen zu können. Und es gab sogar eine
Menge Personen, welche anfiengen, mich meinem
Vater vorzuziehen, und Inhalt, Styl und De=
klamation bei mir volkomner zu finden.

Ich wurde, nachdem ich eine Zeitlang Kate=
chet gewesen war, aber schon sehr häufig für mei=
nen Vater die Frühpredigten versehen hatte, ihm
im Amte förmlich substituirt und erhielt bald dar=
auf eine ausserordentliche Professur. Beides ver=
mehrte eben so sehr mein Ansehen im Publikum,
als es die Zahl derer vergrösserte, welche schon
längst auf mein alzufrühzeitiges Glük, so wie auf
meinen Applaus eifersüchtig gewesen waren, und
die es ganz eigentlich erbitterte, daß ein Mensch
im achtzehnten Jahre schon den Katheder betrat
und im zwei und zwanzigsten Professor war, da
mancher andere zehn und zwanzig Jahre erst ma=
gistriren mußte, ehe er den leidigen Professortitel
sich erringen konte — nach dem Sprichwort: Lip-
sia vult expectari.

Mein Eifer im Studium der Philologie, dadurch ich meine waklichte Theologie haltbarer zu machen gedachte, wurde jezt immer größer. Noch spat lernte ich bei Abraham Tellern das syrische und nahm bei Reisken privatissima über griechsche Autoren.

Mein größter Schade war, daß ich keine einzige lehrreiche Geselschaft hatte. Mein ganzer Umgang war mit Kaufleuten, welche mich meiner Talente wegen ehrten, und meiner guten Laune halber mich gern in ihren Zirkeln sahen. Aber unter diesen Leuten konten weder meine Kentnisse noch mein Geschmak, noch meine Sitten sich ausbilden. Der kaufmännische Ton war Grosthun durch Schmausereien; und alle Unterhaltungen bestunden in Lhomberspiel. Und wer es aus Erfahrung weiß, was Umgang für Einfluß auf den Menschen hat, und wie erstaunend die Fortschritte sind, die man macht, wenn man beständig unter Leuten von verschiedenen Fachen der Kunst und der Wissenschaft lebt und mit denen sich unterredet: wie schnel man da Lükken der Erkentniß ausfüllen, in der Litteratur sich bereichern, von gewissen Vor-

urtheilen geheilet werden, seinen Geschmak ver=
volkommen, seine Urtheile berichtigen, seine Sitten
veredeln kan; der wird es begreifen, daß ich bei
meinen Leipziger Geselschaften unendlich viel ver=
loren habe.

Ich selbst war nicht Schuld an diesem Ver=
luste. Die Leipziger Gelehrten haben schon längst
den Vorwurf auf sich gezogen, daß sie nicht gesel=
lig sind. Es herrschte, wenigstens zu meiner Zeit,
eine gewisse Grandezza unter den Professoren, daß
ein Magister und selbst ein extraordinärer Profes=
sor, zu gar keinem freundschaftlichen Umgange mit
ihnen gelangen konte. Und im Ganzen war auf
der Universität der Geist des Mistrauens, der Ei=
fersucht, und der Kabale so algemein, daß ein
vertrauter oder auch nur natürlicher Umgang nicht
möglich war.

Ich hatte damals sehr vertrauten Umgang
mit einem gewissen Kaufmann Schmidt, der ein
sehr rechtschafner und freundschaftlicher Mann
war. Seine großen Geschäfte hielten ihn beständ=
dig zu Hause und machten ihn zulezt hypochon=
drisch. Seine weit jüngere, aber nicht schöne Frau

mußte daher ihren Garten sehr oft ohne ihn be=
suchen und sich an meiner Geselschaft begnügen.
Und, wie die Leipziger Herren und Damen sind,
die nicht anders als beim Kubach sich Karessen er=
lauben und alle, die ohne Kubach frey und öffent=
lich konversiren, verbotner Lust beschuldigen und
über Unheiligkeit seufzen, ich kam unter ihnen mit
Madam Schmidt in einen algemein geltenden Ver=
dacht. Aber ich kan versichern, und meine Leser
wissen, daß ich mich nicht schone, wenns die
Wahrheit erfodert, daß die gute Frau unschul=
dig war.

Ich habe schon gesagt, daß ich als junger
Mann überhaupt enthaltsamer gelebt habe, als
man es von meinem Feuer hätte vermuthen sollen.
Und ich denke, wenn man sich einst die Mühe ge=
ben wil, beim Ende meiner Lebensgeschichte zu
berechnen, wie unermüdet ich von meinem neun=
zehnten Jahre an, wo ich mich völlig fixirte, ge=
arbeitet, und meine Nerven durch studiren ange=
strengt habe, und dann sieht, was ich noch in
meinem funfzigsten Jahre an Kopfarbeit leiste,
und mit welcher Lebhaftigkeit des Geistes und

Stätigkeit ich — noch mitten im Gefängnisse —
thätig bin, der wirds a priori einsehen, daß ich
nie ausgeschweift haben kan.

Daß ich immaculatam juventutem bis zu
meiner Verheirathung behauptet hätte, verlange
ich niemanden zu bereden, und es wird es von allen
hochwürdigen und hochehrwürdigen Herren in Europa keiner verlangen, daß mans von ihm glauben solle. Aber eine Mäßigkeit kan ich von mir
prädiciren, welcher vielleicht wenige meines Alters
sich werden rühmen können.

Noch damals hatte ich vom Gebot die sonderbaren Begriffe, daß es eine positive Kraft habe, nicht nur die Enthaltsamkeit zu befördern,
sondern sogar völlige Entwöhnung zu bewirken.
Und ich kan es betheuern, daß ich in dieser kindischen Meinung mich, zumal seitdem ich den Ornat
trug, erstaunend damit gequält habe. Gewiß habe ich täglich, und oft stundenlang gebetet, und
mir die Kraft, den Trieb der Natur gänzlich zu
unterdrücken, zu erkämpfen gestrebt. Und wenn
ich dann alle natürlichen Mittel angewendet, meine Phantasie bezähmt, durch Diät mein Blut be-

ruhigt, durch Arbeitsamkeit meine Kräfte erschöpft
und so — oft sechs bis sieben Wochen mich stand=
haft erhalten hatte, und nun gewiß meinte, daß
das Gebet seine Wirkung gethan habe, (denn so
schwach ist der einmal an positive Religion ge=
wöhnte Mensch, daß er die augenscheinlichsten
Wirkungen der Natur übersieht, und die Erschei=
nungen lieber übernatürlichen Kräften zuschreibt)
so versank ich oft in Kummer und Schwermuth,
wenn denn endlich doch der alte Adam sich wieder
meldete und seine Rechte behauptete. Da ging
denn der Bußkampf von vorne wieder an, und die
Gebete wurden verdoppelt und — es blieb — bei
der Mäßigkeit und kam, wie natürlich, nie zur
Entwöhnung.

Diesen meinen irrigen Vorstellungen von der
übernatürlichen Gnade muß ich ohnfehlbar noch
eine andere Erscheinung zuschreiben, die mir da=
mals manchen geistlichen Kampf verursachte. Sie
bestand darinnen. Bei aller Lebhaftigkeit meines
Geistes und bei der größten Leichtigkeit, mit wel=
cher ich damals schon arbeitete, trafs sich dennoch
sehr oft, daß mich bei Koncipirung meiner Pre=

digten plözlich eine Angst überfiel, die ich nicht
überwinden konte. Es kam mir auf einmal der
Gedanke ein, du wirst nicht fertig werden: du
wirst nicht im Stande seyn, das Thema auszu-
führen: diese Predigt wird erbärmlich re. Und
nun mochte ich mich hinsezzen und denken und
mich anstrengen, wie ich wolte; es kam mir kein
brauchbarer Gedanke. Ich saß oft den ganzen
halben Tag und brachte keine halbe Seite zu wege. Was ich schrieb, strich ich wieder aus. Und
je näher endlich die Zeit kam, wo das Koncept fertig seyn mußte, um memorirt zu werden, destomehr nahm meine Beängstigung überhand, so daß
ich wol eher noch des Sonnabend Abends meinem
Vater schreiben und ihn bitten mußte, für mich
zu predigen. Und doch war ich an sich selbst so
geübt und arbeitete so glüflich und leicht, daß weit
öfterer mein Vater, des Sonnabends spat mich
bitten konte, seine Predigt zu übernehmen (wir
predigten, da ich sein Substitut war, Sontag um
Sontag) und nie eine abschlägliche Antwort erhielt. Auch habe ich oben es schon erzählt, daß
ich meinem Vater unzählige sehr weitläuftige Dispositionen gemacht habe, die mich nie über eine

Stunde Zeit kosteten, über welche er, wie er mir sagte, weit leichter extemporirte, als über seine eigenen. —

Ich erkläre mirs so. Mein System verleitete mich, den lieben Gott als ein wilführlich handelndes Wesen zu denken, welches, wie ein Pädagog mit der Ruthe in der Hand, den Menschen bald züchtigt, bald losläßt, je nachdem ers darnach gemacht hat. Wenn ich also einmal gesündigt, oder nicht andächtig genug gebetet hatte; so fiel mir das zuweilen, ob schon dunkel, mitten in der Arbeit ein und es associirte sich damit die Idee des Zuchtmeisters. Da ich nun auf meine Naturkraft nichts rechnete, sondern alles der Gnade zuschrieb, so ward mir natürlicherweise sogleich angst, wenn meine Arbeit (zufälligerweise) stokte und die Gedanken nicht fließen wolten, daß mich Gott jezt verlasse, und seinen Segen entziehe. Denn es begreift sich, daß ein Mensch, welcher sich bei seinen Arbeiten von einer höhern Kraft abhängig sieht, gegen die er nichts vermag, allen Muth verlieren muß, so bald er glaubt, daß jezt diese höhere Kraft ihn verlassen habe.

Uebri=

Uebrigens hatte ich auch damals ein vorzüg=
lich saures Stük Arbeit. Mein Vater hatte den
Einfal bekommen, die ganze christliche Moral
in einer zusammenhängenden Reihe von Predigten,
mit mir abzuhandeln. Ich mußte zu diesem weit=
läuftigen Unternehmen nicht nur den Plan ausar=
beiten, sondern fast zu allen Predigten den Ent=
wurf machen. Da konte denn freilich wol auch
das lastende und sklavische dieser Arbeiten (wo
jedes Thema, wenn es an der Reihe war, ins
Frühevangelium hineingezwängt werden mußte)
zu jener Aengstigkeit etwas beigetragen haben.

Am Ende dieser Epoche, wo ich in der Exe=
gese immermehr Licht bekam und die Schwäche
der dogmatischen Beweise einsehen lernte, schrieb
ich: laute Wünsche des stummen Patrioten,
(mit dem Motto aus dem Esaias: mich, die leben=
dige Quelle verlassen sie, und machen sich allent=
halben ausgehauene Brunnen, die doch löcherticht
sind und kein Wasser geben) welche ich hernach in
Erfurt erst zum Druk beförderte und auf eine son=
derbare Art darüber in eine zweite schriftstellerische
Inquisition gerieth. In dieser Schrift eiferte ich

I. B.   A a

schon sehr ernstlich gegen die elenden Beweise der Theologen und drang auf das Studium der Philologie — freilich noch immer in der guten Meinung, daß sich die Lehrsäzze meines Lutherthums dabei behaupten und nur mit bessern exegetischen Gründen versehen lassen würden.

Ganz zulezt, ehe ein plözlicher Zufal alle meine schönen Aussichten in Leipzig verdunkelte und meines guten Vaters reizende Hofnungen welken machte, erhielt ich den obgedachten Antrag nach Hamburg, an Zimmermanns Stelle.

Ich hatte unzählige Freunde, viele Verehrer und Schäzzer meiner Gaben, und keinen einzigen Feind durch Beleidigung, sondern alle durch Eifersucht und Neid.

Fünf und dreißigstes Kapitel.

Der erste Orkan meines Lebens.

Im Jahr 1767 im Herbst — es ist der offenherzigste Bericht — pocht's an meine Thür und, auf mein herein! erschien eine Frau, in ganz ehr-

barer Gestalt und bat um Erlaubniß, mich allein
zu sprechen. Ich führte sie in mein Kabinet, wo
ich studirte, unbekant mit ihrem Anbringen und
doch — mit klopfendem Herzen, wie wenn Unglük
mir ahndete, aber natürlich, weil ein Besuch die=
ser Art mir unerwartet und unbegreiflich war, und
weil man von unvermutheten Vorfällen, welche
das Gute nicht gleich im Schilde führen, immer
übels zu ahnden pflegt.

Mein Herr Professor, hub sie an, nehmen
Sie mirs nicht übel, daß ich Ihnen etwas unan=
genehmes melden muß. Sie werden sich erinnern,
daß Sie an dem und dem Tage ein gewisses
Frauenzimmer bei mir gesprochen haben. Dieses
Frauenzimmer befindet sich schwanger und giebt sie
als Vater an. Sie werden sich also dieser unglük=
lichen Person annehmen, und sie gehörig versorgen.

Ein anderer in meiner Lage (man denke sich
nur — mein Amt — meinen Beifal — meinen
Vater — meine Aussichten) würde halb todt hin=
gesunken seyn, bei solch einer Zeitung. Ich —
sank nicht. Aber das Herz schlug mir ein wenig,
wie, wenn ich mein Todesurtheil vernommen hätte,

und jezt es Zeit wäre, zu zeigen, daß ich Manns
gnug sey, um sterben zu können. Ich antwortete
ihr ganz gesezt, daß ich sie nicht kenne. Und das
war wahr.

G. Das kan wol seyn, daß Sie mich nicht
kennen. Aber das Frauenzimmer, das Sie ohne
mich gesprochen haben, werden Sie wol kennen.

Ich. Auf die Art, wie Sie sagt, kenne ich
keines.

G. Eine kleine untersezte Person in rosen=
farbnem seidnen Korset und Rok und einer Zobel=
müzze — solten Sie die nicht kennen?

Ich. Nein.

G. Die von der Haynstraße mit Ihnen nach
dem Barfüßergäßchen gegangen ist?

Hier fiel mirs erst ein. Der Vorgang war
dieser. Ich hatte den Sommer über oft ein Ge=
schöpf in dieser Gestalt bemerkt, wenn ich des
Abends aus meinen Geselschaften nach Hause ging
ohne auf sie zu achten. Sie war mir mehrmalen
begegnet, und hatte sich, bald vor mir, bald neben
mir, und stäts im nettesten Anzuge gezeigt, und

mir nach und nach den Gedanken beigebracht, daß
Sie das absichtlich thue und — was die Eitelkeit
leicht sich träumen läßt, — eine Neigung zu mir
habe. Aber da ein Bürgermädchen, dafür ich sie
hielt, auch bei der größten Schönheit, für meinen
Stand nicht war, so nahm ichs wenig zu Herzen,
bis ich — einmal — im Jubel — vom ältesten
Rheinweine begeistert, — aus einer Geselschaft
nach Hause ging und alle meine Sinne offen waren. Da erregte ihr Anblik meine Aufmerksamkeit und — ihr rasches Vorbeigehn und Anstoßen
mit einem ehrerbietigen „Vergeben Sie, mein
Herr!" verursachte in mir eine solche Erschütterung, daß mir ein unwilkührliches „Guten
Abend" entfuhr, welches sie stille stehn machte.
Sie fragte, wo ich hin wolte — ich antwortete —
sie fragte etwas anders — kurz, ich begleitete sie
nach Hause, ohne sie selbst und das Haus gekant
zu haben.

Das muß sie seyn, dachte ich jezt bei dem
Antrage der Frau, und nun kont ich, im höchsten
Grade unerfahren, und ganz unbekant mit dem,
was in großen Städten Prellerei heißt, weiter

keinen Entschluß fassen als den, mich kurz und gut
mit der Alten zu vergleichen, und mir mit Geld
die ganze Geschichte vom Halse zu schaffen. Sie
ward nach langem handeln mit mir über 200 Thaler einig, welche in vierteljährigen Terminen zu
25 Thalern bezahlt werden solten. Ich gab ihr
einen Wechsel. Sie schied mit Zeichen der Freundschaft. Und ich war so ruhig, als wenn nichts
vorgegangen wäre.

Nach wenig Tagen kam ein alter Student zu
mir, der sich mit allen möglichen Merkmalen der
Ehrerbietigkeit als meinen Verehrer und Freund
ankündigte und mir, nach einigen Umschweifen,
gestand, daß er gekommen sey, mich von einem
großen Unglük zu retten, wenn ich ihm erlauben
wolte, offenherzig mit mir zu sprechen. Ich versicherte ihn, daß mir jeder wilkommen sey, der
Freimüthigkeit zeigte. Und er — ließ sich also
vernehmen:

Ich weiß, lieber Herr Professor, daß an dem
und dem Tage die gottlose Godschevsky bei Ihnen gewesen ist, und Sie um einen Wechsel von
200 Thalern geprelt hat. Dieses scheußliche Weib

hat schon manchen vornehmen Mann und manchen
begüterten Bürger ausgeschelt, und hat es jezt
drauf angelegt, Sie nicht blos ums Geld zu bringen, sondern auch Sie und Ihre ganze Familie
zu beschimpfen. Und ich muß Ihnen sagen, daß
der Hofrath Bel, Ihres Vaters alter Feind da-
hinter steft, der das Weib selbst dazu angereizt
und ihr zehn Luisdo'r versprochen hat, wenn sie
Sie in die Falle loffen könte. Es ist ihr gelungen.
Sie hat Ihre Geselschaften auskundschaftet, und
eines ihrer niedlichsten Mädchen herausgepuzt und
seit Johannis schon Ihnen von ihr aufpassen lassen. Und da Sie endlich verleitet worden sind,
ein einzigmal ihr Haus zu betreten, so hat sie Ihnen die Schwangerschaft des Mädchens vorge-
spiegelt und den Wechsel abgeloft, den sie jezt
allenthalben vorzeigt, und auf Anstiften des Hofraths, der sie zu diesem Streiche gedungen hatte,
zu Ihrer Beschimpfung benuzt. Wollen Sie also
Ihre Ehre retten, so müssen Sie auf das eiligste
den Wechsel wieder in Ihre Hände zu bekommen
suchen. Haben Sie den, so lassen Sie sie die
Treppe hinunter prügeln, wenn sie wieder komt.
Die Kanaille hat nichts für sich. Sie kan Ihnen

nichts beweisen. Und sie wird folglich nichts gegen Sie unternehmen können, wenn Sie ihr nur
Muth zeigen.

Dieser Vortrag sezte mich eben so sehr in
Angst, als er mich für die Redlichkeit des Menschen einnahm. Ich dankte ihm also herzlich für
seine Freundschaft und bat ihn, mir zu rathen,
wie der Wechsel zurük zubekommen sey. Ganz
leicht, sagte er. Lassen Sie der Frau nur sagen,
daß Sie ihr da und da den Wechsel auszahlen
wolten, so wil ich mit Ihnen an den Ort hinge-
hen, und wenn sie den Wechsel hervorzieht, um
ihr Geld dagegen in Empfang zu nehmen, so wil
ich mich des Wechsels bemächtigen, ihn vor Ihren Augen zerreissen, ihr ihre Prellereyen ins Gesicht sagen und ihr erklären, daß ich alle ihre
Spizbübereien entdekken und der Obrigkeit anzeigen würde, wenn sie Ihrer Ehre im mindesten zu
nahe treten solte. Ich kenne die Bestie und bin
mehrere Jahre bei ihr aus und eingegangen. Sie
kan und wird sich nicht unterstehen zu muchsen,
wenn sie an mir denjenigen erblikt, der um alle
ihre Geheimnisse weiß, und es in der Gewalt hat,
sie der Inquisition zu überliefern.

Das leuchtete mir ein: und die Angst ließ
mich auch nicht lange Ueberlegungen anstellen. Ich
umarmte meinen Retter, und versprach, mich ihm
ganz zu überlassen, und — wenn er die Sache
glüklich zu Ende brächte, ihm alle nur mögliche
Proben von Erkentlichkeit zu geben.

Der unglükliche Plan ward ausgeführt. Wir
bestelten den weiblichen Satan in die Vorstadt in
ein mir unbekantes Haus, und ließen ihr die Aus=
zahlung des Wechsels ankünden. Sie kam und
hatte den Wechsel bei sich. Es war Abends neun
Uhr. Der Student hatte seinen Degen mit. Ich
hatte mich in die Kammer verborgen. Er fragte
die Godschevsky, ob sie den Wechsel bei sich habe,
und sezte hinzu, daß ich gleich kommen, und ihr
das Geld bringen würde: und da sie die Frage
bejahte, verlangte er ihn zu sehn. Aber der Sa=
tan ahndete Arges. Sie erklärte, daß sie das
Papier nicht eher herausgeben würde, als bis das
Geld aufgezählt, und zum Einstreichen bereit sähe.
Daraus entstand Wortwechsel. Der Student
ward hizzig, warf ihr die Prellereien vor, zog
ten Degen und hub an, sie zu fuchteln. Das

Aa 5

Weib wehrt sich. Er wirft den Degen weg, und
fält über sie her, holt glüklich den Wechsel aus
ihrer Tasche, zerreißt ihn, öfnet die Kammerthür,
und sagt ihr: „Da Bestie, das ist der ehrliche
„Mann, den du hast prellen wollen, du hasts mit
„mir nun zu thun: ich bringe dich an den Gal=
„gen, wo du einen Laut von dir giebst." Der
Lärmen ward groß, doch kamen wir glüklich fort,
und schienen nun unsern Zwek erreicht zu haben.

Ich lebte einige Tage lang in aller Ruhe,
und hielt das Ungewitter für gänzlich vorüber.
Aber den vierten Tag drauf kam Abends, spat noch,
der Kap. 16. gedachte Hellmann, eben da ich in
meines Vaters Hause war, in einer Bestürzung,
welche von einer Art von Wuth, und Verzweif=
lung begleitet war, und ließ mich herausrufen.
„Um Gotteswillen, was haben Sie gemacht.
Ists wahr, daß ein Mädchen auf Sie bekant, daß
Sie ihr einen Wechsel gegeben, daß Sie der Kup=
lerin den Degen auf die Brust gesezt, und ihr den
Wechsel wieder genommen haben? die ganze Stadt
ist in Bewegung. Ich komme aus zehn Häusern.
Ich habe allenthalben widersprochen. Aber es

hilft nichts mehr. Jeder sagts für gewisse Wahrheit." Dabei rannten ihm die Tränen von den Wangen, denn er fühlte meine Entehrung wie seine eigne. „Ihre Freunde fuhr er fort, wollen alle ganz verzweifeln. Gott, warum haben Sie sich keinem offenbart. Die Sache wäre so leicht abzuthun gewesen, daß kein Mensch nichts erfahren hätte." — Er lamentirte, daß mir das Herz hätte zerschmelzen mögen. — Ich tröstete ihn vergeblich mit der Versichrung, daß die Hälfte des Geredes Lügen sey.

Den Tag drauf kam das Gerücht vor meinen Vater, welcher in Ohnmacht sank. Meine Mutter war trostlos. Unser ganzes Haus war einer zerstörten, und geplünderten Festung ähnlich. Der Glanz unserer Familie war erloschen. Die Freude war aus allen Gesichtern verbant. Jedes war in sich selbst verschlossen, und vermochte seinen Harm nicht auszusprechen,

Nun kamen alle meine Freunde, die mir warhaftig bei ernstem Nachsuchen nicht zehn Thaler gegeben haben würden, und machten mir bittere Vorwürfe, daß ich ihnen nichts gesagt hatte. Jeder versicherte, daß er gern fünfhundert Thaler herbeigeschaft hätte, um die Sache in der Stille beizulegen. — Hab's in meinem Leben vielfältig erfahren, wie viel das „ich hätte gern" im Falle der Wirklichkeit, und Gegenwart gilt.

Mein Vater nahm den andern Tag Extrapost, und fuhr nach Dresden zu seinem redlichsten Freunde, den er an dem damaligen Bürgermeister, jezigen Minister v. Gutschmidt hatte, und hofte durch diesen würdigen und viel vermögenden Mann eine gänzliche Niederschlagung der Sache zu bewirken, und ich — mußte noch an demselben Tage in der Hauptkirche katechisiren, um mich dem Volke mit der Mine der Ruhe zu zeigen, und die Gährung zu mildern. Aber alles war vergeblich. Die schöne Ceder war gefält, nicht vom mächtigem Arm eines Edlen, sondern — von einer Kuplerin, und einem Trunkenbold!!

Mein Vater kam, ohne Hofnung, von Dresden zurük. Der vortrefliche Gutschmidt hatte dem Harme des würdigsten Vaters eine Thräne des Mitleids geweiht, aber auch seine Ohnmacht gestanden, ihm zu helfen, weil die Sache schon so weit hinein verdorben, und so ruchtbar geworden war. — Denn die Godschevsky war, vermuthlich auf Anrathen des Bel, bereits vor die Universitätsgerichte gelaufen, und hatte mich angeklagt, daß ich — ihr den Degen selbst auf die Brust gesezt, und einen Wechsel von 200 Thaler gewaltsam abgenommen hätte.

Hier war also weiter nichts zu thun, als daß ich mein Amt freiwillig niederlegte: und so bald dis geschehen war, erfolgte von Hofe die Abolition.

Das unglükliche Geschöpf, welches sich zur Prellerei hatte brauchen lassen, mußte durch ein langes Gefängniß elend werden. Die Kuplerin selbst aber, die Rad und Galgen verdient hatte, kam leidlich durch — ist aber ein paar Jahre hernach in Dresden an einer schreklichen Krankheit gestorben, bei welcher die Würmer einige Wochen lang an ihrem lebenden Körper sich satt zehrten. — Meinertwegen hätte sie auch ruhig sterben mögen!

Aber ists nicht seltsam, daß in unsern aufgeklärten Zeiten noch ein so schauderhafter Grad von Unmenschlichkeit in unsern Gesezzen, so wol als

unfern Konventionen herſcht? Das Andenken dieſer meiner Geſchichte hat mir mehrmalen Gelegenheit gegeben, darüber Betrachtungen anzuſtellen.

Was iſt es wol anders als Konvention,
wenn Millionen Menſchen, von denen man theils
es weiß, theils mit Zuverläßigkeit vorausſezzen
kan, daß ſie die bürgerliche Regel der Ehe über-
treten, und auſſer derſelben, ihre Naturkraft be-
ſchäftigen, aber ſo, daß die Wirkungen dieſer Be-
ſchäftigung unſichtbar bleiben, ihre bürgerliche
Ehre behalten, und hingegen die wenigen, die
eben daſſelbe thaten, aber ſo, daß die Wirkung davon ohne ihre Schuld, ſichtbar wurde, ſie verlieren? denn nach der phyſiſchen und moraliſchen
Natur der Dinge iſt doch im Grunde beides gleich.
Der, welcher mit ſichtbarer Wirkung etwas thut,
iſt doch nicht haſſens- oder lobenswerther als der,
welcher es mit unſichtbarer Wirkung thut. Warum haben alſo in aller Welt die Menſchen die Gewohnheit unter ſich eingeführt, und hängen noch
jezt an derſelben, die mit der unſichtbaren Wirkung nach ihrem Stande und Verdienſten zu ſchäz-
zen, und zu ehren, und hingegen die mit der

sichtbaren Wirkung, ohngeachtet ihres Standes, und ihrer Verdienste, zu hassen, zu verabscheuen, zu schänden, und ihre Ehre und Glükseligkeit zu Boden zu stürzen? Kan eine Konvention barbarischer seyn?

Und eben so sonderbar scheinen mir in solchen Fällen die bürgerlichen Gesezze zu verfahren. Unsere Regenten dulden die größten Ausschweifungen ihrer Unterthanen. Sie lassen Verschwender die größten Summen durchbringen, durch deren beßre Verwendung ihre Kinder zu nüzlichen Gliedern des Staats gemacht werden könten. Sie lassen Beamte die himmelschreiendsten Ungerechtigkeiten begehen, durch welche die Unterthanen ihrer menschlichen Rechte beraubt, und ausgeplündert werden. Sie gestatten öffentliche Dirnen, durch welche das tobendste Gift der Venusseuche sich über tausend nuzbare Menschen verbreitet, und die schreklichsten Verwüstungen anrichtet. — Aber wenn ein Mensch, wäre er auch das nuzbarste, und ehrwürdigste Mitglied des Staats, durch solche Dirnen verleitet, sich einmal irreführen ließ, und ihnen Gelegenheit gab, eine sichtbare Wirkung davon

auf ihn zu bekennen; dann sind diese so duldsamen
Gesezze auf einmal grausam, und lassen diesen
Menschen ohne alle Rettung verloren gehen, ja sie
zwingen ihn, unter den Foderungen solcher Dirnen
zu erliegen, und ein Opfer ihrer Bosheit zu werden. Gewiß ist es mehr als Barbarei, daß noch
in allen Staaten jene Prellereien öffentlicher Freu-
denmädchen, und Kuplerinnen gestattet, und begün-
stiget werden. — So billig es ist, wenn ein Mann,
der ein sittsames Geschöpf, von unbescholtener Familie, in die aus jener Konvention entstandene
Entehrung stürzte, durch die Gesezze angehalten
wird, sie entweder zu ehelichen oder zu versorgen,
so schändlich unbillig ist es, wenn eben diese Rechte den feilen Buhlerinnen zugestanden werden.
Aber leider kommen solche Reste von Albernheit,
und Barbarei unserer Gesezgebung her, weil
die Legislatoren Stubengelehrte sind, und nicht
hinlängliche Erfahrungen gemacht haben, auf
welche sich gute Gesezze gründen müßen. Wüsten,
sähen sie die Greuel, welche, in allen Städten
beinahe, durch solche Prellereien der Kuplerinnen
verübet werden, und wie so mancher rechtschafne
Mann, der aus Furcht vor der Schande die Sache
ver-

verschweigen, und sich plündern lassen muß, (weil
er einmal weiß, daß doch die Klage der Kuplerin
wenigstens angenommen, und er in Weitläuftig-
keiten verwikkelt wird) dadurch völlig zu Grunde
gerichtet wird, daß er vielleicht einmal in seinem
Leben, durch eine fröliche Geselschaft begeistert,
die er spat in der Nacht verließ, eine Thorheit beging, oder wol gar durch die frechste Behandlung
einer herumstreifenden Buhldirne zu ihr hingeris-
sen wurde; sie würden längst verordnet haben, daß
feile Dirnen mit solchen Anklagen nie gehört werden solten, um endlich einmal die Furcht vor denselben zu vernichten, und jene Prellereien zu verhüten, welche schon so viel nüzlichen Menschen Gesundheit, Ehre und Vermögen gekostet, und so
viel Familien zerrüttet haben.

Noch eine andere Betrachtung könte ich hinzu-
sezzen, die mir eben so ernstlich ist, wie die vorige.
Aber ich wil meine Leser nicht mit Betrachtungen ermüden, da sie Geschichte verlangen. Das Thema
werden sie finden, wenn sie die Erzählung nachsehen
wollen, in welcher ich ihnen oben das Schiksal meines
ehemaligen Lehrers geschildert habe. Jäger war mir
eben so ein Räthsel, wie ich mir selbst jezt ward.

I. B.   B b

Sechs und dreißigstes Kapitel.

Wanderung ins Ausland.

Kaum hatte acht Tage lang die tausendzüngige
Fama meine Geschichte auf den Fittichen des Win-
des in Deutschland umhergetragen: kaum hatten
sich alle die Mäuler wieder geschlossen, welche die
scheusliche Freude über den Unfal beneideter Menschen aufzusperren pflegt: kaum war der Jubel
der Buhlschwestern in Priester= und Laienhäusern
verwittert, den die Nachricht von der Menschlich=
keit eines geglaubten Heiligen hervorgebracht hat=
te; so war schon die Hülfe für den niedergebeug=
ten, und zertrümmerten Jüngling da, welche die
Vorsicht, selbst durch einen Feind, mir be=
reitet hatte.

Ich erhielt von einem gewissen Advokaten
Drechsler aus Naumburg einen Brief, in welchem derselbe mir im Tone der Freundschaft berichtete, daß er von Herrn Geh. Rath Kloz,
den Auftrag habe, mir zu sagen, daß mein Un=
glük mich mit ihm ausgesöhnt habe, und daß er
bereit sey, mein thätigster Freund zu werden,

wenn ich Vertrauen zu ihm faffen, und mich feiner Vermögenheit dazu bedienen wolte.

Diefe Nachricht war mir aufferordentlich rührend. Ich konte mich der Freudenthränen nicht enthalten. Die fchnelle Hülfleiftung der Vorficht auf der einen, und die unerwartete Grosmuth meines Feindes, auf der andern Seite durchdrangen meine ganze Seele. Und diefes entzükkende Gefühl ward durch die Theilnehmung meines guten Vaters, und meiner vortreflichen Mutter erhöht.

Ich reifte augenbliklich nach Halle zu Herrn Kloz, und blieb vier Wochen in feinem Haufe. Wir errichteten die herzlichfte Freundfchaft, und er — brachte es durch feine Correfpondenz, in welcher er damals faft mit allen Miniftern an allen Höfen ftund, am Kurmäynzifchen Hofe dahin, daß ich mit zween feiner intimften Freunde, und (damaligen) Waffenträger, Herr Riedel, und Meufel, eine Vokation als ordentlicher Profeffor der Philofophie nach Erfurt erhielt.

Schwerlich hat es in neuern Zeiten einen Gelehrten von fo mittelmäßigem Range gegeben, wel-

cher zu einem so algemeinen Ansehen sich hat em-
porschwingen können, wie es Klozen gelungen
war. Ich bin Augenzeuge von den großen und
oft seltsamen Verbeugungen, welche die größten
Minister, Staatsmänner und Gelehrte in Briefen
ihm machten, und von der Macht, die er dadurch
hatte, in allen Gegenden Deutschland durch seinen
Tadel zu zerstören und durch sein Lob und Empfehlung zu beglükken. Gewiß hat Kloz eine zahl-
lose Menge junger Leute befördert und — was ich
für reine Wahrheit halte, — sehr viel gute und
helle Köpfe in Aemter gebracht, welche, ob schon
nicht allemal durch gründliche Gelehrsamkeit, doch
durch ihren aufgeklärten Geist, auf die Nation
gewirkt haben, und darunter mancher nicht versorgt worden seyn würde, wenn er den damals
noch gewöhnlichen Weg hätte gehen sollen, auf
welchem nur pecora orthodoxa versorgt zu werden pflegten.

Zwei Dinge habe ich an Klozen, beständig
bedauret: einmal, daß er sich zu früh einfallen ließ,
ehe er selbst durch fortgeseztes Studium volle Reife seiner Kentnisse erlangt hatte, mit einem Lessing,
anzubinden, und dadurch seinen Ruhm, und sein

Ansehen mit einem male ins Grab zu strekken: und dann — daß er sich zu leichtsinnig nicht nur von seinen jovialischen Freunden zu muthwilligen, und oft ungerechten Mishandlungen durch Recension, sondern auch von liederlichen Gesellschaftern, wie H. und S. waren, zu Ausschweifungen verleiten ließ, welche seine Maschine so frühzeitig zerstört haben. Ein Mann war er wirklich, welcher herrliche Geistesanlagen besaß, mit denen er ein recht gutes Herz verband, das nie aus eigner Neigung böses that, und Menschen beschädigte, sondern, nur durch Verführung, sich zu Handlungen leiten ließ, die seinen Carakter verdächtig gemacht haben.

Im Jahr 1766 vertauschte ich meinen priesterlichen Ornat mit einer Beutelperükke, und einem Degen, und wanderte froh von Leipzig nach Erfurt, um mein Heil in einer neuen Welt zu versuchen.

Nie werd ich die Thränen, und den Jammer vergessen, die es, besonders meiner guten Mutter gekostet hat, da sie die stillen aber entzükkendsten

Freuden ihres Lebens dahin welken, und mich meine Kanzel verlassen sahe, vor welcher sie so oft Himmelsseligkeit empfunden hatte.

Gute, vortrefliche Mutter! deine Leiden waren leider noch nicht geendigt, welche der Liebling deines Herzens Dir schuf. Und noch — ach noch kan ich Dich nur auf die Zeiten jenseit des Grabes vertrösten. Noch kan ich Dir keine Hofnung machen, daß Du mich je wieder in dieser Welt in dem Sinne glüklicher sehen wirst, in welchem Dein Mutterherz es wünschet! Mutter! Begieb Dich des Wunsches! Im Grabe ist Ruhe, und jenseit des Grabes — ersazreiche Freude!!

Ende des ersten Bandes.

Halle,
gedrukt bei F. D. Francke.

Anzeige.

Mit Anfange dieses Jahres erscheint eine **neue** periodische Schrift, welche sich durch ihr inneres und äußeres sehr vortheilhaft auszeichnet:

Deutsche Monatschrift fürs Jahr 1790. gr. 8. mit Kupfern. Berlin bei Friedrich Vieweg, dem ältern.

Vier Hefte machen einen Band, dieser enthält einen Haupttitel mit einem Kupfer, das größtentheils irgend einem großen und verdienten deutschen Manne gewidmet sein wird. Der Inhalt dieser periodischen Schrift wird allgemein sein, und alles Wissenswürdige umfassen, ohne irgend ein Fach menschlicher Erkentniß auszuschließen. Alles gemeinnützige und zeitwichtige gehört vorzüglich in ihren Plan, und das wieder in einem höhern Grad, wenn es Deutschland, oder die Brandenburgischen Staaten betrift. In Absicht auf Form, wird Schönheit, Mannigfaltigkeit, klassische Sprache und gute Anordnung der Stücke, das beständige Augenmerk der Herausgeber sein; der Verleger aber hat sich bemühet, ihr ein solches äußere zu geben, daß sie in dieser Rüksicht keiner andern deutschen Zeitschrift nachstehen darf. Freimüthig und bescheiden ist der Grundsaz der Verfasser, und fremde Theilnehmer werden ihnen dann willkommen sein, wenn sie denselben Grundsaz haben und mit Liebe für gleiche Gegenstände mit ihnen arbeiten wollen.

Das erste Stük enthält:

1) Feier des Jahres 1789. von Hr. R. Fischer. 2) Friedrichs Religionssystem; historische Einleitung von demselben. 3) An die Juristenfacultät zu Wittenberg. 4) Ueber den Gemeinsinn von H. C. R. Streithorst. Drei kleine Epigrammen von Hn. Deurer. 5) Sophiens Denkmal. a) Sophiens Character, von Hr. von Göncking. b) Briefwechsel mit Mendelsohn. c) Arindas, eine Erzählung von Madame Schwarz. 6) Ueber die Boulewards von Herrn Rath Schulz.

Das zweite Stük enthält:

1) Freude des Patrioten von Hr. Rector Fischer. 2) Aber wo wil das endlich hinaus? von demselben. 3) Ueber Simplicität, von Hr. von Rochow 4) Ludwig der 16te und Brunn. 5) Ueber die Boulevards in Paris, von Rath Schulz. 6) Die Befreiung von Malta von Hr. von Kleist. 7) Accursius.

Das zu diesem Bande gehörige Kupfer ist von der Meisterhand unsers Chodowiecky und der Gegenstand desselben Friedrich der Große! jedes Stük kostet **8 Gr.**

Bahrdt, **D. C. F.** System der moralischen Religion zur Endlichen Beruhigung für Zweifler und Denker gr. 8. 2 Bände. Neue wohlfeilere Ausgabe.

Dessen Geschichte seines Gefängnisses, nebst Urkunden und Aufschlüssen über deutsche Union. **8.**

Bibliothek kleinerer Original-Werke der Deutschen. 7. Bände. 12. auf Post und Drukpapier.

Hartmann, J. D. über die frühere Bildung der Jugend
auf Schulen. 8.

Pockels, C. F. Beiträge zur Menschenkentniß, in Rüksicht ihrer moralischen Natur. 3tes Stk. 8.

Die Prinzessin von Eleres. Ein Seitenstük zur Zaide von
Friedr. Schulz. 8.

Recke, Frau von der, und Sophie Schwarz Gedichte. 8.

Schmid, Klamer Eberhard, neue poetische Briefe. 8.

Schulz, Friedr. Geschichte der großen Revolution in Frank-
reich. Mit Kupfern, zweite vermehrte Auflage.

Schulz Fr. und Kraus, Beschreibung und Abbildung der
Poißarden in Paris. 4. Mit einem illuminirten Kupfer.